2017年度教育部人文社会科学研究青年基金项目（项目编号：17YJC752038）研究成果

于辉 ◎ 著

翻译家李健吾研究

中国戏剧出版社
CHINA THEATRE PRESS

图书在版编目（CIP）数据

翻译家李健吾研究 / 于辉著. -- 北京：中国戏剧出版社，2025.6. -- ISBN 978-7-104-05690-4

Ⅰ.K825.5

中国国家版本馆 CIP 数据核字第 2025E2F420 号

翻译家李健吾研究

责任编辑：肖　楠
项目统筹：康祎宁
责任印制：冯志强

出版发行：中国戏剧出版社
出版 人：樊国宾
社　　址：北京市西城区天宁寺前街 2 号国家音乐产业基地 L 座
邮　　编：100055
网　　址：www.theatrebook.cn
电　　话：010-63385980（总编室）　010-63381560（发行部）
传　　真：010-63381560

读者服务：010-63381560
邮购地址：北京市西城区天宁寺前街 2 号国家音乐产业基地 L 座

印　　刷：廊坊市印艺阁数字科技有限公司
开　　本：787mm×1092mm　1/16
印　　张：15.75
字　　数：230 千字
版　　次：2025 年 6 月　北京第 1 版第 1 次印刷
书　　号：ISBN 978-7-104-05690-4
定　　价：96.00 元

版权专有，违者必究；如有质量问题，请与出版社联系调换。

前　言

在人类历史的长河中，翻译在不同民族、不同国家间的沟通、交流中必不可少，并且对各个民族和国家的发展作用巨大。季羡林先生曾言："中华文化这一条长河，有水满的时候，也有水少的时候，但却从未枯竭。原因就是有新水注入。注入的次数大大小小是颇多的。最大的有两次，一次是从印度来的水，一次是从西方来的水。而这两次的大注入依靠的都是翻译。中华文化之所以能长葆青春，万应灵药就是翻译。翻译之为用大矣哉！"① 先生意在强调翻译之于一个民族、一种文化、一个国家发展的重要作用。对外国作品的引介、研究、翻译、传播等共同丰富了译入国的文学、文化，开阔了译入国读者与学习者的视野，进而可以在其社会、文化乃至政治经济等领域的发展中发挥重要作用。同时，也正是有了针对外国作品的引介工作，我们方可对异域的文学、文化等有更为深入的认识与领悟，异域的人类文明成果也才可以在我们的土地上绽放出不一样的花朵，并丰富我们的文化，使我们成长、进步。正如艾略特所论："如果希望使某一文化成为不朽的，那就必须促使这一文化同其他国家的文化进行交流。"② 在不同文化的交流过程中，翻译家起到了必不可少的桥梁作用，从古时的玄奘，到近代的林纾、严复，再到傅雷、

---

① 季羡林：《季羡林谈翻译》，当代中国出版社，2009，第10页。
② ［美］T.S.艾略特：《诗歌的社会功能》，《美国作家论文学》，刘保端等译，上海三联书店，1984，第193页。

许渊冲等,以及当前众多知名的和不知名的译者,他们共同为我们的文学文化交流付出了巨大的努力并取得了不朽的成果。

文化的内涵广博复杂,其中重要的内容之一便是文学。文学是用语言塑造形象、反映社会生活、表达思想情感的艺术,是一个民族、国家生活方式、思想情感、社会状况等的集中反映,是文化的重要组成部分。对外国文学的引进、介绍、研究、翻译等,对译入环境文化、文学、社会等的发展都有着不容忽视的、巨大的推动作用。在灿若星河的世界文学中,法国的文学传统源远流长,文学流派纷呈,文学大家频出,是世界文学中极为重要的组成部分,对世界文学的发展贡献巨大,对中国文学、文化的发展也影响很深。自五四新文化运动起,法国文学同世界其他国家的先进文学一道来到中国,在中国得到较为广泛的传播,丰富了国人的视野,推动了国内文学的发展。当然,对法国等异域文学进行翻译的是我们的翻译家,他们不遗余力地将优秀的外国文学作品、作家、流派等介绍到中国,为中外文学交流乃至中国文学文化的进步做出了巨大的贡献。翻译活动是人的活动,离不开人的参与,所以人是其中最重要的主体。正是有了众多翻译家的参与,翻译活动方可展开。作家莫言曾于北京大学世界文学研究所成立大会上做题为《翻译家功德无量》的发言,其中指出:"翻译家对文学的影响是巨大的,如果没有翻译家,世界文学这个概念就是一句空话。只有通过翻译家的创造性劳动,文学的世界性才得以实现","如果没有翻译家,世界范围内的文学交流也就不存在。如果没有世界范围内的文学交流,世界文学肯定没有今天这样的丰富多彩"[①]。许钧亦指出:"作为翻译过程中居于核心地位并发挥能动作用的主体,翻译家是翻译活动最为活跃的因素之一,为跨文化交流与人类文明发展做出了重要贡献","翻译家就像是一个个重要的精神坐标,引发我们对中华文明的延续与发展,对中外文化的交流与互鉴做出更深刻的思考","一代又一代的优秀翻

---

① 莫言:《莫言讲演新篇》,文化艺术出版社,2010,第6—7页。

译家，为'延续民族文化血脉'，推进中外'文明交流交融互学互鉴'，做出了不可磨灭的贡献"。①从翻译研究的角度看，"对翻译主体在翻译活动中的核心地位与能动作用的把握则应为认识与理解翻译的基本内涵之一"，因为"从文本的选择、文本的理解、阐释、再到文本的传播，翻译家的活动贯穿文本译介与传播的全过程"②。在庞大的译者群体中，每一个个体的贡献不尽相同，其中一些知名翻译家的译介活动可圈可点，他们集外国文学翻译家与研究者的双重身份于一身，潜心研究、踏实学问、严谨翻译，为我们留下了宝贵的成果和财富，更为两种文化间的交流以及译入语环境中的文学、文化等的发展做出了重要贡献。出生于1906年的李健吾便是这样一位法国文学翻译家与研究专家。李健吾是杰出的法国文学译介者，同时也是著名的文学评论家、戏剧家、作家等，在上述领域成就卓越。

2016年，十一卷本的《李健吾文集》由北岳文艺出版社出版，文集中囊括了李健吾先生几乎所有的原创作品，包括大量的法国文学研究著作以及讨论文学翻译的多篇文章。2019年，十四卷本的《李健吾译文集》由上海译文出版社出版，收入先生一生中三百五十余万字的翻译作品。至此，我们应该对李健吾先生的法国文学翻译活动做出回顾、分析与研究。本书主要从翻译学、译介学的角度出发，围绕李健吾法国文学翻译与研究的背景、活动、成果、特征、意义等展开，对翻译家李健吾的法国文学译介活动与成果进行梳理与研究，其中既有对历史、社会、文化等宏观方面的考察，也会涉及他研究、创作、翻译间的互动与关联，更包括具体而微的翻译作品分析，进而对李健吾翻译活动的意义与当下性做合理化判断与总结。通过上述研究，我们可以进一步丰富李健吾研究的内容，不断走近辛勤耕耘的翻译家群体，并为

---

① 刘云虹、许钧：《走进翻译家的精神世界——关于加强翻译家研究的对谈》，《外国语》2020年第1期。

② 同上。

当前的翻译实践与翻译研究提供一些借鉴与参考。

在本书的撰写过程中，笔者查阅了大量的文献与资料，也在诸多前辈学者与同人的研究著述中获益良多，在此一并致谢！鉴于本人学术能力有限，书中若有纰漏或不妥之处，恳请各位前辈与学人不吝赐教。

目录

前　言　　　　　　　　　　　　　　　　　　　　　　　　001
绪　论　　　　　　　　　　　　　　　　　　　　　　　　001

第一章　家国人生，译介为机：李健吾法国文学翻译背景研究　011
　　第一节　历史大潮中的选择：李健吾法国文学翻译的历史背景　012
　　第二节　现实需求与艺术追求的糅合：李健吾法国文学翻译的
　　　　　　个人生活背景与研究创作背景　018
　　第三节　翻译与研究并举：李健吾法国文学译介状况综述　033

第二章　研究与翻译：研究家型翻译家李健吾　043
　　第一节　福楼拜研究：兼具科学性与艺术性的学术力作
　　　　　　《福楼拜评传》及其他　043
　　第二节　"最负盛名"的莫里哀研究专家　054
　　第三节　艺术解读与现实阐释的结合：对巴尔扎克与司汤达的译介　058
　　第四节　李健吾的法国文学研究与法国文学翻译　073

第三章　创作与翻译：作家型翻译家李健吾　083
　　第一节　李健吾的文学追求　084
　　第二节　李健吾原创作品中的法国文学因素　094
　　第三节　李健吾创作能力与翻译能力的互鉴　108

第四章 译事关天下,译艺须求真:"多栖型"翻译家李健吾的翻译思想研究   113

    第一节 李健吾法国文学翻译活动的特征   114

    第二节 李健吾翻译观念的四个方面   120

    第三节 李健吾的翻译精神   130

第五章 意向性一致下的经典缔造:福楼拜作品的翻译   135

    第一节 意向性与文学翻译中的意向性   137

    第二节 李健吾与福楼拜的艺术意向性   141

    第三节 意向性一致下的经典译作——李健吾译《包法利夫人》   147

第六章 译者行为的完美呼应:莫里哀喜剧的翻译   160

    第一节 翻译活动中的译者行为   161

    第二节 李健吾莫里哀喜剧翻译的文本外行为   164

    第三节 李健吾莫里哀喜剧翻译的文本内行为   169

    第四节 李健吾莫里哀喜剧翻译的译者行为特征   185

第七章 李健吾译事活动与翻译思想的当代启发   188

    第一节 李健吾法国文学研究的意义   188

    第二节 文学翻译史与翻译文学史中的李健吾法国文学翻译   192

    第三节 翻译家李健吾的家国情怀与艺术人生   204

结 语   208

参考文献   215

附 录   227

    附录1 本研究已发表文章一览   227

    附录2 李健吾法国文学研究作品一览   228

    附录3 李健吾法国文学译作一览   236

    附录4 李健吾论翻译文章一览   239

绪　论

　　李健吾是中国现当代著名的文学评论家、戏剧家、作家、法国文学翻译家和研究者,在上述领域均拥有杰出的成就。在法国文学译介方面,李健吾集法国文学研究与翻译成果于一身,不仅对法国文学有着深入的研究和独到见解,更是笔者诸多研究对象的经典译者,是现代中国集研究家、作家、翻译家三种身份于一身的"多栖型"翻译家(当然其翻译、研究与创作的对象也包括小说、戏剧等)。对李健吾的法国文学译介状况、特征、影响等的研究是翻译史、译介史、翻译家研究等的重要组成部分,可以为当前的译介活动、译事、译者等带来有益的借鉴。

　　国内外翻译研究中,翻译史研究方面已经取得了较为丰硕的成果,相关著作或文章多有发出,但对其中有重要地位的翻译家的系统与深入研究尚显不足;译者研究方面,在相当长的时间内,大部分研究都将译者作为一个整体对象进行研究,集中于探讨译者在翻译活动中的角色、责任等,对有影响力译者的个体开发尚显不足。但近些年来,翻译家研究日益引起学界的重视,相关著作频出,国内已出专著有《翻译家周作人论》(刘全福,上海外语教育出版社2007年版)、《翻译家徐志摩研究》(高伟,东南大学出版社2009年版)、《翻译家林语堂》(褚东伟,上海外语教育出版社2012年版)、《曾朴:文化转型期的翻译家》(马晓冬,北京大学出版社2014年版)、《翻译家巴金研究》(向洪全,复旦大学出版社2016年版)、《李文俊文学翻译研究》(王春,清华大学出版社2018年版)、《张柏然翻译思想研究》(胡开宝、辛红娟,浙江大学出版社2022年版)、《钱锺书翻译思想研究》(蓝红军,科学出版社2023年版)等,从不同角度对上述翻译家的翻译活动和成果、译介影响以及翻译观念等做出探讨。从以上专著的出版年份来看,翻译家的个体研究正逐步成为学界关注的热点。同时,法国文学翻译研究方面,已有许钧教授主持完成的国家社科基金项目《傅雷翻译研究》,并有同名专著出版(译林出版社2016年版),其中对法国文学翻译家傅雷进行了多角度、全方位的研究;2019年,宋学智教授申请的国家社科基金项目《傅雷翻译手稿和校样修订稿整理与研究》获批,对傅雷的研究将更加深入和全面;2020年,宋学智的专著《傅雷与翻译文学经典研究》正式出版,对傅雷的研究进一步深化。但显然,我国有为数众多的优秀翻译家,他们各不相同的译介成就、翻译思想以及人格魅力等均值得我们去研究去学习,我们的翻译家研究依旧任重道远。南京大学刘云虹教授曾以《走进翻译家的精神世界》(《外国语》2020年第1期)为题,与许钧教授展开对谈,二位翻译研究界的知名学者指出翻译家研究的必要性与重要意义,为相关的研究工作指出了方向,并对翻译家研究的研究方式等提出了建议。此外,身兼杰出翻译家与翻译对象经典研究者双重身份的译介者并不多见,这样的翻译家为外国文学在中国的翻译与研究,为中外文学文化的沟通、交流乃至中国文学文化的进步等做出了尤为突出的贡献,而翻译与研究相结合,更可缔造灵犀、经典的译笔。李健吾便是其中之一。

2016年是李健吾诞辰110周年。2016年7月,李健吾研讨会在北京召开,与会专家学者对李健吾的学术造诣与高尚品格给予高度评价。同年,十一卷册的《李健吾文集》由北岳文艺出版社出版发行,其中收录了李健吾几乎全部的原创作品:小说、戏剧、文学评论、外国文学研究作品、散文、杂文等。其中就包括李健吾众多的法国文学研究成果与有关翻译的论述性文章,为我们呈现出这位"不世出的天才"[1]在多个领域的杰出才能与丰富的成果。2019

---

[1] 韩石山:《李健吾传》,人民文学出版社,2017,第410页。

年12月，上海译文出版社出版了十四卷册的《李健吾译文集》。这表明，在文化领域，在一定范畴内，李健吾在翻译、研究等方面的重大成就与贡献已经得到前所未有的认可。但是，在理论研究界，对李健吾的研究多集中在他的文学批评思想与戏剧创作方面。比如青年学者徐欢颜曾对李健吾的戏剧创作等做出研究，成果体现于其专著《莫里哀喜剧与20世纪中国话剧》（北京大学出版社2014年版）与多篇期刊论文中；张新赞对李健吾的文学评论做出系统且深入的研究，并出版了专著《在艺术化与现实化之间：李健吾的文学批评》（知识产权出版社2014年版）；另外也有学者从其他角度对李健吾的文学批评与戏剧创作展开研究，比如核心期刊论文《论李健吾的文学批评》（季桂起，《文学评论》1992年第3期）、《李健吾喜剧论（上、下）》[张健,《戏剧》（中央戏剧学院学报）2002年第1、2期]、《李健吾文学批评的自然主义倾向》（范水平，《求索》2011年第6期）、《论李健吾的文学"观察"思想》（范水平，《青海社会科学》2013年第6期）、《论李健吾与莫里哀喜剧的精神联系》（胡德才，《中国比较文学》2013年第3期）、《论李健吾文学批评的当下意义》（文学武，《南方文坛》2014年第1期）、《论自然主义影响下李健吾客观呈现的文学批评观》（范水平，《青海社会科学》2021年第5期）等。不应忽略的是，李健吾是中国最早从事外国文学翻译与研究的学者之一，他为中国读者翻译了福楼拜、莫里哀、司汤达、罗曼·罗兰、巴尔扎克等大文学家的作品或文论，同时也是上述法国著名作家及作品的研究者。可以说，其翻译与研究间定存在某些密切的关联。但迄今为止，国内的李健吾翻译研究较为零散，或研究其翻译思想中的某一方面，或将其译文作为范例用来论证某一翻译理论观点，且上述研究均出现于期刊论文中，比如于辉的《关于李健吾译莫里哀喜剧的译者行为研究》（2022）和《翻译文学经典建构中的译者意向性研究——以李健吾译〈包法利夫人〉为例》（2020）、马晓冬的《李健吾的翻译观及其伦理内涵》（2020）、田菊的《论李健吾翻译思想的美学特征——以对〈包法利夫人〉翻译为例》（2016）、曹丹红的《多义性与文学翻译的张力》（2014）、彭俞霞的《小说人名的翻译》（2009）、周小珊的《从包法利夫人的形象变异论复译》（1999）等。因而李健吾的法国文学译介成就、翻译观念与翻译策略，以及他翻译实践与法国文学研究间的关联性，对当下翻译研究与翻译实践的关照性等，皆有待系统开发。

李健吾法国文学翻译与研究活动本身及其背景，其翻译与研究间的相互作用，以及在这种作用下产生的经典翻译成果，包括他译介成果、翻译理念的时代性、当下性，以及他的翻译活动之于我国翻译学科的发展与翻译实践的进步均拥有重要研究价值。具体体现如下。

理论方面的意义。

第一，本研究可成为翻译家研究的有益组成部分。李健吾是中国现代知名的法国文学翻译家与研究者，他丰硕的翻译、研究成就与独到的翻译思想应该成为当前翻译家研究的内容之一。这一研究也可以为了解中国现代的外国文学翻译与研究、进一步厘清中国的文学翻译史提供参照。

第二，本研究可成为翻译理论中翻译主体研究的有益补充。对李健吾法国文学研究活动与翻译活动间的连贯式、因果式关联挖掘，凸显翻译主体，也即译者，研读原作的重要性与译者同原作者艺术理念一致的关键性，可为当前文学翻译研究与实践带来启示。

第三，对李健吾法国文学翻译的研究有助于进一步理解文学翻译的实质、意义和功用，提高翻译批评的力度和信度。将李健吾的法国文学译介活动与文学、文化、社会等发展的大背景联系起来，并兼顾其经典翻译个案研究，从宏观到微观，并具体到翻译中的文字转换，有助于加深对外国文学译介的认识，进一步了解经典译作与经典译者之于我国的文学史、文学翻译史的意义，强化翻译批评，进一步推动翻译质量的提高。

第四，对翻译家李健吾的研究有助于检验西方相关译论、文论的有效性与局限性。本研究试将西方相关翻译理论或文学理论应用于李健吾法国文学译介研究，尤其是翻译中微观层面的分析论证，取其可用性，去其局限性，试图为探索更加适合中国语境的译论做出尝试。

实践方面的意义。

第一，从翻译实践角度看，对法国文学翻译家李健吾翻译活动与翻译结果的研究可以与翻译界当前的动态取得联系，具有较强的针对性。目前我国翻译市场的不良现象时有发生，一些译者或出版机构心浮气躁、盲目求利，在这种情况下从译者主体性与能动性的角度研究李健吾的翻译，强调译者深入研读原作的重要性，可以唤起翻译界、学界乃至各类读者的重视，努力打造翻译的精品。

第二，从当前文化背景看，对李健吾法国文学翻译经典成果的研究可以推动我们重拾经典意识与应有的人文精神。当前大众文化迅速崛起，消费化、媒介化等大有占据主流文化阵地的趋势。在这种背景下，探索经典译者与研究者的人格力量和文化信念，透析其翻译与研究的经典结晶与影响力，可以让我们少一些浮躁，多一些积累与沉淀。

第三，从翻译教学看，本研究对于翻译教学质量的提高、翻译人才的培养等可以起到一定的推动作用。目前很多高校外语专业已在高年级开设翻译课程，也有高校正在进行翻译硕士的培养工作。对经典译者与研究者的研究，可以为我们树立翻译活动的典范，使我们更加明确翻译的方向和目标。

除了上述的理论价值与实践意义，今后与本研究相关的领域将会出现以下研究趋势：第一，继续从理论上深化相关研究，如翻译主体研究、翻译文学经典研究、译介研究等；第二，继续拓展翻译家研究的范畴，对更多极具影响力的翻译家展开研究，对李健吾的研究也会更加全面、细致、深入；第三，在上述研究的基础上对相关西方译论做出合理的取舍，并进一步探索更适合我国情势的新译论。希望本研究可以成为一次有益的尝试。

根据相关论题的研究现状与本研究的主题，我们欲实现以下研究目标。

本研究立足于李健吾的译事活动与法国文学翻译、研究成果，聚焦于李健吾在译、研、作领域的多重身份与其翻译思想、艺术理念以及经典译作和经典研究成果，试图在中西译学理论的指引下，对上述内容进行系统、细致与深入的分析研究，尤其关注其法国文学研究与翻译间的相互作用，并围绕翻译家本身，探索翻译文学经典之经典化的关键性因素，也即译者因素。所以，我们的研究目标并不局限于对李健吾法国文学翻译与研究活动、成果的梳理，而是要在整合上述内容的基础上，对之做出全面、深入的研究，述、评、析结合，同时紧密联系我国的翻译实践与翻译理论研究现状，以期为当前译界树立起一位踏实进取的榜样，并为探索适应我国翻译实践特点的译论研究新方向抛砖引玉。

为实现上述研究目标，本研究拟从以下几个主要方面展开。

第一，李健吾法国文学翻译研究之背景研究。翻译活动总是在一定的社会历史条件下进行，并与相应的社会、历史、文化背景以及个人的生活环境等有着密不可分的联系，之间形成了因果性关联。李健吾的法国文学翻译活动开始于20世纪二三十年代，之后贯穿他的一生。我们将对李健吾个人的生活、学习背景与彼时的社会、文化状况等展开梳理研究，分析以上因素与他的法国文学翻译、研究间的相互影响。另外，对李健吾法国文学译介基本状况进行综合评述。结合社会学、文化研究等，从李健吾译介活动的时代背景出发，梳理分析李健吾的法国文学翻译和研究活动及成果。其中包括：① 小说翻译成果：以福楼拜作品为代表，也包括司汤达等作家的作品；② 戏剧翻译成果：以莫里哀戏剧为主，也包括罗曼·罗兰话剧等；③ 文论翻译成果：巴尔扎克、司汤达等知名作家的论著；④ 李健吾的法国文学研究成果，包括对作家、小说、戏剧等的研究，重点突出李健吾的福楼拜研究与莫里哀喜剧研究。

第二，研究家型翻译家李健吾研究。对李健吾法国文学研究的代表性成果（比如《福楼拜评传》《莫里哀喜剧研究》等）进行研究，并深入探析李健吾法国文学研究活动、研究成果与其法国文学翻译间的互相促动与内在联系，突出其研究家型翻译家的身份特征，进一步指明译者深入研读原作与作者的重要性。

第三，作家型翻译家李健吾研究。对李健吾文学创作的追求、理念，主要成就及其原创作品中的法国文学因子做出分析，以求洞悉其创作能力与翻译能力间的互鉴互动，既为后文研究其翻译活动的特征、翻译理念以及具体的翻译案例提供前提与基础，也通过实际例证指明译者译入语写作能力之于翻译能力的重要作用。

第四，李健吾法国文学翻译代表性成果研究。以李译《包法利夫人》、莫里哀喜剧（比如《达尔杜弗》《吝啬鬼》等）等优秀译作为分析个案，通过不同译本的比较，从文字、文学、文化等层面具体而深入地探讨李健吾译作经典化的文本内外因素与表现形式，重点探讨研究家型译者李健吾在《福楼拜评传》中对原作、原作者的认知与其经典译作间的关联，以及李健吾译者意向性与福楼拜作者意向性的一致性，进而挖掘译者与原作者艺术理念与审美追求的一致在翻译文学经典生成过程中的重要作用；通过对李健吾译者行为模式的研究，探讨他在莫里哀喜剧翻译中脱颖而出的原因。

第五，李健吾法国文学翻译的主要特征与翻译思想、翻译精神研究。我们将分别对李健吾法国文学翻译的特征做出总结，主要探讨他对翻译对象的选择、主要的翻译思想，并对他研究、翻译法国文学两种行为间的关联性做出分析，包括：① 李健吾作为翻译主体的治学与翻译态度，在对原作、原作者的研究与理解中付出的努力与取得的成效；② 李健吾翻译观念研究，包括他对文学翻译活动的认识，对翻译过程、方法的解读，对译作的要求以及对译作读者的关照等；③ 李健吾作为译者主体对原作者创作主体的深入研究与透彻领悟；④ 李健吾的翻译精神研究：在具体的翻译活动之中与翻译活动之外，翻译家诸多难能可贵的高尚品质可以成为后辈学习的典范；⑤ 在上述研究的基础上，进一步探索译者在文学翻译活动中的关键作用，以及这种作用得以发挥的途径、方式等。

第六，结合李健吾法国文学翻译、研究的特征，对其法国文学翻译活动与成果在中国文学翻译史、翻译文学史中地位、影响以及当下性做出合理化判断，包括：① 李健吾法国文学研究的意义；② 从与当前翻译研究结合的角度，探讨李健吾法国文学翻译之于我国文学翻译史与翻译文学史的意义与作用；③ 李健吾于法国文学译介中展现的家国情怀与艺术人生；等等。通过李健吾法国文学译介的当代研究，检验西方相关翻译理论、文论等在中国翻译研究与翻译实践中的有效性，进而尝试探索更加适合我国翻译实践状况的译论研究新模式。

当然，我们的研究也必须突出重点，并不断攻克其中存在的难点。

本研究拟突破的重点：① 李健吾法国文学译介的梳理与评述，包括其法国文学翻译活动与成果、法国文学研究活动与成果，这是本研究的事实基础，力争做到细致全面、条理清晰、评述结合；② 李健吾法国文学翻译经典成果研究，从具体的文字层面分析李译成功的因素与表现，以实例论证译者的多重主体作用，凸显李健吾法国文学研究与翻译间的关联性；③ 在李健吾法国文学翻译活动评述的基础上，结合具体的文本分析，对李健吾的翻译活动特点、翻译思想、艺术理念、高贵品格等进行理性分析，是译介事实与文本研究的升华；④ 对李健吾法国文学翻译活动的成果与功用，在中国文学翻译史中的地位、影响以及当下的有效性等做出合理化判断，是本研究现实价值的体现。

本研究拟突破的难点：① 李健吾的法国文学翻译与研究成果颇丰，涉及小说、戏剧、文论等方面，如何以适当的方法展开阅读、梳理，并在此基础上进行有所侧重又不失全面的分析；② 从李健吾的翻译成果、翻译著述、研究成果中提取其翻译理念、翻译精神与艺术理念、艺术追求的内核，深入且合理地分析他法国文学研究与法国文学翻译间的关联性、整体性，并试将其中有借鉴作用的成分应用于当前的翻译研究与翻译实践；③ 由译者李健吾推及译者整体，即由个别到一般的研究型译者研究，深入挖掘经典译作形成中的译者因素；④ 通过对李健吾法国文学译介的研究，对他在中国文学翻译发展中的影响与当下性做出合理化判断，并为探讨更加适合我国情势的新译论抛砖引玉，需要对我国现当代文学翻译的发展有宏观的把握和微观的深入。

在明确相关研究的目标、内容与重点、难点之后，本研究的研究思路如下：① 整理、研读所有相关文献，进行李健吾法国文学译介活动与成果的梳理研究，力求全面、系统、客观，以展现全貌，并做到评述结合。② 对李健吾法国文学研究专家与翻译家、作家与翻译家等身份的特征与相互关联展开研究，探求其研究与创作活动及成果之于翻译活动与成就的关联、作用。③ 进行李译经典个案研究。以李健吾译《包法利夫人》《达尔杜弗》《吝啬鬼》等为分析个案，重点在于深入探讨优秀译作形成过程中译者主体的多重作用，对其与福楼拜创作思想高度契合的翻译思想与翻译实践成果进行深入剖析。④ 从对李健吾译事活动、经典译作的分析研究中，探讨总结其翻译思想、艺术理念与翻译精神；坚持以事实为依据，将翻译文学经典诞生的译者分析从特殊推及一般。⑤ 对上述研究结果进行回顾、反思，对本课题的研究成果和当下意义做逻辑性总结，解读其对于当代翻译理论与实践的价值，涉及翻译史研究、译者主体研究以及翻译文学经典本体研究和相关的多学科交叉问题，得出最终结论。⑥ 在翻译实践的跨文化性质和翻译研究、译介研究的跨学科特征中，试对今后的相关研究做合理化预测。

研究方法方面，在具体的研究过程中，本研究将以描述性研究方法、比较法、评述结合法等研究方法为主，综合翻译学、译介学、文化学、社会学、接受美学等学科理论，对李健吾的法国文学翻译活动与成果等展开研究，主要的研究方法如下。

描述性的研究方法。描述翻译研究在翻译研究的文化转向中应运而生，本研究欲采用这种方法对李健吾法国文学翻译活动与成果在译入语环境中的功能与影响进行研究，同时对译者在具体翻译过程中采用的策略、技巧以及译者的选择、追求等展开描述。

纵向考察和横向比较相结合的方法。从历时与共时的角度对李健吾的法国文学翻译活动与经典作品进行考察：对其译介活动以纵向考察为主，从历时的角度展开评述，辅之以横向的比较，对其翻译活动与成果的时代性与当下性做出讨论；对李译经典译作的研究以横向比较为主，我们将会对李译作品与当代优秀译本在具体的译文、影响与接受等方面进行比较，进而论证其经典性质。

评述结合的方法。在对李健吾法国文学翻译活动与成果的梳理研究中，力戒单纯的回顾，尽量做到有述有评：对其翻译活动与成果的基本状况要述之客观，对其功能与影响等要评之合理。

归纳和演绎相结合的研究方法。通过归纳的方法，对李健吾法国文学翻译的影响与经典译本的成因等做出分析与总结；然后通过演绎的方法，将其中对当前翻译实践与翻译理论研究有借鉴作用的成分做出判断与预测。

第一章　家国人生，译介为机：
李健吾法国文学翻译背景研究

　　翻译活动的产生，一方面是人类社会发展到一定程度的结果，另一方面也是人类社会继续前进所必需的动力之一。我们的文学文化得以丰富发展并且长盛不衰，在很大程度上就得益于翻译家与学者们一直以来不间断的译介活动。在一定的社会、历史以及文化等背景下，对外交流、翻译的任务需要由具体的人来完成，个人对翻译对象的选择，其译介的方式与特点，除了无法脱离当时社会历史背景的"要求"之外，也与个人的喜好、倾向、能力等密切相关，因而译介者个人的生活背景以及学习背景等也会成为他/她选择翻译对象并展开翻译工作的重要原因。本章中，我们将从李健吾所处时代的社会、历史、文化特征出发，从他的个人生活、求学情况、研究创作倾向等角度，对他法国文学翻译的背景展开研究，并借此探索他从事法国文学翻译活动的基本状况以及选择相关译介对象的原因等。同时，我们也将结合上述背景，对李健吾的法国文学译介状况做综述，以为后文的研究提供前提与基础。

第一节　历史大潮中的选择：
李健吾法国文学翻译的历史背景

我国的外国作品译介史可以追溯到东汉时期，距今已有两千余年。"漫长的中国翻译发展史，大致可以划分为五个历史时期：汉隋唐宋的佛经翻译时期，明清之际的科学翻译时期，清末民初的西学翻译时期，五四以后的社会科学和文学翻译时期，新中国成立后翻译时期。"① 从上述几个时期的特征可见，在漫长的翻译史中，佛经等文本类型走进中国。但在前几个历史时期中，几乎没有对外国文学作品的译介。到了清朝中后期，闭关锁国的政策阻断了中国同世界的交流，没有交流就在很大程度上失去了发展的机会，经济、社会、文化等发展到一定阶段便暴露出种种弊端，国力亦日渐衰弱，直到第一次鸦片战争的炮声叩开中国的大门，有识之士开始意识到对外交流、引进西方先进科学技术与思想的重要性。于是，在清朝末年，对外交流、"西学东渐"逐渐开始发展，而这种交流必须依靠翻译。所以，从这个时期开始，清朝一方面往国外派遣留学生，另一方面在国内培养外语人才，以求通过他们同西方进行交流。这一时期的译介活动中，实用性是目标，译介的内容多以科技文献为主，以求增强技术、军事力量。此外，也有一些先进之士希望学习西方先进的政治体制以改良中国的封建制度，于是他们开始译介西方的社会科学著作。其中最具代表性的人物，就是提出"译事三难，信、达、雅"的严复。可见，在清朝末年，出于迫切的实际需要的考虑，在翻译领域，人们忽略了在人类生活与发展中占有重要位置的文学作品。直到1899年，林纾翻译的《巴黎茶花女遗事》正式出版。这是近代以来被引入中国的第一部外

---

① 王秉钦：《20世纪中国翻译思想史》，南开大学出版社，2018，第3页。

国文学作品，在中国引起了巨大反响。值得一提的是，林纾不谙外文，却在原作故事框架下，以自身精湛的写作能力征服了读者——文学作品译介者的力量可见一斑。

实则，在《巴黎茶花女遗事》付印出版之前，中国的有识之士就意识到了文学作品对于国家、社会、民众进步的巨大力量。1898年12月，梁启超于《清议报》第1册发表了著名的《译印政治小说序》，其中论述了小说对于开启民智、推动社会进步的重要作用："彼美、英、德、法、澳、意、日本各国政界之日进，则政治小说为功最高焉。英名士某君曰：小说为国民之魂。岂不然哉！岂不然哉！"① 严复、夏曾佑则在《本馆附印说部缘起》中说道："且闻欧美东瀛，其开化之时，往往得小说之助"，"小说者，实学术进步之导火线也，社会文明之发光线也，个人卫生之新空气也，国家发达之大基础也"。② 小说，进一步说，文学作品的引入对于开启民智、引导民族进步、推动社会文明发展的作用巨大。不可否认，中国的古代文学丰富繁荣，但时至清朝晚期，固守已有的"成果"只能进一步封闭自我，自绝于世界上先进的文明与文化。所以，引进国外先进的文学作品就成为彼时有志之士的首要任务。可见，当时的很多仁人志士已经意识到文学作品译介不仅可以丰富我们的文学，拓展民众视野，更能够推动社会、政治、文化等的进步。然而由于多数人急于改变中国技术、体制、军事落后的状况，更多地倾向于译介国外的科学技术著作或者社科作品，小说译介的相对数量不大，而且关注的重点多在故事情节方面，并没有向思想、文化的深度发展。这种状况一直持续到五四时期。李健吾就出生在这种大背景之下的1906年。李健吾的一生经历了清朝末年、民国时期、抗日战争时期、解放战争时期，一直到新中国成立、"文化大革

---

① 陈平原、夏晓虹：《二十世纪中国小说理论资料（1897—1916）》，北京大学出版社，1989，第21—22页。

② 同上书，第12页。

命"以及改革开放初期这些拥有鲜明特征的年代，他的一系列法国文学译介活动以及文学创作、评论、研究等活动均发生在上述时间段内，因而与时代变迁有着密不可分的联系。

　　清王朝覆灭以后，从五四前后开始，中国先进的知识分子认识到中国旧文学的落后与革新中国文学的迫切性，而革新的重要手段就是引入西方的先进文学，也即通过翻译将外国文学中的写作手法、表达手段等引入中国。陈独秀、沈雁冰、鲁迅、周作人等面对中国当时的文化、社会形势，开始通过各种方式介绍、翻译外国文学作品。《新青年》《小说月报》《东方杂志》《晨报副镌》等刊物成为他们介绍、评论外国文学大家及其作品的阵地，其间有多篇相关文章发表。比如陈独秀发表于《新青年》1915年一卷3号的文章《现代欧洲文艺史谭》，就对欧洲尤其是法国的文学流派、著名作家等做出介绍。其中福楼拜（文中为"佛罗倍尔"）、左拉（文中为"左喇"）、龚古尔兄弟（文中为"龚枯尔"）、易卜生、王尔德等文豪大家的名字赫然在列；周作人（笔名仲密）于《晨报副镌》1921年11月14日发表《三个文学家的纪念》，对法国的弗罗倍尔（福楼拜）、俄国的陀思妥也夫斯奇（陀思妥耶夫斯基）、法国的波特来尔（波德莱尔）做出介绍与评论，认为福楼拜"真将生命贡献于艺术，可以说是文艺女神的孤忠的祭司"，他是"爱真与美的'冷血的诗人'"[①]；《小说月报》也推出多期法国文学的译介专刊，法国各个知名的文学流派诸如浪漫主义、自然主义、现实主义等及其代表性人物、作品均由此走进中国；等等。中国的译者们也开始动手翻译上述流派、作家的作品。法国文学作品方面，比如雨果的《悲惨世界》（苏曼殊与陈独秀合译，周作人也有过节译）、《九三年》（译者笔名东亚病夫）等，以及莫泊桑、卢梭的作品等，在20世纪20年代均有翻译；此外，二三十年代，巴尔扎克、左拉、司汤达、莫里哀、福楼拜、波德莱尔、罗曼·罗兰等法国作家

---

① 仲密：《三个文学家的纪念》，《晨报副镌》1921年11月14日。

的作品均有了初译本或者研究作品发表，有的作品甚至出现了复译本（比如 *Madame Bovary* 在 20 年代就出现了李劼人的《马丹波娃力》和李青崖的《波华荔夫人传》两个译本，两种译本在二三十年代也均被再版）。可见，从新文化运动开始，大量的对外国文学的介绍、翻译乃至研究工作得以展开，所涉及的内容、范围空前深广，"无论是在翻译的规模上还是在译介的系统性上，都取得了引人注目的成就"[①]。通过不断的译介，一些著作、作者成为家喻户晓的名著、名家，使国人了解到外面的世界，不仅开阔了人们的视野，更使他们了解到其他民族、个人的奋斗史与社会发展史，既开启了民智，又进一步为中国文学、文化乃至社会、政治的发展带来了新鲜的血液，带动了社会的进步，进而为民族解放贡献了一份力量。许钧曾在五四运动一百周年之际，发文就翻译之于五四运动的意义展开讨论，认为这种影响一方面在于"在语言、文学、文化层面对五四运动的全面影响"[②]，也即翻译为彼时的中国带来了语言革新，起到了"培育现代语言的作用"，并由此带来了"观念的革新"；翻译也拓展了中国的"文学之'新'"，给中国文学与学者带来了新的文学观念，新的文学体裁与结构、形式，并使他们可以"进一步认识中国文学传统、反思自身、在借鉴与批判中确立自身"[③]。另一方面，翻译精神也给五四运动带来了精神层面上的启迪。许钧认为，这种启迪表现在三个层面：一是"以开放精神，'敞开自身'，开辟思想解放之路"。二是"以自觉的选择，为思想导向"：译者对翻译对象的选择是一种有目的性的选择，在翻译的文字转换过程中，也会从译入语环境的需要出发，对译文做出自觉的"取舍"，这是当时很多译文"偏离"原作的深层原因。三是"以持续系统

---

① 查明建、谢天振：《中国 20 世纪外国文学翻译史》，湖北教育出版社，2007，第 188 页。

② 许钧：《翻译精神与五四运动——试论翻译之于五四运动的意义》，《中国翻译》2019 年第 3 期。

③ 同上。

的译介，拓展思想的疆域，促进思想的创造"。①五四期间以及在此之后，持续不断地对国外文学、社科类著作的翻译，不仅带来了国内的思想解放，更"直接促进了马克思主义在中国的传播及其与中国实践的结合，为中国共产党的建立奠定了基础"②。所以，在那段中国历史上较为特殊的时期，正是因为一大批有识之士敢于走向世界，正视自我，不断引入更为先进的资源，才使中国人及时意识到自己的落后与不足。于此，我们可以看到外国作品译介者们功不可没，他们（包括研究者、翻译家等）对包括法国在内的世界上先进的作品、作家、流派进行引介、研究、翻译，成为国人认识世界、开拓思想的桥梁。上文提及的陈独秀、沈雁冰、周作人以及后来的穆木天、李青崖、刘半农、李劼人等，都是其中的佼佼者。值得一提的是，二三十岁的李健吾也在这一时期崭露头角，开始并延续他的法国文学译介工作，并在30年代就取得了令人瞩目的成就，凭借《福楼拜评传》等论作与相关译著赢得文化界的关注，为中国了解法国文学，以及法国文学在中国的传播并产生影响做出了贡献，逐渐"撑起汉译法国文学的一块天地"③。

"1949年中华人民共和国成立，标志着一个新的文化时代的到来，文学翻译也进入到一个新的阶段。"④"文学翻译进入一个新的阶段"，应当说，对外国文学的介绍、研究、翻译，也即对外国文学的译介也进入一个新的阶段。在这一时期，在译入语环境新的背景与要求下，国内对国外作品译介的选择也更为严格，现实主义或批判现实主义文学作品被大力提倡。因而在新中国成立初的十七年中，我国对苏联文学作品的译介排在诸多异域文学之前，更

---

① 许钧：《翻译精神与五四运动——试论翻译之于五四运动的意义》，《中国翻译》2019年第3期。

② 同上。

③ 袁筱一：《文学翻译的真谛》，《光明日报》2020年7月18日，第9版。

④ 查明建、谢天振：《中国20世纪外国文学翻译史》，湖北教育出版社，2007，第557页。

加强了对朝鲜、罗马尼亚、古巴等社会主义国家作品的译介。对于法国文学来说，现实主义作家巴尔扎克、雨果、莫泊桑、左拉、罗曼·罗兰、莫里哀等的作品成为译介的主要对象。傅雷、李健吾、罗玉君、赵少侯、罗大冈等法国文学译介者为此多有贡献。李健吾在这一时期颇受重视的译介成果当属福楼拜的《包法利夫人》、莫里哀戏剧与巴尔扎克文论等。之后，"文化大革命"期间所有的外国文学译介活动几近停滞，直到1978年改革开放的春风吹拂祖国大地。20世纪70年代末，停滞了十年的外国文学译介工作蓬勃开展起来，国内对阅读外国文学的需求空前热烈。外国文学译介工作者的工作得以重拾：对外国文学名著的引入、翻译以及名家名译的重印工作大规模展开，对外国文学的介绍、引入等工作也重新开启。到了21世纪，国外各类文学作品被较为全面地引入我国，我们的中外文学文化交流达到前所未有的深度和广度。

  从前文中对清朝末年至今日译介史的简要回顾可见，接受环境的政治、文化、社会背景决定了译介活动能否展开，也决定了展开的规模、深度、倾向乃至影响范围等。在接受环境强烈需要更新文学文化内容，产生向外学习与交流的需求时，译介活动会大规模展开，但其倾向性由接受环境的需求决定。然而，无论在何种背景下，只要译介活动被允许并得到开展，其中发挥作用的最重要的主体都是外国文学的介绍者、翻译者与研究者，他们是外国文学作品进入中国并得以传播的桥梁和中介，是文化文学的摆渡人。近代以来，我国杰出的摆渡人辈出，他们以国家需求为己任，有选择、有取舍地为我们引入外国优秀的文学作品，为外国文学的译介以及中国文学文化的发展做出了重要的贡献。他们当中，有的对国外文学的流派、主要作家及重要文学作品做出整体介绍（比如陈独秀的《现代欧洲文艺史谭》等）；有的则选择相对固定的译介对象，从细微处着手，对之进行深入的研究与翻译，比如傅雷之于罗曼·罗兰、巴尔扎克，李健吾之于福楼拜、莫里哀，朱生豪之于莎士比亚，等等。每一位译介者对译介对象的选择都不盲目，多是出于以下原因的一种或者几种：一是译入语环境的政治、文化、社会环境的需求，二是个人的意愿、喜好、特长等。可以说，每一位译介者的选择均会受到上述两方面因素的影响，或者说取决于以上两个方面。其中当然包括李健吾对法国文学翻译与研究对象的选择。

第二节　现实需求与艺术追求的糅合：李健吾法国文学翻译的个人生活背景与研究创作背景

外国文学译介在一定的社会文化背景下进行，是社会发展进步的需要，也会对社会的发展进步起到巨大的推动作用。同时，翻译活动由一个个具体的个人进行，因此又与译介者个人的生活、意向、治学方向与态度等密切相关，它既是社会性的个人行为，也是个人迎合社会需求的公共行为。如前文所述，1906年出生的李健吾一生中历经中国现当代各个特征鲜明的历史时期，他的法国文学研究与翻译活动当然也在这些不同的阶段中进行，其译介对象的选择既渗透着个人的喜好，也必然印有深刻的时代烙印。本节将对李健吾的个人经历与其研究、翻译、创作等活动做出评述，进而为其翻译活动的阶段性特征研究提供事实依据，同时为探寻其上述几种与文学相关的活动间的关系奠定基础。

一、留法之前

1906年8月17日，李健吾出生在山西运城的一个村庄，其父李岐山是同盟会成员，其时革命党的知名人士之一。父亲先进的思想、切切实实的革命行动与身边的人和事等定会给李健吾带来积极的影响。虽然幼年李健吾在入学之初，学习的仍是一些传统典籍，但他的兴趣所在却是民间传说等文学兴味较浓的体裁，比如被李健吾称为"第一部走进我生命的小说"①——《经国美谈》。

《经国美谈》是一部译著，以白话文译出，原作为日本明治时代立宪改进党领袖矢野文雄所著政治小说，书写的是古希腊人的爱国情怀。小说在日本一经出版，便受到青年读者的欢迎，"鼓舞了日本青年保卫自己这个弱小国家的爱国主义，同时也唤起了青年知识分子争取政治自由和国家独立的热情"②。该小说也得到近代文学革命运动倡导者梁启超的高度评价，称它为"日本文学界之泰斗，进步党之魁杰也"③。正是这样一部小说，深深走进八九岁的李健吾的心中，给他带来"兴奋、酩酊和幸福"④。可以说，《经国美谈》是李健吾接触到的并且一下子就爱上的第一部外国文学作品。李健吾曾为此书专门撰文，标题便是"经国美谈"。文中记述了自己幼时对于这部翻译作品的热爱，也写出了这本译作对他深厚的影响："（《经国美谈》）像一把钥匙，它打开我孩提的想象的园囿。"⑤也正因如此，李健吾曾在不同的年龄段三次购买过这本之于他的启蒙的小说，他甚至认为："好像我这一辈子就念了它一本书，好像我和它合成一个东西。"⑥可见这部翻译文学作品对他的影响之深，而这似乎也在李健吾的童年时期埋下了他与外国文学的不解之缘的种子。

---

① 李健吾:《经国美谈》，李维永编《李健吾文集》（散文卷），北岳文艺出版社，2016，第134页。

② 邹振环:《影响中国近代社会的一百种译作》，中国对外翻译出版公司，1996，第45页。

③ 同上。

④ 李健吾:《经国美谈》，李维永编《李健吾文集》（散文卷），北岳文艺出版社，2016，第134页。

⑤ 同上书，第137页。

⑥ 同上书，第138页。

如果说《经国美谈》是他人读给李健吾的作品，那么第一部他独立阅读的小说就是父亲送给他的十六卷册的《东周列国志》。九岁的李健吾"用心探索其中传奇的情趣和造成这种情趣的有力的少数人物和事迹"，感觉自己"活在他们中间，出入于他们的进止，苦乐于他们的机遇"。① 这部历史小说对李健吾产生较为深厚的影响。我们似乎可以从他的感悟中看到他用心体会作品的心灵式感悟的阅读方式。

幼时的李健吾偏好阅读文学作品，在少年时期便显露出非凡的写作才能。据韩石山在《李健吾传》中记载，14岁时，生活在北京的李健吾就开始了他的戏剧活动：表演、编剧、发起与成立剧社，成为活跃于北京戏剧舞台的知名少年。从爱看戏，到参与演戏，再到编剧和成立剧团，以至后来的研究与翻译外国戏剧并成为戏剧教授，李健吾与戏剧之间，有着一条清晰且越发深刻的连接的脉络，而这一切既源于他自身的喜好，更同中国的戏剧发展密切相关。

在北师大附中就读期间，李健吾与好友一同创办了文学团体——曦社，并合办文学期刊《爝火》。他们也组织文学活动，邀请徐志摩等人到学校讲座。李健吾在写作散文和诗歌之外，还创作并发表了自己的第一个剧本《工人》。李健吾的作品得到当时文坛名家周作人、鲁迅与朱自清等人的青睐，他的短篇小说《终条山的传说》得到鲁迅的高度评价，后者将之收入《中国新文学大系·小说二集》，并认为，"《终条山的传说》是绚烂了，虽在十年以后的今日，还可以看见那藏在用口碑织就的华服里面的身体和灵魂"②。可见，中学时期的李健吾就表现出极为突出的汉语书写能力与表现能力，这成为他后来散文式文学评论的成功与创作出经典翻译文学作品的基础与有利条件。

---

① 李健吾：《匹夫》，李维永编《李健吾文集》（散文卷），北岳文艺出版社，2016，第122页。

② 韩石山：《李健吾传》，人民文学出版社，2017，第39页。

1925年，李健吾考入清华大学中文系，朱自清是他的国文老师。"我报的是中文系，分在朱自清先生的班里。他认出我来，劝我改读西洋文学系。"①由此可知，李健吾后来成为著名的法国文学研究者与翻译家，离不开伯乐般识得英才的朱自清先生。值得一提的是，李健吾同朱自清先生合译了英国文艺批评家布雷德利（A.C.Bradley）的《为诗而诗》，并于1927年发表在上海的《一般》杂志上。这应该是李健吾最初的翻译作品，也是他早期与文学批评的缘分。清华求学期间，李健吾也翻译过很多诗歌、散文、童话等，大多发表在《京报》《清华文艺》等报纸或期刊中，有的报刊对他的译作有连续发表，体现出这位青年译者不俗的翻译与写作能力。在朱自清的关照与帮助下，李健吾开启了他同外国文学、文学评论与文学翻译的最初的接触，无怪乎他认为自己"是在他（笔者注：指朱自清）的熏陶之下成长起来的"②，这当然也进一步提升了李健吾的创作水平。此外，李健吾在清华大学外文系的老师之一是著名戏剧家王文显先生，其为李健吾开启了西方戏剧的大门，带他接触到西方较为先进的戏剧艺术，为他今后深厚的戏剧造诣打下了基础。李健吾也在这一阶段做了更多的翻译工作，译出王文显的英文剧本《委曲求全》等，并组织演出。李健吾在戏剧方面的杰出才能使他成为清华大学这一高等学府戏剧社的社长。他积极组织演出又不摒弃文学创作，作品包括中长篇小说、剧本、文学评论等。其中中篇小说《一个兵和他的老婆》和长篇小说《心病》等成为他文学创作的代表作。在此期间，他也陆续有一些翻译作品发表，成为驰骋在"清华园里当之无愧的才子"③。

1929年，年仅23岁的李健吾在《认识周报》第一卷第五期发表《中国近十年文学界的翻译》一文，对中国当时的文学翻译做出评论。这是李健吾

---

① 李健吾：《李健吾自传》，《山西师院学报（社会科学版）》1981年第4期。
② 韩石山：《李健吾传》，人民文学出版社，2017，第50页。
③ 同上书，第60页。

最早发表的与翻译相关的文章。作为一个外语专业的大学生，敢于对文学翻译的状况做出评判，且所言并不空洞，实属难得："不是即兴的感悟，洋洋九千余言，透辟的分析，超卓的见识，全基于那谁也无法否认的现状，文学翻译界存在的不良现象。"① 比如，对于译者，他在文中提到当时的译者大部分缺少学者的精神，有的受浮华氛围的影响，不能全然投入到翻译工作中去，他对不负责任的译者提出批评，并指出"一位译者要有艺术家的心志，学者的思想和方法"②；对于翻译本身，他认为翻译可以"从沉闷的生活唤醒我们的心灵"③，好的译文可以"将原作用另一种语言忠实而完美地传达出来"④。上述评说虽出自一位年轻人，却并不空洞，是论者通过敏锐的观察与自身已有的经验得出的结论，即便是在今天，也是中肯可行的。更何况，在若干年后，李健吾就一一实践了年轻时自己对译者、对译文提出的要求。

从孩童时期起，李健吾就钟爱文学、热爱阅读，有很强的文学领悟能力；他热爱文学创作，有高超的文学书写能力，少年时代就得到文学名家的喜爱与认可，在北京文坛小有名气；他自小对戏剧情有独钟，既热爱表演，又善于剧本创作，更师从戏剧名师王文显教授，接触到了西方戏剧；他在现代著名散文家、诗人朱自清的指导下进行文学创作，并转入外语系学习外语，开始了最初的翻译工作，并对文学翻译有独到的见解。从李健吾青少年时代的经历与偏好可见，他的求学经历与初期的创作、学术活动，为他之后一生的事业奠定了良好的基础，甚至指明了此后发展的方向。

---

① 韩石山：《李健吾传》，人民文学出版社，2017，第65页。
② 李健吾：《中国近十年文艺界的翻译》，载李维永编《李健吾文集》（散文卷），北岳文艺出版社，2016，第478页。
③ 同上书，第470页。
④ 同上书，第478页。

二、留法期间

在清华大学求学期间，李健吾跟随美国人温德（Winter）教授学习了四年法语。后者将《包法利夫人》作为他们学习法语的文本。这是李健吾对这部小说最初的接触。而后，成果丰硕的法兰西文学与法国丰富灿烂的文明、艺术，吸引了李健吾，使李健吾选择赴法留学。

1931年8月，李健吾到达法国以后，便开始对福楼拜进行研究。至于做此选择的原因，李健吾在《我走过的翻译道路》中写道："《包法利夫人》原文是我读第三年法文时读到的，教我法文的是美国人温德先生……后来我去法国留学，就是受了他教的这本书的影响，放弃了坡及其他法国象征派。我认为对中国有实际教益的，还是现实主义，而不是其他什么主义。自然，我也接受了一些福楼拜关于艺术的理论。"① 可见，李健吾做出这种选择，一方面在于当时中国的社会与政治文化背景，积弱贫困、饱受侵略的中国需要现实主义的鼓舞，而福楼拜在中国是被视作伟大的现实主义作家的；另一方面则在于李健吾理解并认同福楼拜关于艺术的观点，他的艺术至上的理念"契合李健吾的心性"②。外国文学译介对象的选择离不开译入语环境的社会、历史、文化等背景的需要甚或限制，同时与译介者本身的意向也紧密相关，李健吾亦是如此。

在法国期间，李健吾勤奋钻研，专注于福楼拜研究。他充分利用法国丰富的资源，在大学的图书馆里寻找、研读资料，并勤俭生活，大量购买相关书籍。为更加深入地体味福楼拜的创作背景和心境，了解诺曼底的风土人情，

---

① 李健吾：《我走过的翻译道路》，王寿兰编《当代文学翻译百家谈》，北京大学出版社，1989，第290页。

② 韩石山：《李健吾传》，人民文学出版社，2017，第89页。

李健吾专门奔赴鲁昂，去探访福楼拜的家乡与他一直生活的地方。在福楼拜的家乡克洼塞，李健吾徜徉于作家曾经生活与写作的庄园之中，深深体味半个多世纪前的林林总总，仿佛看到福楼拜在伏案写作，纠结于字词的选择，以择取其中最美的一个；李健吾也去往福楼拜出生的市立医院，他的父亲曾是那里的外科医生和院长，幼年的福楼拜常常在父亲的解剖室玩耍，是父亲给了他描摹真实的理念。深入的研究与切身的体验，使李健吾对福楼拜的一切是那样的熟悉："闭住眼，你可以看见七八岁的福氏，仿佛一只活老鼠，拉住他妹妹的小手，从楼梯踢里踏拉地蹬下来，穿出通内的小门，玩倦了，然后溜到解剖室的窗底下，先把妹妹助上去，自己随即爬上来，向里窥望。"① 李健吾又来到福楼拜的墓前，瞻仰这"伟大的坟冢"，对此他感叹道，"在这简括的沉默的生年死月中间，是一个伟大的艺术家富丽的生命，充满不朽的动天地泣鬼神的工作，散在天涯海角的锦绣，落在万千包法利夫人的心上的珠玑"②。言语之中表现出研究者对福楼拜及其作品的认同与敬仰。回到巴黎之后，李健吾将此次探寻写成《福楼拜的故乡》一文，后收录在《福楼拜评传》之中。

　　李健吾在法国多方查找资料，而后进行整理研究，对福楼拜本人的创作思想、艺术理念及其各部作品都进行了深入透彻的研究与分析，并形成了独到而透辟的见解，为他在不久之后写成《福楼拜评传》奠定了坚实的基础，提供了丰富而有力的佐证。李健吾这种勤奋、踏实与积极思考的治学精神可以成为我们今天学者的榜样。在研究的同时，李健吾也进行他钟爱的戏剧创作。在法国期间，他以国内的战争局势为背景，创作了《火线之外》《火线之内》等剧本，表现出一位青年学者对祖国的深情。同时，李健吾利用空暇时间游览了意大利，并将自己的见闻写作成集题名《意大利游简》，这是他各种

---

① 李健吾：《福楼拜评传》，广西师范大学出版社，2007，第327页。

② 同上书，第330页。

原创作品中较为重要的一部，字里行间体现出作者卓越的语言文字能力，对艺术浓厚的兴趣与不俗的见解。著名散文家和文学史家司马长风对此评论道："写外国游记，可能是散文写作中最困难的了。因为你要过两关：第一你要了解异国的历史、风土和情趣；第二你要将自己的了解表达出来使自己的同胞同欣共赏。过第一关需要渊博的知识和灵透的眼光，过第二关需要卓绝的文字功力。而李健吾的才和学使他胜任愉快。"① 李健吾的学识和才情可见一斑。

三、归国之后到新中国成立之前

1933年8月，李健吾回到阔别已久的祖国。不久之后，他从北京去到上海，在上海经历了孤岛时期与被日军占领的沦陷期等，直到1954年才又回到北京。在这二十多年的艰苦岁月里，李健吾坚持研究、翻译与创作，并将自己的戏剧创作等同时局联系起来，在法国文学译介与文学评论、戏剧领域等都收获了丰硕的成果。

1. 与法国文学相关的活动

归国初期的李健吾开始写作《福楼拜评传》和翻译《福楼拜短篇小说集》。1934年1月，李健吾的评论与研究型文章《包法利夫人》在《文学季刊》的创刊号上发表，这位28岁青年的作品以其灵动的语言、透彻的分析以及丰富的引用等引起广泛的注意，得到当时一些文化名人的赏识。林徽因因此邀请李健吾加入他们的"太太客厅"。这在某种程度上意味着刚刚归国的李健吾，凭借自己的法国文学研究成果，踏入了当时的文化界中心。论文《包法利夫人》后被收入《福楼拜评传》，是其中的第二章。1935年12月，李健吾法国文学研究的扛鼎力作《福楼拜评传》由商务印书馆出版发行。在这部研究性专著中，李健吾对福楼拜本人，对他的艺术理念与追求，对他平生的

---

① 司马长风：《中国新文学史》（中卷），香港：昭明出版社，1983，第135页。

几部作品，都做出了淋漓透辟的研究与分析。

在《福楼拜评传》出版之前，李健吾就在郑振铎的邀约之下，赴上海就任暨南大学法国文学教授。1937 年，在日本侵华的背景下，上海进入孤岛时期，李健吾依然保留自己的主业：做老师和做学问。同时，他也进行戏剧创作和表演。为了表演需要，他重译了当时已经有中文译本的罗曼·罗兰戏剧《爱与死的搏斗》，并组织该剧在上海演出。上海沦陷之后，李健吾依然积极从事戏剧创作、表演与翻译等。戏剧方面，他改编了法国 19 世纪剧作家萨尔度（V.Sardou）的三出戏剧以及其他国家的一些著名的剧作品，将之赋予中国化的背景，更易于中国观众的接受。翻译是李健吾在此期间每天的工作，他陆续翻译出福楼拜的多部作品，其中包括最具代表性的《包法利夫人》。李健吾译于彼时的福楼拜作品，在今天仍被不断出版发行，成为法国文学汉译中的精品，其中的《包法利夫人》更是成为翻译文学的经典之作。李健吾在当时就饶有自信地对朋友说："我有理由相信我的《包法利夫人》的译本将是一种良心的酬劳，福楼拜会欣赏我还他一个可取的风格。"[①]1948 年，李健吾所译《包法利夫人》于文化生活出版社出版。

在这一阶段，虽然李健吾身处沦陷的上海，并以戏剧为生，但他的法国文学译介工作从未停止，而且其中最主要的成果当是与福楼拜相关的研究与翻译作品，但他的成果又不仅限于此。李健吾也曾着力于编写《法兰西文学史》，但由于战争环境，只能搁浅。在戏剧创作与改编方面，他也注重引入法国戏剧的因子，使之与中国的情势相结合。作为法国文学研究专家与翻译家，李健吾的涉猎颇为广泛，研究的作家、流派、作品等涉及法国文学的方方面面，为我们留下了宝贵的资料。至于他相关研究、翻译等的具体情况，我们将在后面的章节中做更为具体的讨论。

---

① 李健吾：《与友人书》，李维永编《李健吾文集》（散文卷），北岳文艺出版社，2016，第 217 页。

2. 与戏剧相关的活动

李健吾是现代中国著名的戏剧家。与很多戏剧家不同，他的戏剧活动贯穿从剧本创作到戏剧表演乃至戏剧教学的各个过程：李健吾创作戏剧，也参加表演并进行教学，更从事外国戏剧的翻译和研究。对法国戏剧的译介，是他戏剧活动中非常重要的组成部分。在留学归国之后，李健吾的戏剧活动较之学生时代，更为丰富，成果更多，影响也更大。

1934年7月，李健吾在《文学季刊》上发表他最重要的剧本之一《这不过是春天》，同期刊出的还有曹禺的《雷雨》，而后者却对李健吾大加赞赏，认为他是当时中国剧作家的"首席"[1]。的确，《这不过是春天》确属中国现代戏剧中的杰出作品，在新中国成立前曾反复上演。此外，在暨南大学任教期间，李健吾还创作了《十三年》《以身作则》《新学究》等剧本。在上海孤岛时期与沦陷期，李健吾大量从事戏剧的演出，并与他人合作成立了上海剧艺社，创作剧本《黄花》《草莽》《青春》等。他写戏、演戏的同时也辅导青年演员，并翻译和改编了多部国内外著名戏剧，以戏剧发出为祖国的呐喊。"从一个默默无闻、对政治漠不关心的学者，一跃成为抗日英雄，乃至中国现代戏剧的领导者。"[2]

抗日战争期间，李健吾拒绝了周作人请他到北京大学出任主任的邀请，宁愿在上海"心安理得地做李龟年"[3]。他在进行外国文学作品翻译与研究的同时，却"以戏为生"，既写戏，也改编国内外戏剧作品，并将之搬上舞台。李健吾改编的戏剧除法国剧作家萨尔度的作品外，也有莎士比亚的几出戏剧，比如将《麦克白》改编为《王德明》、将《奥赛罗》改编为《阿史那》等。这

---

[1] 韩石山：《李健吾传》，人民文学出版社，2017，第125页。

[2] 傅葆石：《灰色上海，1937—1945》，生活·读书·新知三联书店，2012，第86页。

[3] 李健吾：《与友人书》，李维永编《李健吾文集》（散文卷），北岳文艺出版社，2016，第216页。

也成为李健吾自己最为满意的改编剧："朋友，你若问我这'戏剧家'的头衔有没有比较可观的东西可以比配，我愿意厚起脸皮来说，除非是莎翁那两出伟大的悲剧的改编。"① 中国作品方面，他也改编了张恨水的《满江红》与《啼笑因缘》，后者得到钱钟书的赞誉，赞他"把《啼笑因缘》改活了"②。当然，在国难当头的情势中，李健吾没有忘记通过剧作来鼓舞中国民众的抗日士气，体现出一位知名学者的家国情怀。《金小玉》便是这样一出改编剧。在这出戏剧上演后不久，李健吾就被日本宪兵逮捕。李健吾不仅仅是一位拥有丰厚学识的学者，也是有着深厚爱国情怀的民族志士，他"和上海其他剧作家一起，力求用作品来激发民众为坚持自由、为民族和个人而战"③。抗战胜利以后，李健吾同多位文化名人一道在上海成立文协上海分会，后又筹建上海戏剧电影协会，创办上海实验戏剧学校（后来发展为今天的上海戏剧学院），成为上海戏剧界不可或缺的主要人物之一。

3. 与中国文学相关的活动

除了法国文学研究专家、翻译家与剧作家的身份，李健吾也是现当代中国著名的作家与文学评论家。他投入文学创作，内容涉及小说、散文、戏剧等，他的文学评论笔触细腻优美，目的不在判断作品的优劣，而是铸入评论者对生活和艺术的发现，是批评家与作家在心灵深处的碰撞。可以说，在20世纪三四十年代，李健吾在外国文学、戏剧、文学创作与评论等方面的才能与成就全面开花结果。

在李健吾出国留学之前，就已经开始进行文学创作，作品得到鲁迅等大家的称赞。留法归国之后，其生平唯一一部长篇小说《心病》在开明书店出

---

① 李健吾：《与友人书》，李维永编《李健吾文集》（散文卷），北岳文艺出版社，2016，第217页。

② 同上书，第216页。

③ 傅葆石：《灰色上海，1937—1945》，生活·读书·新知三联书店，2012，第105页。

版。该小说得到朱自清的称赞，被认为是"新文学史上第一部用意识流手法完成的长篇作品"①。李健吾的小说作品被视作艺术化的写照与东西方文学的交融，也即受到西方文学的影响。除文学创作之外，李健吾在这一时期也参加了一些刊物的编辑、发行等工作，比如《学文》《文学季刊》《文学杂志》等。

20世纪30年代中期，李健吾开始了他的文学批评创作，成为20世纪30年代国内"五大文艺批评家"之一，且"成就最高"②。李健吾的文学批评作品大部分收入《咀华集》和《咀华二集》，最早分别于1936年和1942年由文化生活出版社出版。其中的作品包含了他对当时中国大部分知名作家及其作品的评论，其批评风格与书写手法得到与之同时以及后世研究者的高度赞誉，被认为是一种批评者"心灵的探险"，而法国作家福楼拜的影响更贯穿在他评论的字里行间。

20世纪三四十年代的李健吾渐渐从青年步入中年，在法国文学研究、翻译、戏剧创作、文学评论与文学创作等方面都取得了不菲的成就，逐渐成为一位在多个领域建树颇丰的大家。李健吾也同郑振铎、林徽因、钱钟书、巴金、朱光潜、沈从文、芦焚（师陀）、卞之琳、靳以等名家结下了深厚的友谊。

四、1949年到新时期到来之前

1949年中华人民共和国成立。李健吾留任上海戏剧专科学校（前文中提及的上海实验剧校），是戏剧文学系的教授和系主任，开设"剧本分析"等课程。虽然在此之前有李健吾等人从事过戏剧创作与外国戏剧的引介，但毕

---

① 韩石山：《李健吾传》，人民文学出版社，2017，第112页。
② 司马长风：《中国新文学史》（中卷），香港：昭明出版社，1983，第248页。

竟数量有限，当时中国的戏剧发展仍然相对落后，没有丰富的剧本可以用作课程教材。李健吾"深感教材缺乏，就从英文译出高尔基、托尔斯泰、屠格涅夫等戏剧集"①。当然，由于转译存在天然的缺陷，加之李健吾翻译得匆忙，使其苏俄戏剧译文的质量无法同直接译自法文的戏剧译文相比。但不可否认的是，李健吾转译的苏俄戏剧在当时的确丰富了教学内容，拓宽了学生乃至其他读者的视野。同时，"他为筹建戏文系和培养青年一代戏剧创作人才煞费苦心，全力以赴"，并且"（李健吾）上课非常有吸引力，举例精辟，议论风生，尤其对中外文坛掌故非常熟悉，俯拾即是，增加了讲课的魅力，并能引导同学对某些文学戏剧问题，进行研究探讨，甚至系外同学也来旁听，有时窗台上都坐满了人"②。李健吾为中国戏剧的发展做出了重要的贡献。

1954年，李健吾回到北京，正式回归自己的"本业"——法国文学研究。不久之后，又被抽调回沪为编剧师资进修班讲授莫里哀。可见在当时，李健吾对莫里哀的了解与熟稔是无人可以匹敌的，确是"这方面的权威"③。

1957年，李健吾发表了他最重要的论文之一《科学对法兰西十九世纪现实主义小说艺术的影响——〈包法利夫人〉成书百年（1857—1957）》。这篇四万字的长文从科学对法国艺术的影响角度，对以《包法利夫人》为代表的法国19世纪文学作品做出了中肯的分析与评论，但在当时的社会背景下发表却显得很不合时宜，甚至遭到批判。自此以后，一直到"文化大革命"结束，李健吾再少有类似的文章发表。1958年，李健吾与杨绛等人一道下乡接受了社会主义教育，在此之后写出了《社会主义的话剧》《社会主义的喜剧》等文章。此外，在这一时期的外国文学研究中，李健吾的研究对象不再是"为艺

---

① ［俄］契诃夫：《契诃夫独幕剧集》，李健吾译，文化生活出版社，1948，第231页。

② 魏照风：《怀念李健吾同志》，《上海戏剧》1983年第2期。

③ 同上。

术而艺术"的福楼拜,而是巴尔扎克、司汤达、雨果等法国作家,他翻译的主要对象也转为巴尔扎克的诸多文论。1960 年,李健吾在游历泰山之后,写出了著名的散文《雨中登泰山》。这篇文章后被收入中学课本。文章语言优美、情趣生动、感情真挚,是李健吾散文中的代表作,展现出他卓越的汉语文字功底。

从新中国成立到"文化大革命"结束,李健吾的活动领域并没有大的变化,仍旧在法国文学、戏剧的研究或以中文进行文学创作。但其中具体的内容却发生了一些变化,比如将自己的创作、研究乃至翻译对象的选择同其时的社会文化、政治等相联系,体现出文学、创作、研究等与大环境间的密切关联。

五、新时期

"文化大革命"结束,万象更新。李健吾步入人生的古稀之年,但他在事业上的追求与努力却并不逊色于青年时代。从 1977 年开始,他在《人民戏剧》的邀约下,开始写作与戏剧相关的文章;对于文学评论,李健吾计划写作《咀华新篇》,甚至发表了《重读〈围城〉》《读〈新凤霞回忆录〉》等评论性文章,笔触依旧灵动细腻;戏剧方面,他创作了喜剧《一棍子打出个媳妇来》《大妈不姓江》及历史传奇剧《吕雉》,还有人生中的最后一出戏剧《分房子》等。

1981 年,李健吾的"伯乐"、好友郑振铎离世,他为此写作了《忆西谛》,以生动细腻且多姿的文笔,满含深情地回忆了他与这位挚友的过往。同年,李健吾完成了《莫里哀喜剧全集》的翻译,由湖南人民出版社陆续出版。作为莫里哀研究专家,李健吾译出了莫里哀的大部分戏剧作品,这无论对于译者与研究者本人,还是对于广大读者,都是一桩令人愉悦的好事。1982年,在他生命中的最后一年里,李健吾依旧笔耕不辍,陆续写出《桃花源里出新境》《丁西林和他的剧作》《我走过的翻译道路》《实验剧校的诞生》等文章,并为李青崖翻译的《莫泊桑小说选集》作序,编成了《王文显剧作选》,等等。他也参加各种学术活动,为大学生讲授欧洲戏剧等。在去世前的一个月,李健吾在《光明日报》发表了《鼓勇而前》一文,其中写道:"我垂垂老矣,不能与中青年并驾齐驱了。但我仍决心鼓勇而前,务求在有生之年对四化建设有所贡献。"①字里行间体现出新时期到来之后的欢欣鼓舞与在事业上的不懈追求。然而,经年累月的勤奋与奔波耗尽了他的精力,1982年11月24日,李健吾在写作中倒在自己的书桌旁。之前,他早有遗嘱:"不开会,不留骨灰,不上报纸,若无其人。"②

李健吾去世后不久,多位好友也是文化界、学术界的名家纷纷发表文章来悼念他,对他的人格和成就给予高度的评价。魏照风说他"平易近人,单纯可亲,风趣乐观,胸无城府",评价他的剧本"人物性格鲜明,非常口语化,而干净利落,打动观众的心坎","戏剧评论笔调刚劲,犀利无比","他的文章浸透着机智和才华,幽默而俏皮,那通达人情世故的言论,凝练而生动的风格,使你发出会心的微笑,感觉到作者真挚的热情"③;作家、翻译家罗念生认为李健吾的作品"文如其人,焕发着作者独特的个性","语言纯净、自然,文笔流畅、隽永,少为他人所能企及",而李健吾本人更是"谦而好学,乐于助人","为人耿直,待友诚笃"④;作家师陀说他"著作等身","对朋友热情帮助",其书评"目光犀利,独抒己见",但"一生主要是对外国文学的研究和翻译"⑤;文学家、教育家徐士瑚眼里的李健吾则为人"性情爽朗,平易近人,生活朴素,正直热情",在工作上"文思敏捷,下笔神速,洒脱风

---

① 韩石山《李健吾传》,人民文学出版社,2017,第388页。
② 同上书,第404页。
③ 魏照风:《怀念李健吾同志》,《上海戏剧》1983年第2期。
④ 罗念生:《怀念健吾》,《戏剧报》1983年第1期。
⑤ 师陀:《记一位"内圆外方"的老友》,《新文学史料》1987年第2期。

趣，一如其人"，"在写戏、演戏、评论、翻译、小说等方面都取得了卓越的成就"①；等等。

从李健吾一生的经历与诸多好友、知名学者的评价可以看出，李健吾具有热情、向上、踏实、进取的人格魅力与优秀品质，他见解独到、勤奋善思、才华横溢，因而在多个领域都取得了不俗的成绩，在法国文学的研究与翻译方面更是如此。当然，李健吾在各个领域的活动并不孤立存在，它们不仅彼此依存，也均同他所处的社会、文化、政治等环境紧密相关：在不同的背景下，研究或创作等的侧重也不尽相同。以上种种为我们研究他的法国文学翻译提供了不可或缺的背景条件或依据。

第三节 翻译与研究并举：李健吾法国文学译介状况综述

李健吾是一位活跃在多个领域的"不世出的天才"，是现代中国知名的法国文学研究专家、翻译家、文学批评家、戏剧家、小说家等。国内学界对李健吾的研究多集中在他的文学批评和戏剧创作方面，然而，如前文所述，李健吾学贯中西，是现代中国最早从事外国文学译介的学者之一。新中国成立后，李健吾供职于法国文学研究所，本业是法国文学研究与翻译，为我国的法国文学译介做出了杰出贡献。李健吾的法国文学译介涉及文学创作的多个方面，但主要集中于小说与戏剧，同时也翻译了一些知名作家的文论。大部分情况下，李健吾翻译的作家作品，也是他深入研究的对象，因而在翻译、研究两个方面都取得了丰硕的成果，这使他成为集杰出法国文学研究专家与杰出翻译家于一身的学者。那么，李健吾法国文学译介的主要对象与成果有

---

① 徐士瑚：《李健吾的一生》，《新文学史料》1983年第3期。

哪些，他在不同历史背景下的法国文学译介活动有何特点，对于同一作家作品，其研究成果与翻译作品间存在怎样的关联，都应成为我们关注的问题。因为，李健吾法国文学研究与翻译的现实成就既是本研究的重要组成部分，也是本研究向纵深发展的事实基础。

李健吾法国文学译介成果中影响最为深广也最具代表性的当属他对福楼拜与莫里哀作品的研究与翻译。福楼拜是19世纪法国的伟大作家，他在承袭法国现实主义文学传统的基础上，开拓了新的小说写作手法，成为"现代小说的接生婆"①，被认为是"为艺术而艺术"的典范；莫里哀则是法国17世纪古典主义喜剧的创建者，是"法兰西的国宝，人类在喜剧方面最高的造诣"②。当然，作为法国文学研究专家与翻译家，李健吾的法国文学译介对象也包括司汤达、巴尔扎克等著名作家及作品。

一、对现代小说的开启者——福楼拜及其作品的研究与翻译

李健吾是国内学界公认的福楼拜研究专家。关于他选择福楼拜作为最初主要译介对象的原因，首先在于，福楼拜在很大程度上属于现实主义作家，而在20世纪二三十年代，"中国需要现实主义"；其次，李健吾认同福楼拜艺术至上的理念与追求："在大学时代，甚至在整个前半生，李健吾从来是以'为艺术而艺术'自诩的。"③在李健吾设身处地勤奋研究之后，研究型专著《福楼拜评传》在1935年于商务印书馆出版。李健吾在书中对福楼拜艺术理念的来源、特征以及他最具代表性的作品均做出介绍、分析与评论。而

---

① 冯汉津：《福楼拜是现代小说的接生婆》，《社会科学战线》1985年第2期。

② 李健吾：《〈莫里哀戏剧集〉序》，李维永编《李健吾文集》（文论卷3），北岳文艺出版社，2016，第135页。

③ 韩石山：《李健吾传》，人民文学出版社，2017，第88页。

在整部著作出版之前，其中的《包法利夫人》一章于1934年1月1日发表在《文学季刊》创刊号，因其透彻的分析与灵动的文笔得到当时国内文化界的赞许。新中国成立之后，湖南人民出版社和广西师范大学出版社分别于1980年和2007年重新发行了《福楼拜评传》。著名法国文学研究专家柳鸣九为2007年版《福楼拜评传》作序，认为这是"一部有分量、有深度的学术著作"且"无同类佳作出其右"[1]；2016年，北岳文艺出版社将之收入《李健吾文集》，再次出版发行。《福楼拜评传》在国内学术界得到高度评价，法国文学研究专家、翻译家郭宏安将其特点总结为"吸引力""科学性""判断力"与"艺术性"[2]。除《福楼拜评传》外，李健吾在20世纪三四十年代也发表过十几篇与福楼拜及其几乎所有作品相关的评论文章（包括相关译作的序或跋），比如《福楼拜的书简》（1935）、《福楼拜的〈短篇小说集〉》（1935）、《〈圣安东的诱惑〉跋》（1937）、《〈包法利夫人〉的时代意义》（1947）、《福楼拜的〈情感教育〉》（1948）、《拉杂说福楼拜》（1948）、《〈三故事〉译者序》等；1957年，李健吾又发表了《科学对法兰西十九世纪现实主义小说艺术的影响——纪念〈包法利夫人〉成书百年（1857—1957）》一文，对科学之于福楼拜创作《包法利夫人》的影响做出分析，却因"看不见法国小说创作里的批判现实主义的发展主要是由当时的历史条件和阶级斗争所规定的"[3]遭到批判。至此，李健吾福楼拜研究的第一个阶段结束，直至新时期他福楼拜研究的第二阶段开始，又写作了《福楼拜的世界观和创作方法小议》（1978）、《〈包法利夫人〉译本序》（1979）以及《〈包法利夫人〉作者的疏忽》（1983）等文章。可以说，李健吾的福楼拜研究是以第一阶段为主的。在此期间，他对福楼拜及其作品

---

[1] 李健吾：《福楼拜评传》，广西师范大学出版社，2007，序第2页。

[2] 郭宏安：《读〈福楼拜评传〉——为怀念我敬爱的老师李健吾先生而作》，《读书》1983年第2期。

[3] 卞之琳等：《十年来的外国文学翻译和研究工作》，《文学评论》1959年第5期。

做出极为深入的研究与品评，为我国的外国文学研究做出重要贡献；在第二阶段，由于研究的主要对象有所转变，仅有几篇与福楼拜相关的文章发表。

在福楼拜作品的翻译方面，李健吾最早的译作应是 1936 年商务印书馆出版的《福楼拜短篇小说集》(《三故事》)，之后又陆续翻译出版了《圣安东的诱惑》(1937，上海生活书店)、《情感教育》(1948，文化生活出版社)、《包法利夫人》(1948，文化生活出版社)、《三故事》(1949，文化生活出版社)等。以上均为李健吾所译福楼拜作品的最初版本。新中国成立之后，上述译作均被多次再版，其中《包法利夫人》被文化生活出版社、人民文学出版社、浙江文艺出版社、三联书店等知名出版社多次重印发行，成为我国被重印次数最多的外国文学作品的经典译本之一。除《包法利夫人》外，李译其他福楼拜作品也历久弥新，被反复重印发行：2017 年 9 月，上海译文出版社将李健吾翻译的《三故事》《情感教育》《圣安东的诱惑》以及《萨郎宝》(李健吾生前未完成全译，由其孙女李玹补译完成)集结为《福楼拜小说集》再次出版发行，等等。从上文可见，李译福楼拜作品大部分初译于 20 世纪三四十年代，七八十年间，所有译作均有其他译者的复译，《包法利夫人》的复译本甚至达到二三十种，其中不乏许渊冲、周克希等翻译家的优秀译本，但李译却在今天仍拥有旺盛的生命力。

二、对"法兰西的国宝"莫里哀的译介

李健吾从 20 世纪三四十年代开始翻译、研究莫里哀的作品，其法国戏剧译介成就也主要集中于莫里哀作品的翻译与研究。1949 年 6 月，开明书店将李健吾在此之前翻译的八出戏剧收入《莫里哀戏剧集》出版发行。李健吾为每一个剧目作序，为读者介绍剧作的内容、特点等，同时在其中发出自己的声音。可以说，李健吾的译序同时也是他的莫里哀喜剧研究成果。新中国成立之后，他又撰写了《莫里哀的喜剧》(1956)、《〈伪君子〉——莫里哀的

戏中演得最多的一出》（1959）、《法国大喜剧家莫里哀》（1959）、《关于莫里哀的三个喜剧作品》（1959）、《关于〈逼婚〉》（1962）、《莫里哀的喜剧艺术》（1981）、《〈莫里哀喜剧〉序》（1982）等评论性文章。在李健吾的莫里哀喜剧研究成果中，《莫里哀的喜剧》被认为"最重要、最有分量"，且"后来的莫里哀研究在史料和观点上基本无出其右"①。这一长文从喜剧在欧洲的产生和莫里哀本人的经历谈起，对莫里哀喜剧创作的历史背景、喜剧特色、文学价值、历史地位以及《伪君子》等主要作品的情节、人物特征、喜剧手法等展开细致而透彻的分析。同时，李健吾适应彼时中国的主流，将莫里哀的古典主义喜剧进行了现实主义的解读，认为"莫里哀的创作原则是一个现实主义者的创作原则"②，"他不仅在法国，而且在全欧洲，建立现实主义喜剧的写作和演出传统"③。1963年，上海文艺出版社出版了李健吾翻译的六出莫里哀喜剧，题名为《莫里哀喜剧六种》，之后上海译文出版社进行多次再版。莫里哀一生共创作了33部戏剧，李健吾前后译出其中最重要的27部。1982年至1984年，湖南人民出版社将李健吾翻译的全部27部莫里哀喜剧合为一处，集结为四卷册的《莫里哀喜剧全集》（共计100多万字）陆续出版，并于1990—1994年进行再版，成为"目前我国出版的、最好的莫里哀作品的译本"④。可见，翻译与研究并行，也是李健吾译介莫里哀及其作品的特点，而且在两个方面同样取得不菲的成果。因而有研究者认为，"对莫里哀戏剧译介、

---

① 陈惇：《新中国莫里哀戏剧研究60年》，《北京大学学报（哲学社会科学版）》2012年第2期。

② 李健吾：《莫里哀的喜剧》，李维永编《李健吾文集》（文论卷3），北岳文艺出版社，2016，第264页。

③ ［法］莫里哀：《莫里哀喜剧六种》，李健吾译，上海译文出版社，2008，第20页。

④ 陈惇：《新中国莫里哀戏剧研究60年》，《北京大学学报（哲学社会科学版）》2012年第2期。

研究最为用力的则当推李健吾"①；他是"中国最负盛名的莫里哀研究专家"②。查明建、谢天振则在《中国20世纪外国文学翻译史》中写道："李健吾精练、自然、朴素、流畅的译风，尤其在莫里哀喜剧翻译上所做的贡献，被誉为'莫里哀喜剧的著名翻译家'。"③

至于李健吾译介莫里哀作品的原因，就在于现代中国的戏剧创作起步较晚，需要从国外戏剧中汲取养分，而李健吾热爱戏剧创作，钟爱法国文学，需要从法国的戏剧创作中学习经验；同时，在当时的社会历史背景下，中国读者也需要学习莫里哀体喜剧中的讽刺与战斗精神："莫里哀的战斗精神，诙谐的手法，描写阶级矛盾题材的创作实践，都是值得我们中国现代人很好学习的。"④ 于是，李健吾研究、翻译了莫里哀的大部分剧作，并吸取其中的优秀因子，将之与中国的实际相结合，应用到自己的戏剧创作与教学中去，为中国的戏剧发展做出了贡献。

三、其他作家作品的译介

李健吾也是巴尔扎克较早的研究者之一。早在1937年，李健吾便于《文学杂志》发表了《巴尔扎克的〈欧贞妮·葛郎代〉》（笔者注：《欧也妮·葛朗台》）一文，对巴尔扎克这部代表作做出评介。据笔者粗略统计，李健吾所

---

① 胡德才：《论李健吾与莫里哀喜剧的精神联系》，《中国比较文学》2013年第3期。

② 陈惇：《新中国莫里哀戏剧研究60年》，《北京大学学报（哲学社会科学版）》2012年第2期。

③ 查明建、谢天振：《中国20世纪外国文学翻译史》，湖北教育出版社，2007，第394—395页。

④ ［法］莫里哀：《莫里哀喜剧全集》（第4卷），李健吾译，湖南文艺出版社，1993，第495页。

做与巴尔扎克相关的论文不少于 20 篇，比如《巴尔扎克是一个什么样的正统派》（1961）、《〈人间喜剧〉的远景》（1978）、《激情与巴尔扎克的创作方法》（1980），等等。同时，据蒋芳①统计，李健吾翻译的巴尔扎克文论至少有 15 篇，比如《司汤达研究》（1950）、《巴尔扎克论文选》（1958）等。上述研究与文论翻译进行的时间多在新中国成立之后"文化大革命"以前，但无论何时，李健吾并没有翻译巴尔扎克的小说作品。我们认为，其中原因在于：首先，研究巴尔扎克的作品、翻译其文论，是为国内读者了解巴尔扎克的作品与创作理念服务，这是法国文学研究者的职责所在，而且李健吾从 20 世纪 30 年代便开始关注巴尔扎克及其作品，这也是对这位伟大作家研究工作的继续；其次，不翻译他的小说，一方面可能因为翻译家傅雷一直在从事巴尔扎克作品的翻译，另一方面极可能在于巴尔扎克的文学追求同李健吾的艺术理念并不一致。李健吾在创作领域抑或翻译方面追求的，是与福楼拜极为相近的精致的艺术。

对于司汤达，李健吾撰写过《司汤达》（1934）、《〈红与黑〉里的于连及其他》（1959）、《司汤达的政治观点与〈红与黑〉》（1959）、《〈红与黑〉与法国复辟时期的修道会》（1979）等评介性文章，并翻译过其《迷药》《箱中人——西班牙故事》《意大利遗事》等作品。此外，他也翻译过罗曼·罗兰的戏剧《爱与死的搏斗》（1939），雨果的诗剧《宝剑》（1951）以及法国著名文学评论家圣伯夫的《什么是一位经典作家》（1948）等，同时也发表过多篇涉及多个文学流派或作家的评介性文章，比如《十九世纪法国现实主义的文学运动》（1935）、《什么是达达派》（1935）、《什么是立体派》（1935）、《鲍德莱耳——林译〈恶之华〉序》（1939）、《纪德》（1947）、《维克多·雨果——资产阶级人道主义的战士》（1952）、《〈辞海〉中有关波德莱尔的评价问题——与〈辞海〉编委会商榷》（1980）、《为缪塞的戏剧"平反"》（1981）、

---

① 蒋芳：《巴尔扎克在中国》，中国社会科学出版社，2009，第 241 页。

《关于〈阿达拉〉》(1982)、《作为剧作家的梅里美》(1983)等。

此外,李健吾也翻译过博马舍、左拉、乔治·桑、拉·封丹、高乃依、布瓦洛等知名作家的文艺理论,也有过一定数量的诗歌、童话故事以及杂文翻译等。可见,李健吾的法国文学翻译与研究涉足甚广,涵盖了法国文学的多个方面,既包括知名的作家以及各类文学作品,又包括对在法国文学史中占有重要地位的文论、流派等的研究与翻译(比如上文提到的圣伯夫的《什么是一位经典作家》以及布昌及耶尔的《巴尔扎克小说的历史意义》、狄德罗的《"美的"与"美"》等)。李健吾善于抓住其中最重要、最有影响力的部分进行译介,因而对中国法国文学研究的贡献也是多方面的。

当然,李健吾对法国文学的译介不仅限于对法国文学的研究、评论与翻译,他对法国文学的译介也体现于对法国戏剧的改编以及自身的文学创作之中。首先,李健吾对法国戏剧的改编主要集中在抗日战争时期上海沦陷期间,是特殊背景下对法国文学的一种特殊的译介方式。据马晓冬统计①,抗战时期李健吾改编的戏剧有 16 部之多,其中有 12 部改自外国戏剧,包括改编自法国剧作家萨尔度作品的《花信风》《喜相逢》《风流债》和"出现轰动效应"②的《金小玉》。李健吾改自萨尔度剧作《托斯卡》的《金小玉》一经上演就取得了巨大成功,表现出在李健吾以及其他沦陷区剧人"借助域外作品,在生存、救亡的夹缝中进行艺术表达与政治呼唤"③。其次,在李健吾的文学评论、戏剧、小说等原创作品中,也有大量的法国文学因子存在,这也可以被视作他"译介"法国文学的一种方式。可见,李健吾的法国文学译介涵盖了法国文学的多个方面,无愧于法国文学研究专家与翻译家的称号。

作为法国文学研究专家,李健吾对法国历史上诸多著名作家以及作品有

---

① 马晓冬:《商业化面孔下的政治呼唤》,《中国比较文学》2016 年第 3 期。
② 韩石山:《李健吾传》,人民文学出版社,2017,第 255 页。
③ 马晓冬:《商业化面孔下的政治呼唤》,《中国比较文学》2016 年第 3 期。

过深入的研究并形成丰硕的成果。在研究的同时，他也对研究对象的相关作品进行翻译，为中外文学文化交流，开阔中国读者视野做出重要贡献。在他的法国文学译介中，翻译可为研究服务，使研究更加深入；反之，研究又可加深他对翻译对象的理解，使译文更加贴近原作。

作为法国文学翻译家，一方面，李健吾选择了与自己精神相通、理念一致的"知音"福楼拜作为主要翻译对象，并造就了《包法利夫人》等经典的翻译文学作品；另一方面，在戏剧翻译领域，他选择了可为研究、创作、教学乃至丰盈中国人精神服务的伟大喜剧作家莫里哀。李健吾在翻译活动中既体现出译者对自我的准确认知，又体现出翻译工作的实际功用。李健吾对作家、作品细致而深入的研究与把握，是他"创作"出翻译文学经典的重要原因，而李健吾踏实进取的治学精神，更是值得当前学界研究与学习之处。

李健吾译介法国文学的方式既包括文学评论、文学研究、文学翻译以及戏剧翻译后的戏剧表演，也包括在特殊历史背景下对法国戏剧作品的改编。而他译介法国文学的目的或原因则可以概括为：对中国特殊社会历史背景的回应，即通过译介，来学习、借鉴他者先进的文学创作手法比如现实主义，甚至在一定社会背景下，通过译介实现对他者的批判并进行反思，比如在新中国成立后一定时期内的译介活动；对译介者个人喜好、需求的回应，比如李健吾对福楼拜及其作品的译介，一方面出于译入语社会、文化的需要，另一方面则在于译介者本人对所译介作家及作品的认同与喜爱，而对莫里哀的译介则更多出于国内戏剧发展的需求；等等。无论译介的原因为何，作为法国文学研究专家，李健吾对福楼拜、莫里哀、巴尔扎克、司汤达等法国历史上的文豪大家以及他们的作品有令人折服的深刻认识和独到见解，对几位作家作品的译介也起到了传播异域文学、充盈中国读者头脑的积极作用。在法国文学研究方面，李健吾的涉猎不可谓不广泛，研究不可谓不深入。而在研究的同时，他也对研究对象的相关作品（比如文论或一些文学作品）进行翻译，翻译与研究相得益彰。作为法国文学翻译家，李健吾的翻译对象集中在小说、戏剧与文论等方面。因为李健吾的研究与翻译，彼时的中国读者对诸多法国作家与作品有了更为深入的了解；同时，法国文学，尤其上述几位著名作家的创作手法、理念、审美、追求等也对他的艺术理念与创作等起到了很大的塑造作用。李健吾对一系列作家、作品细致而深入的研究与把握，是他推动现代中国戏剧发展，并"创作"出翻译文学经典（比如李健吾所译福楼拜之《包法利夫人》），以及成为我国知名的文学批评家的重要原因。从文学翻译的角度看，由于李健吾是研究型的译者，他对所译作家与作品有着旁人无法企及的至深理解和把握，所以可以译出历经七八十年仍拥有旺盛生命力的优秀译作。进入新时代，《李健吾译文集》的出版更是我国翻译史与出版史上的大事件，这既是对李健吾翻译成就的极大肯定，又"标志着又一次文化选择，标志着历史时代对又一个重大文化问题做出了新的结论"①。2021年8月，《李健吾译文集》获得"第五届中国出版政府奖图书奖"提名奖和"第十六届上海图书奖"特等奖。这既是对出版社此项工作的肯定，更是对李健吾为之勤奋工作一生的文学翻译事业的肯定。

---

① ［法］福楼拜等：《李健吾译文集Ⅰ》，李健吾译，译文出版社，2019，序第2—3页。

第二章　研究与翻译：研究家型翻译家李健吾

韩石山曾在《李健吾传》的二版序中列出了李健吾的多种身份，但在最后指出："他的本业是法国文学研究……留法两年，学的是法国文学；回国后在大学任教，教的是法国文学；解放后离开上海到了北京直至去世，不管供职的机构名称怎样变幻，究其实都是一个外国文学研究所。"[1] 是的，在诸多身份或头衔中，李健吾首先是或者始终都是一位法国文学研究专家。这种身份不仅体现于他丰富且深厚的法国文学研究成果里，更体现于他孜孜以求、潜心学问的学者精神中，而这些成果或者精神，又是成就其翻译硕果的强有力的支撑。本章中，我们将从李健吾法国文学研究专家的身份出发，通过对他法国文学研究主要成果的分析，探究其与李健吾翻译成就间的内在关联。

第一节　福楼拜研究：兼具科学性与艺术性的学术力作《福楼拜评传》及其他

初版于1935年的《福楼拜评传》是李健吾在法国文学研究领域成就最高也最具代表性的作品之一。这是一部关于福楼拜及其作品的极为全面、深入

---

[1] 韩石山：《李健吾传》，人民文学出版社，2017，第409页。

的研究型著作。尤为珍贵的是，在此之前，我国尚无同类著作问世，而在此之后，直至今日，这仍是"对于福楼拜最好的研究"①。同时，在《福楼拜评传》之外，李健吾也著有多篇与福楼拜及其作品相关的文章，从各个角度分析、研究作家作品。上述论著不仅内容翔实、论证科学，而且语言生动极具艺术性，充分体现出论者于研究与写作中的意向性。

一、《福楼拜评传》

《福楼拜评传》共八章，分别为"福楼拜""包法利夫人""萨郎宝""情感教育""圣安东的诱惑""短篇小说集""布法与白居榭"以及"福楼拜的宗教"，也即，著作的主体部分包括了对福楼拜全部作品的分析研究；另外，书中也有"序""附录"以及"参考书目"，附录里包括三篇文章，依次为"福楼拜的故乡""十九世纪法国现实主义的文学运动"以及"《圣安东的诱惑》初稿"。全书近30万字。仅从上述信息就可以看到，全书有点有面，有对作家作品的介绍更有对之的研究评论，无论在当时还是在今日，都是一部难得的全面且细致的外国文学研究专著，既呈现出研究性作品的科学特征又有着鲜明的艺术特色，主要呈现出以下两大特征。

第一，《福楼拜评传》是一部严谨、科学的学术论著，体现了论者科学的论证思路与严谨的论证方式，主要体现在以下两点。

（1）专著结构完整，既有对福楼拜艺术理念的深入研究（"福楼拜的宗教"一章），也有对其艺术理念来源的判断（"福楼拜"一章），且论证充分，有理有据；既有对其"似水流年"的介绍，又非单纯的叙述，因为其中渗透着对福氏艺术理念根源的探究，而这种探究的过程，又无疑是科学的：由于

---

① 袁筱一：《文学翻译的真谛》，《光明日报》2020年7月18日第9版。

父亲是当地著名的外科医生，福氏自小生活在"忧郁而严肃"[①]的环境中，父亲有着"实验主义倾向，对事物有慎密的观察"[②]。这样的背景与环境造就了连福氏也自感讶异的医学倾向。李健吾更是将他比作一位医生："他藏起自己的情感生活，纯粹运用理智，追求一种不偏不倚的正确现象，做他下药的依据。"[③]这是福氏艺术理念中科学性的来源。至于福楼拜的母亲，则"给他留下易于感受的心性"[④]，再加上福氏那"布满柔脆的神经"[⑤]的魁梧身体容忍不了一丝一毫的瑕疵："只要一点声音不谐和，一点文法的错误，费了九牛二虎之力的句子也失去它的效果。"[⑥]所以，他一生独身，因为寻不得理想的爱情；所以，他用几倍于其他作家的时间反复修改自己的作品，以追寻自己奉为圭臬的"美"，去表达他对文艺女神的忠诚。同时，为使对福氏艺术理念的论述更有依据，李健吾对福氏的几部主要作品分别展开分析研究，这使论者在第八章"福楼拜的宗教"中的论证更具有科学性与说服力。

（2）《福楼拜评传》体现出论者鲜明的观点，其论证有理有据且方式多样，通过丰富且可靠的引证、跨越中外的对比等作为他立论的依据。在1935年出版的《福楼拜评传》的参考书目中，作者列出法文文献96部，这在当时是极为珍贵与难得的；在1980年的再版中，李健吾对之做出"补识"，指出一些参考文献的变化情况，体现出科学严谨的学术精神。在李健吾的诸多引用中，最具说服力的便是福楼拜致友人、亲人等的书信。李健吾在《评传》序言中写道："我们立论的依据，几乎完全用的是他自己：'即以其人之道，

[①] 李健吾：《福楼拜评传》，广西师范大学出版社，2007，第10页。
[②] 同上书，第9页。
[③] 同上书，第13页。
[④] 同上书，第9页。
[⑤] 同上书，第19页。
[⑥] 转引自李健吾《福楼拜评传》，广西师范大学出版社，2007，第24页。

还治其人之身.'这如果是取巧的方法,却也是最稳妥,最坚定的方法。"①是的,若要讨论一位作家的艺术,有什么比他自己对艺术的论断更可靠呢?当然,李健吾的引用又不仅限于此,一些文论家比如圣伯夫等的观点也都是他论证的依据。同时,他也将福楼拜的理念、作品等与其他作家进行比较,比较较多的是与福楼拜同时代的巴尔扎克、司汤达等,也包括20世纪的法国现代派作家纪德、普鲁斯特等。此外,他甚至将福楼拜作品与中国的《红楼梦》《西厢记》等进行比较。既有共时对照也有历时比较;既将法国其他作品与之对比品评,也跨越山海,将之与论者国内的经典与之并论;既做到了有评有述,也适时进行分析与归纳,运用了科学的研究与论证方式。同时,著作中体现出年轻的李健吾敏锐的洞察力和独立的判断力,他引用"权威"们的观点,又绝不唯他们的"马首"是瞻,总会适时提出自己的观点。但他的研究评论也并不以自己的好恶为准,而是以大量的事实为基础,做出客观的品评并得到相应的结论。李健吾日后的文学评论方式与这种研究方式一脉相承。无论是文学研究还是文学评论,他都会深入作者或作品,以事实为依据,避免主观臆断,"客观"评价、"科学"分析,做到了他后来所说的"一个批评家……是一个科学的分析者。……要独具只眼,一直剔爬到作者和作品的灵魂的深处",而要做到"科学分析",就应该"永久在搜集资料,永久在证明或者修正自己的解释。……他不应当尽用他自己来解释,因为自己不是最可靠的尺度;最可靠的尺度,在比照人类以往所有的杰作,用作者来解释他的出产"。②在《福楼拜评传》中,我们也恰恰看到了这一点。所以,柳鸣九在为2007年版《福楼拜评传》作序时指出这部研究性专著的"论述之灵动与资料引证之丰富"③,郭宏安则在归纳《福楼拜评传》的特点时,指出这部论著具有

---

① 李健吾:《福楼拜评传》,广西师范大学出版社,2007,序第5—6页。

② 李健吾:《边城——沈从文先生作》,《咀华集 咀华二集》,人民文学出版社,2007,第41页。

③ 李健吾:《福楼拜评传》,广西师范大学出版社,2007,序第1页。

"科学性"和"判断力",它不是论者想当然的产物。

第二,从《福楼拜评传》的文字表达中,我们可以看到作者的热情、气势、文采与才气。

他用妙趣横生、完美和谐、清新多彩的极具艺术性的文字书写自己的研究成果,这同"如珠如花"的福氏文笔不相上下。郭宏安对《福楼拜评传》评价道:"一个普通读者,他可以对法国文学毫无所知,但当他打开这本书时,他不能不为作者的热情所感染,不能不为文章的气势所裹挟,仿佛登上一叶扁舟,趁着微风,在作者的引导和指点之下,穿峡越谷。纵览福楼拜的平凡而又平淡的一生,神游他所创造的想象世界。"① 其文笔"不是那种浓得化不开的艳丽,而是清新,是淡雅,像一道澄澈的溪水,立流到读者的心里"②。因为它的字里行间灌输着作者的热情和诗人气质,是极具艺术性的表达。《福楼拜评传》既是一部研究型论著,也是一部丰盈、多彩的散文集,体现出一位年轻的法国文学研究者的丰富才情。比如在序言当中,李健吾就写道,"创作是他的生活,字句是他的悲欢离合,而艺术是他整个的生命。一切人生刹那的现象形成他艺术的不朽"③;在"福楼拜"一章里,李健吾对福楼拜的文学理念总结道,"艺术是他的宗教。他是文艺女神最忠实的信徒。他尽量缩减人生,正为显出她的仪态万端"④;在论及《包法利夫人》中查理的性情时,他写道,"没有灵性的活动,没有精神的作用,没有浪漫的情绪,没有理想的憧憬。总之,凡增高生存的意义,使人超于现实,起人向上企求之心的,他全缺乏"⑤;而对于爱玛,"她的不快乐连根生在她的快乐里面。她寻求,她反抗;

---

① 郭宏安:《读〈福楼拜评传〉——为怀念我敬爱的老师李健吾先生而作》,《读书》1983年第2期。
② 同上。
③ 李健吾:《福楼拜评传》,广西师范大学出版社,2007,第2页。
④ 同上书,第39页。
⑤ 同上书,第68页。

就在她寻到的时候,她遗失;就在她胜利的时候,她失败。她相信;她幻灭。她要求变动;变动来了,她不能始终如一"①;在论及福楼拜为实现客观之艺术使用的方法时,李健吾以形象的比喻写道:"艺术家应该从地面吸取一切,好像一架吸水机,管子一直通到事物的脏腑,凡是人眼看不到的,藏在地下的,他全抽上地面,喷向太阳,呈出光怪陆离的颜色。"②这就是李健吾极具艺术性的文字。所以有论者在评论其学术著作的文笔时写道:"别具风格,娓娓道来,酣畅淋漓,引人入胜,仿佛一阵清凉的风,有一种神奇的魔力,一点也没有通常学术专著惯有的艰涩……"③

综合以上论述可见,《福楼拜评传》无愧是李健吾法国文学研究最具代表性的作品和外国文学研究领域的扛鼎之作。论著中对研究对象的挖掘、研究、论述深入而系统,方式多样而科学,书写艺术且灵动,堪称法国文学研究乃至外国文学研究领域的经典之作。

二、对福楼拜及其作品的其他研究成果

李健吾在《福楼拜评传》中对福氏的艺术理念与每一部作品都做出了深入的研究,但他对福氏的研究又不仅限于一部《福楼拜评传》。前文里提及的一系列文章亦是他对福楼拜作品与艺术思想等精辟且细致而微的品评,其中更涉及福氏的书信、其作品与所处时代的关系等,为中国读者呈现出一位全面、立体的法国作家及作品分析。比如在1957年12月发表于季刊《文学研究》第4期的《科学对法兰西十九世纪现实主义小说艺术的影响——纪念〈包法利夫人〉成书百年(1857—1957)》中,李健吾以实事求是的基调,将

---

① 李健吾:《福楼拜评传》,广西师范大学出版社,2007,第81页。
② 同上书,第299页。
③ 魏东:《李健吾——福楼拜的知音》,《中华读书报》2007年7月4日,第16版。

19世纪法国文学写作手法与态度的变迁与彼时科学的发展紧密结合，指出"文学将越来越采取科学的态度"[①]。随后又以左拉、福楼拜等作家为例，他们会为写作而收集材料，而之前的莫里哀会为写作进行观察，巴尔扎克会到故事发生地旅行，所以，"'观察'是取得现实感觉的基本步骤"[②]。福楼拜便善于观察、主张观察，并认为"观察必须冷静""不许可自己直接干预""艺术家必须保持科学家的态度"，进而"把艺术看成一个一尘不染的绝缘世界"，所以他"严格要求自己取消任何成见"，绝不在作品中出面，即便是景物描写，也"是从人物的主观感受得来的"[③]。于此，作者在之前研究的基础上，对《包法利夫人》及其作者乃至19世纪的法国文学做出更为深入的探究，从更深层次挖掘小说《包法利夫人》创新形式出现的原因，指出科学发展（主要为自然历史与博物学）对于文学艺术的影响，使之产生新的创作手法。但作者又没有将科学与艺术完全等同。在文章的最后，李健吾指出："艺术吸收科学成果，仍必须回到自己的实践道路。"[④]郭宏安认为："《科学对法兰西十九世纪现实主义小说艺术的影响》是一篇条分缕析、丝丝入扣的分析文章，全文围绕观察、回忆、想象、感受、道德、反映、心、风格、方法、虚像、传奇、升华、描写、对话等概念，用科学来统领，具体地阐释其含义……逻辑无懈可击，论述清晰完整，辨析精微准确。"[⑤]可见，李健吾对研究对象的领悟与分析，并不局限于作品或作家本身，而是将其特征与所处的时代背景、社

[①] 李健吾：《科学对法兰西十九世纪现实主义小说艺术的影响——纪念〈包法利夫人〉成书百年（1857—1957）》，李维永编《李健吾文集》（文论卷4），北岳文艺出版社，2016，第390页。

[②] 同上书，第396页。

[③] 同上书，第397、401、402、404、423、424页。

[④] 同上书，第428页。

[⑤] 郭宏安：《李健吾与法国文学研究》，《中华读书报》2016年9月21日，第13版。

会乃至科学发展等相联系，将自己的研究向纵深发展。至此，李健吾对福楼拜以及《包法利夫人》的研究形成了一条较为完整的脉络，从作品内容、人物、艺术特征，到作家的艺术理念、写作手法、创新价值，再到这一切背后的推动力与形成因由等，为我们了解这部作品与19世纪法国文学提供了宝贵的资料。

在福楼拜研究过程中，李健吾认识到福楼拜书信对于研究其艺术理念的重要性，于是大量收集、整理、阅读、分析福氏写给情人、朋友、外甥女等的书信，不仅在《福楼拜评传》中大量引用，用作自己论证的依据，更专门写了《福楼拜的书简》一文，发表在1935年《文学》杂志的第5卷第1号中。的确，在福楼拜的小说中，我们可以看到他对文学、艺术的理解与表现，而其更直接的阐述便存在于他的书信当中。李健吾也曾努力将他的文学书简翻译成汉语，甚至欲刊印福楼拜全集（共十册，其中书简占三册），但最终没有实现，不失为一桩憾事。2011年，丁世中翻译的《福楼拜文学书简》由燕山出版社出版，若李健吾先生有知，可当之以慰藉。在《福楼拜的书简》一文中，李健吾首先梳理了福楼拜书信集在法国的出版情况，强调其为"无价之宝"，应"特别垂以青眼"[1]，因为福楼拜对于艺术的观点、理念、追求等统统在他的书信中得以呈现。李健吾将福氏的书信视作"十九世纪文学的密室"[2]，更是从中看到"福氏不唯不要把作品和人性斩而为二，更要合而为一，成功一种艺术的完美"，"一方面要人和作品一致，一方面人和艺术分开"，"福氏必须从艺术把自我删掉"，"福氏纳心于观察、体味、写作，然而特别是观察"，"他要人在书里感到他的存在，然而昧于他的存在；他要私

---

[1] 李健吾：《福楼拜的书简》，李维永编《李健吾文集》（文论卷4），北岳文艺出版社，2016，第289页。

[2] 李健吾：《福楼拜小说集译序》，李维永编《李健吾文集》（文论卷4），北岳文艺出版社，2016，第332页。

人和著作分开，因为一个卑不足取，一个高不可犯"，"（福楼拜）一定要把作品削成无比的完美，不见一丝斧凿的痕迹，不透一点私人的气息，未尝不是艺术上应有的最高的理想"①。以上种种，是对福楼拜艺术理念简洁且较为全面的概括。李健吾以犀利的眼光，从福楼拜的书信中看到他对艺术独到、深刻又崭新的见解。不唯如此，在这篇文章中，李健吾也将福楼拜同他之前的法国文学大家巴尔扎克、司汤达进行比较，探寻他们之间的不同。相较于巴尔扎克，福楼拜"自成一个天地，一个小于巴尔扎克然而真于巴尔扎克的天地"，"巴尔扎克就没有艺术观做他创作的背景"，"巴尔扎克只看见金钱，福氏却看见一个固定的美"②。巴尔扎克是法国社会的"书记员"，为读者描绘出彼时法国社会林林总总的"实况"，作品规模庞大、内容复杂却有失精致；福楼拜虽也描绘社会现实，却着力于以不一样的笔法、以精雕细琢的词句去表现这种现实；"巴尔扎克从经济角度进入他所观察的资本主义社会"，"福楼拜以科学精神进入他所观察的资本主义社会，在他之前，没有一位作家这样全力以赴地进行过"③。而与司汤达相比，两者皆用"用客观的态度，观察宇宙"，而对于福氏，"自我只是一粒微屑"，对于司汤达自我却是"无上的主宰"。因为"一个要平常，一个要英雄"④，但他们之间又不乏相同之处……同为现实主义作家，司汤达尤其深刻地描绘人物丰富的心理活动，其作品甚至具备了一些意识流的意味，但这些作品中人物思想的表现在很大程度上是作者本人想要进行的表达，这就是他的"自我"。福楼拜却坚持客观写作，

---

① 李健吾：《福楼拜的书简》，李维永编《李健吾文集》（文论卷4），北岳文艺出版社，2016，第290—294页。

② 同上书，第295、299页。

③ 李健吾：《福楼拜的世界观和创作方法小议》，李维永编《李健吾文集》（文论卷4），北岳文艺出版社，2016，第454页。

④ 李健吾：《福楼拜的书简》，李维永编《李健吾文集》（文论卷4），北岳文艺出版社，2016，第296页。

坚持作家无须在作品中表现自己的观点。可见，李健吾对福楼拜书简中潜藏的福氏本人艺术理念的分析并不就书简论书简，在分析之后也通过实际的例证，来证明其观点。这样不仅以比较的方式进一步阐明了福楼拜的艺术观，也将法国 19 世纪另外两位文豪的特征展示给读者。之后，李健吾也引述了纪德、尼采、法朗士等人对福楼拜的评价，更加明确福氏艺术理念之于法国文学乃至世界文学的贡献，并认为福楼拜的书简是"一个法国大作家留下来的最美的书简之一"①。

如果说《福楼拜的书简》是对福氏文学观念的研究，那么在此之后的多篇文章中，李健吾对福氏的各部作品都做出极为透彻的分析。这些分析研究成果一方面见诸《福楼拜评传》，另一方面也体现在一些分散的评论性文章以及相关译作的序或跋中。这些都成为研读福楼拜作品不可或缺的珍贵的文本材料，其中较早的文章有《福楼拜的〈短篇小说集〉》。李健吾在文中一方面对三部小说做出介绍，另一方面大大肯定它们的价值，认为"《一颗简单的心》富有同情，《圣朱莲外传》极其优美，然而《希罗底》，呈现出一种坚定的伟大气息"②，并指出"《短篇小说集》为福氏争来盛大的成功，及身的荣誉"③。又如在《〈福楼拜短篇小说集〉跋》中，李健吾提出福楼拜"用最大的耐心和兴趣锤炼他的字句"④；而在介绍福氏写作特点的同时，也指出自己在翻译时一些特殊的考虑，并列出自己在翻译、研究原作时使用的中法文参考书，加深了读者对原作的了解。在后来的《〈三故事〉译者序》中，李健吾进一步指出，福楼拜"化腐朽为神奇，把不是传奇的材料写成一篇动人的短篇小说：

---

① 李健吾：《福楼拜的书简》，李维永编《李健吾文集》（文论卷4），北岳文艺出版社，2016，第 300 页。

② 李健吾：《福楼拜的〈短篇小说集〉》，李维永编《李健吾文集》（文论卷4），北岳文艺出版社，2016，第 314 页。

③ 同上书，第 314 页。

④ 同上书，第 316 页。

因为他相信'在任何地方，而且任何事物，都可以成功艺术'"。①这是福楼拜不同于以往作家的独特所在。当然，他的结论并不武断，而是通过深入阅读福楼拜作品与相关副文本总结而来，因而做到了有理有据，彰显出文章作者对研究对象的透彻了解。

同样，李健吾也对福氏的其他作品，比如《圣安东的诱惑》《情感教育》《萨郎宝》等做出过深入解读，并对之大加赞誉，认为上述作品并不逊于最初打破法兰西小说界多年静默的《包法利夫人》。在《〈圣安东的诱惑〉跋》中，李健吾首先介绍了自己译作依据的版本，借而对福楼拜写作该小说的历程做出叙述，同时援引多名法国评论家或作家的观点，指出福氏用 25 年的时间"达到一个终极的更高的追求——艺术"②。在文章的最后，亦是列出李健吾翻译该小说依据的版本与多部法文参考书。对于《情感教育》，李健吾曾于 1947 年在《大公报》发表了《福楼拜的〈情感教育〉》一文，后成为 1948 年出版的李译《情感教育》的译者序。文中除了对小说人物、情节等的分析介绍，更指出"福氏的精神是严谨，选择客观和观察作为叙述的准则"，将人类本来的样子客观地写出来，因为"对于艺术家，丑陋犹如美丽，本身含有美丽"，但又要有"科学家的诚恳"③，而在《情感教育》中，艺术和科学"形成一个完美的整体。无善无不善，无大无小，在人类历史的进行上，合成一股澎湃的气势，石木不分，连水带泥，流向永生的大地"④。他指出"没有主旨"

---

① 李健吾:《〈三故事〉译者序》，李维永编《李健吾文集》(文论卷4)，北岳文艺出版社，2016，第345页。

② 李健吾:《〈圣安东的诱惑〉跋》，李维永编《李健吾文集》(文论卷4)，北岳文艺出版社，2016，第322页。

③ 李健吾:《福楼拜的〈情感教育〉》，李维永编《李健吾文集》(文论卷4)，北岳文艺出版社，2016，第357页。

④ 同上书，第358页。

是"福氏小说的趋势",也是"现代小说的趋势"。①李健吾以散文的语言,点明《情感教育》科学性与艺术性并存的特征,并指出其现代性特征,评论与判断中肯、准确。

第二节 "最负盛名"的莫里哀研究专家

李健吾自少年时代起,就钟爱戏剧。在接触到法国文学之后,更是对喜剧大师莫里哀情有独钟。在中国的莫里哀及其作品研究领域,李健吾"最为用力"②也"最负盛名"③。他的莫里哀喜剧研究成果体现于《莫里哀的喜剧》《法国大喜剧家莫里哀》《莫里哀的喜剧艺术》等长文以及译著的序与跋中。李健吾对莫里哀喜剧进行介绍、评论、研究,呈现出莫里哀喜剧研究专家的专业能力、思想深度与严谨态度。

据韩石山在《李健吾传》里的记载,20世纪50年代初,有苏联戏剧专家断言中国没有人懂得莫里哀,而当时的中央戏剧学院院长欧阳予倩当即答道:"中国有个李健吾,可讲莫里哀。"④的确,李健吾的莫里哀研究深入全面、透彻准确,比如长文《莫里哀的喜剧》从莫里哀喜剧创作的历史背景出发,对这位喜剧大师的喜剧手法、创作特点、喜剧作品(比如《伪君子》《贵人迷》

---

① 李健吾:《福楼拜的〈情感教育〉》,李维永编《李健吾文集》(文论卷4),北岳文艺出版社,2016,第359页。

② 胡德才:《论李健吾与莫里哀喜剧的精神联系》,《中国比较文学》2013年第3期。

③ 陈惇:《新中国莫里哀戏剧研究60年》,《北京大学学报(哲学社会科学版)》2012年第2期。

④ 韩石山:《李健吾传》,人民文学出版社,2017,第333页。

等）等进行了深入的评析。该文章原为1956年李健吾在中央戏剧学院的讲课记录，后发表于1956年9月人民文学出版社《文学研究集刊》第三册。文章从对悲剧、喜剧的讲评入手，随后从莫里哀所处时代的大背景出发，看似介绍当时社会的三个等级，实则更多地借此评析莫里哀剧作所影射的时代真实。比如在"第一等级"一节中，李健吾从法国作家拉伯雷、蒙恬等对这一等级（教会）的批评入手，来论述莫里哀喜剧作品（《太太学堂》《凡尔赛宫即兴》《达尔杜弗》等）中呈现的教会与教士形象，其中尤其对《达尔杜弗》进行了详细的分析，从故事梗概到人物性格，再到创作特点，认为"对比的戏剧效果，在这出不具严密的喜剧里面，非常醒目，也正因为通过故事发展，达尔杜弗……形象栩栩如生，深入观众脑内，他成立一个富有典型意义的虚伪人物"①。在这一节的最后，李健吾指出："没有一部作品，能够像《达尔杜弗》那样，或者像《堂·璜》某些场面那样，敢于通过具体的表演形象，直接和观众相会，用日常生活材料，造成望而生畏的激动场面。"②李健吾对莫里哀作品的把握准确精辟。在"第二等级"一节里，李健吾结合莫里哀时代贵族的实际状况，对《可笑的女才子》《愤世嫉俗》等作品中的人物展开详尽的分析。"资产阶级"（笔者注：也即第三等级）一节则对《屈打成医》《冒失鬼》《丈夫学堂》《吝啬鬼》（笔者注：又译作《悭吝人》）等进行介绍分析。其中重点的研究对象为《吝啬鬼》，指出在这出戏中，莫里哀全力刻画阿尔巴贡的性格特征，戏里处处都在为此服务，"利用一切来完成性格的完整：吝啬"，进而借此揭示"资产阶级人物和金钱的关系"。③"年轻人和下等人"一节从彼时社会年轻人（包括莫里哀本人）的处境出发进行分析，《没病找病》《太太

---

① 李健吾：《莫里哀的喜剧》，李维永编《李健吾文集》（文论卷3），北岳文艺出版社，2016，第224页。

② 同上书，第226页。

③ 同上书，第239页。

学堂》《贵人迷》《屈打成医》《司卡班的诡计》《冒失鬼》《堂·璜》等剧作中的年轻人和下等人都是他分析的对象与论证的依据。到此为止，李健吾对莫里哀的主要作品均做出了分析研究，用以说明其中主要人物的社会根源、形象特征等。在最后一节"喜剧艺术"中，李健吾用"观察"和"艺术"来概括莫里哀的喜剧特征。"观察"是指他的作品必须来源于现实生活，所以作品必须要有主题；而"艺术"便是作品的喜剧效果："莫里哀看重的，一是主题效果，第二是喜剧效果"，而"发挥主题，逗观众笑，同时，说明性格，……也是最大的一个特点"。① 随后，他以《达尔杜弗》《太太学堂》等作品为例，来展现莫里哀刻画人物性格、制造喜剧效果的成功艺术。在文章的最后，李健吾在深入分析莫里哀作品的基础上，对莫氏艺术做出总结："莫里哀的喜剧艺术是精通业务的结果，同时又深深把根扎在善良愿望和生活知识之上"，"他的喜剧世界是完整的。笑在这里丰盈多彩"，而"往往在使人哄堂大笑之后，引起一种悲剧感觉"，"他有一条宽而又深的河床，供给他的喜剧'轻松愉快地'流向它的目的地"②。整篇文章中，李健吾的文字依旧灵动优美，既是充满艺术气息的散文，更是论证严密、分析深入的研究成果，其研究论证的手段或方式丰富多样，既常常引用莫里哀本人的艺术观点，也引用歌德等大家对他的评价，也将莫里哀与莎士比亚、契诃夫、高乃依、拉辛等剧作家进行对比，论证莫里哀与众人的不同之处。《莫里哀的喜剧》是我国莫里哀研究最重要的文献之一，"影响极大，后来的莫里哀研究在史料和观点上基本无出其右"③。

《关于莫里哀的三个戏剧作品》也是李健吾莫里哀喜剧研究中较有代表性

---

① 李健吾：《莫里哀的喜剧》，李维永编《李健吾文集》（文论卷3），北岳文艺出版社，2016，第258—259页。

② 同上书，第266页。

③ 陈惇：《新中国莫里哀戏剧研究60年》，《北京大学学报（哲学社会科学版）》2012年第2期。

的成果之一，文章由1959年他在中央戏剧学院以及北京人民艺术剧院（针对剧组的讲话）的几次讲稿整理而成，其中对《吝啬鬼》《伪君子》（又译《达尔杜弗》）《司卡班的诡计》等剧作的创作背景、情节内容、人物特征等做了研究分析，指出莫里哀的作品"一部分是亚历山大诗体，一部分是散文"[①]。与《莫里哀的喜剧》一文不同的是，在文章最后，李健吾对如何演好所论及的喜剧做出讨论，指出，"演的时候就要放得开，小手小脚是演不好这个戏的"，"认识这个剧本不能从一般普通的方法入手，否则演不好这个戏。它不受生活的拘束，艺术永远是寻求永生的道路……"[②]作为戏剧研究者与剧作家，李健吾对莫里哀喜剧的创作特点有深入的认知；作为喜剧表演者与教授者，他的研究又不仅仅停留在纸面，而是会进一步留心剧本在表演中需要注意的事项；作为译者，在认识到原作者在原作中体现的诸多特征后，也会尽力在译作中加以呈现，当然也就会顾及译作中台词部分在表演时是否适用的问题。

除了专门的研究性文章，李健吾在多部译作的译序中，也对所译莫里哀喜剧做出过精辟的解读。1949年6月开明书店出版的《莫里哀戏剧集》中包括莫里哀的八部作品，李健吾为每一出戏作序，其中佳论频出。比如在《〈堂·璜〉序》中，他指出："点石成金是一种痴想，可是在艺术制作上，一个通俗东西幸而遇到伟大的心灵来冶铸，亮晃晃的成了宝物。原来东西尽管不成型，和伟大的心灵一定息息相通，才好在孕育上，达到完美圆适的境地，《汉穆莱堤》（笔者注：即《汉姆雷特》）之于莎士比亚，《浮士德》之于歌德，就是最好的说明。"[③]剧中的故事比较普通，但是它遇到莫里哀这个伟大的心灵，因而成为艺术。李健吾将莫里哀及其作品与莎士比亚、歌德的代表作相提并论，既分析了莫氏剧作的特征，又肯定了其地位。再如在《〈吝啬鬼〉序》

---

① 李健吾：《莫里哀的喜剧》，李维永编《李健吾文集》（文论卷3），北岳文艺出版社，2016，第335页。

② 同上书，第341页。

③ 同上书，第335页。

中，作者欲扬先抑，从卢梭对该剧的批评谈起，指出"《吝啬鬼》不仅是一出普通的风俗喜剧，而且正如巴尔扎克在小说里面所描绘，成为一出社会剧"①，而后又引出歌德对之的赞美："拿悲剧这个字样来点定《吝啬鬼》的造诣，我们唯有拜倒于歌德的胆大的微妙的运用。而且他对莫里哀的最大的喜剧，都有力量撼动我们的灵魂，叫我们在狂笑之后沉下心来思维，有时候甚至于不等笑声收煞，一种悲感就在我们的心头涌起……但是，莫里哀跳过技巧，运用他最高的才分把他的观察写成喜剧，而且写成性格喜剧。亚里士多德没有想到这一层。古代希腊的讽刺笑剧不曾为他提供这种资料"。②李健吾借歌德之言，对莫氏喜剧做出通透的品评，并肯定其创新性与价值，语言生动美妙，与《福楼拜评传》不相上下。可以说，上述研究成果使李健吾成为名副其实的莫里哀喜剧研究专家，同时也为他进行相应作品的翻译打下坚实的基础。

第三节 艺术解读与现实阐释的结合：对巴尔扎克与司汤达的译介

李健吾对巴尔扎克和司汤达的关注和译介始于20世纪30年代。这两位作家都是法国文学史乃至世界文学史中的现实主义巨匠，李健吾对他们的介绍、研究、翻译当属于一位法国文学研究专家与翻译家的自觉选择。在第二章中我们已对李健吾译介上述两位作家的基本状况做出论述，本章中，我们将着重分析李健吾译介巴尔扎克与司汤达的重心与特征。从对两位作家及其

---

① 李健吾：《〈莫里哀戏剧集〉序》，李维永编《李健吾文集》（文论卷3），北岳文艺出版社，2016，第146页。

② 同上书，第147页。

作品的译介选择与分析研究中可以看到，艺术解读与现实阐释的结合，是李健吾译介、研究巴尔扎克和司汤达的主要特征。

一、巴尔扎克研究与文论翻译

巴尔扎克是法国 19 世纪现实主义文学大师，欧洲现实主义文学的奠基人和杰出代表。他自称法国社会的"书记员"。的确，他用自己的笔墨铸起《人间喜剧》这座包罗万象的宏伟大厦，使它成为欧洲乃至世界范围内现实主义文学的巅峰之作。巴尔扎克的创作为小说开辟了一个新天地，大大丰富和发展了现实主义的创作手法，对世界文学产生了极其深远的影响。李健吾主要翻译了巴尔扎克的文论，并对他的文学思想、价值观念等展开研究，是巴尔扎克在中国最重要的译介者之一。李健吾对巴尔扎克的关注起始于 20 世纪 30 年代，对他作品以及文艺思想的研究、相关文论的译介却在新中国成立之后。这种时间上的切分，恰可以反映出李健吾译介巴尔扎克的特征，即一方面关注这位法国大作家的文学艺术成就，这取决于巴尔扎克在法国文学史、世界文学史中的地位；另一方面关注其作品中的现实主义元素，这又同译介作品的接受环境密切相关。上述两个方面都体现出一位法国文学研究专家与翻译家在本职工作中的自觉选择。

1. 20 世纪 30 年代李健吾的巴尔扎克研究

1937 年，穆木天首译的《欧也妮·葛朗台》（其时译名为《欧贞妮·葛郎代》）出版。鉴于作者巴尔扎克在世界文学史上的重要地位，李健吾撰写了《巴尔扎克的〈欧贞妮·葛郎代〉》一文。文中，李健吾首先肯定了巴尔扎克在文学上的地位与写作特征，指出"他给了我们一个世界"。[①] 巴尔扎克以《人

---

① 李健吾：《巴尔扎克的〈欧贞尼·葛郎代〉》，李维永编《李健吾文集》（文论卷 5），北岳文艺出版社，2016，第 28 页。

间喜剧》描绘出人类世界的纷繁复杂，这与李健吾一直在研究的福楼拜截然不同，因为后者重视的是精细表达与描写手法的创新。李健吾就此指出，巴尔扎克的作品犹如"登泰山而小天地，泛一叶而浮大海"①。文章中也对法国文学评论家圣伯夫（Sainte Beuve）对巴氏作品的评价做出品评，指出巴氏作品虽有失精致，但会"跳到一种更大的效果：一种宇宙一样有缺陷的完美"。至于其原因，李健吾精辟地指出，巴尔扎克的目的"在征服社会，不在征服字句"②。而后，李健吾又借陀思妥耶夫斯基、泰尼（Taine）等作家与文学评论家的观点，来佐证自己的看法，同时将巴尔扎克的这部作品与莫里哀的《悭吝人》，与乔治·桑、莎士比亚、福楼拜等作家的作品进行比较，探寻他们之间的联系与差异，最后表示"巴尔扎克有一个文学上的继承者，就是福楼拜"③，这也就指出了两位作家在现实主义文学中的某些关联。

《巴尔扎克的〈欧贞妮·葛郎代〉》同当时已出版的《福楼拜评传》在写作风格、论证方式、讨论主题等方面颇为一致，语言灵动洒脱，论证缜密且言必有据，所论皆从文学与艺术的角度出发，指出巴氏作品的现实主义特征与写作特点以及在世界文学史上的地位等。这篇在国内出现较早的讨论巴尔扎克作品的文章，体现出李健吾在我国巴氏译介工作中的引领作用。但在此之后直至新中国成立之前，李健吾少有与巴尔扎克相关的论作或译作问世，直到20世纪50年代，李健吾的巴尔扎克译介开始进入高峰期。

2. 1949年之后李健吾对巴尔扎克的研究与翻译

新中国成立之初的十七年中，在外国文学译介方面，批判现实主义作品是重中之重，翻译家傅雷便是在这一阶段倾力进行巴尔扎克《人间喜剧》的

---

① 李健吾：《巴尔扎克的〈欧贞尼·葛郎代〉》，李维永编《李健吾文集》（文论卷5），北岳文艺出版社，2016，第28页。

② 同上书，第30页。

③ 同上书，第39页。

翻译，而回到北京外国文学研究所工作的李健吾，也开始进行巴尔扎克文学思想研究并翻译其文论。这一时期李健吾的巴氏译介同20世纪30年代有所不同：30年代的研究评论仅从文学或艺术的角度出发去评析作品，而在五六十年代以至改革开放之初的巴氏研究中，李健吾大量引用马克思、恩格斯等对巴尔扎克或法国社会、阶级特征的评价，借以讨论巴氏作品中表露的阶级问题、社会现象以及此类问题存在的社会根源，并对巴氏的世界观与阶级属性做出判断。比如在《巴尔扎克的〈人间喜剧〉》一开篇，作者便引用恩格斯对巴氏的著名的评价，"巴尔扎克，我认为他是比过去、现在和未来的一切左拉都要伟大得多的现实主义大师，他在《人间喜剧》里给我们提供了一部法国'社会'，特别是巴黎'上流社会'的卓越的现实主义历史"[1]；在另一篇文章中，李健吾又提到："马克思十分欣赏巴尔扎克对现实关系的深刻理解"[2]；尤其在《〈人间喜剧〉的革命辩证法》中，李健吾从经济、社会、政治、阶级等角度来分析巴氏作品，如认为"构成《人间喜剧》的绝大部分小说的最大特点，就是人与人之间的社会关系是以经济为纽带的"[3]，但他也同时承认巴氏的艺术成就："恩格斯对他的艺术成就做出了那样少见的绝高评价。"[4] 由于《人间喜剧》规模的磅礴与对现实描摹的深刻，反映了法国社会的种种现实，是批判现实主义巨作与法国文学的卓越代表，所以需要对之进行引介与研究。至于《人间喜剧》的作者本人，巴尔扎克虽然善于"从现实中

---

[1] 李健吾：《巴尔扎克的〈人间喜剧〉》，李维永编《李健吾文集》（文论卷5），北岳文艺出版社，2016，第88页。

[2] 李健吾：《巴尔扎克在他的〈农民〉里，是像他所说的那样公正吗？》，李维永编《李健吾文集》（文论卷5），北岳文艺出版社，2016，第160页。

[3] 李健吾：《〈人间喜剧〉的革命辩证法》，李维永编《李健吾文集》（文论卷5），北岳文艺出版社，2016，第252页。

[4] 同上书，第256页。

提炼艺术的真实"①，其"世界观的根子应当是深深扎在他的现实生活里"，所以巴氏的世界观仍是"资产阶级的世界观"②。从巴氏的作品到他的世界观，李健吾对之进行了由表及里的分析，这实际上切合了当时国内的文学文化氛围：巴尔扎克的世界观是落后的，但他的艺术实践却具有"进步意义"③，而后者正是《人间喜剧》的成就与价值所在。因而，我们应该批判巴尔扎克的世界观，但要肯定其作品的艺术价值与意义。

1979年，李健吾为人民文学出版社出版的傅雷译《欧也妮·葛朗台/高老头》写作"译本序"，对巴氏上述两部作品的内容情节与艺术特征进行分析，也对巴氏本人的文学、艺术创作手法等做出解读，相应地减少了对作家作品的政治阐释。序言中认为，巴氏的艺术是伟大的，他"用全部文学手段来反映他要写的整个时代的这一社会的全貌"，作品"明白如话，朴素有利"，"笔触之大细，从开篇写来，浑然一体"，所以巴氏是"一位小说艺术家"④；而对于他的现实主义手法，就成功地建立于"准确的观察、细节的选择、生活环境的缔造、戏剧性的开展、形象与激情的统一与集中"⑤之上，"作者对他的社会有着独到的见地，从而比同时代任何小说作家都更能使恩格斯折心于他的现实主义的造诣"⑥。序言中李健吾对巴尔扎克作品的艺术特征及其实现方式、手法等进行了精鞭入里的分析，语言表达准确有力。众所周

---

① 李健吾：《〈人间喜剧〉的远景》，李维永编《李健吾文集》（文论卷5），北岳文艺出版社，2016，第207页。

② 李健吾：《巴尔扎克的世界观问题》，李维永编《李健吾文集》（文论卷5），北岳文艺出版社，2016，第221页。

③ 同上书，第221页。

④ ［法］巴尔扎克：《欧也妮·葛朗台/高老头》，傅雷译，人民文学出版社，1980，译本序第9页。

⑤ 同上书，第14页。

⑥ 同上书，第15页。

知，傅雷是巴尔扎克作品在中国最重要的翻译家，甚至被誉为巴氏在中国的"代言人"，傅雷对巴氏小说的翻译也成为文学翻译史中不可磨灭的经典，而《欧也妮·葛朗台》和《高老头》也是《人间喜剧》里最具代表性的两部作品。正是这样一位翻译大家的译作，译序选择由李健吾来操笔（2022年人民文学出版社再版网格本《欧也妮·葛朗台／高老头》，使用的依然是李健吾的此篇序言），这足可见李健吾的巴尔扎克研究在我国的重要地位。

除了前文提及的研究性文章，李健吾也翻译了巴尔扎克的十几篇文论，其中包括可以反映巴氏世界观的四篇文论与其所作书评若干篇。这些译作在1958年结集出版（新文艺出版社），题名为《巴尔扎克论文选》。在"译者附记"中，李健吾指出："一个人活在他那样的时代，内心活动必然是错综复杂的，然而也绝不是无迹可寻的。还是让我们通过他自己的语言来了解他罢。"① 如此就点明了他翻译巴氏文论的目的：为研究服务。李健吾翻译的巴氏论文有《风雅生活论》《关于工人》《关于劳动的信》以及《社会解答》。这四篇文论为《巴尔扎克论文选》的第一部分，标题为"世界观"。李健吾在"译者附言"中对四篇论文中巴氏讨论的工人与劳动问题做出介绍，帮助读者理解巴氏的世界观与文学理念，但世界观是重点。《巴尔扎克论文选》的第二部分为巴氏所作书评的译文，包括《〈欧那尼〉或者卡斯提的荣誉》《波皮》《论历史小说兼及〈弗拉戈莱塔〉》《安狄阿娜》《光与影》《拜耳先生研究》等，并附译出司汤达给巴尔扎克的回信《司汤达的答复》。无论是文论还是书评的翻译，李健吾都尽力将所译文本的背景交代清楚，并在译文中添加必要的注释以飨读者。比如翻译巴氏评论雨果的戏剧《欧那尼》时，李健吾就在"译者附记"中将这部戏剧的基本情况、在浪漫主义文学中的地位以及巴氏评论的主要特征等做出概括。无论是翻译研究对象的文论本身，还是为之做出的序

---

① ［法］巴尔扎克：《巴尔扎克论文选》，《李健吾译文集 XIII》，李健吾译，译文出版社，2019，第186页。

言或注释，李健吾都力求将相关的背景知识或难以理解的地方做出充分的解释，而这些都是同为译者与研究者的李健吾严谨、扎实的治学风格密不可分。可以说，李健吾的巴氏文论翻译，是为巴氏研究服务的，是为更好地了解其思想、理念与创作意图等。这是一位外国文学研究专家身体力行、极具责任心的体现。当然，这些亲力亲为的翻译工作也确实为他的研究打下了坚实的基础，使研究成果更具说服力和感染力。

综合前文所述，在新中国成立之前，李健吾开拓性地译介巴尔扎克作品；十七年间，他对巴氏作品的研究与相关文论翻译使我国的巴尔扎克译介更加深广；新时期伊始，年事已高的李健吾继续拓展和深化巴氏研究。李健吾对巴尔扎克的译介以研究为主，又较为明显地分为艺术解读与现实阐释两个方面。前者是文学经典的价值体现，后者则在大的接受环境中使我们对巴氏作品的解读更加全面。而在各个方面，李健吾都对中国的巴尔扎克翻译与研究做出突出而重要的贡献，因而有研究者认为："在巴尔扎克传入中国的近百年里，李健吾的贡献是巨大的，也是首屈一指的。"① 至此，我们可以说，傅雷的巴尔扎克小说翻译与李健吾的巴尔扎克研究、文论翻译，连同其他译者、研究者的相关成果，共同建构起我国较为完整的巴尔扎克译介体系，使这位法国文学巨匠被中国读者熟识，同时也丰富了不同时期读者的文学世界与文化知识。

二、司汤达作品研究与翻译

司汤达是 19 世纪上半期法国杰出的现实主义作家，被认为是最早和最重要的现实主义的实践者之一。他以在典型性格塑造中出色的心理分析方法和凝练的笔法而闻名，他有着鲜明的反封建复辟的思想倾向，对当时社会阶级

---

① 蒋芳：《巴尔扎克在中国》，中国社会科学出版社，2009，第 256 页。

关系有着深刻的描写，在法国乃至欧洲文学史上占有重要地位。因而，对于致力于法国19世纪现实主义文学研究与翻译的李健吾来说，司汤达是不可绕过的译介对象。早在1934年，李健吾就于《大公报·文艺副刊》发表了他的第一篇有关司汤达的研究性文章《司汤达》。从这篇文章开始，李健吾对司汤达的关注、研究与翻译持续了近半个世纪之久，也即到1982年李译司汤达短篇小说集《意大利遗事》的出版。与对巴尔扎克的译介不同，对于司氏，李健吾既翻译了他的若干篇文论，也翻译了其小说作品（主要是短篇小说），同时也对司汤达的作品与文学理念做了研究，有相关的论作发表，为我国的司汤达翻译与研究贡献了种类多样的成果。

1. 20世纪三四十年代李健吾的司汤达译介

在《司汤达》一文中，李健吾从与自己同时代的法国文坛大家对司汤达的推崇入手，介绍他在法国文学史乃至世界文学史中的地位，而后以诙谐的笔调介绍了司汤达的经历，借以阐明其文学思想的根源，认为司汤达是一个"观念论者"[①]，且他与同为19世纪法国大作家的巴尔扎克和福楼拜在文字观念上大不相同。在司氏的观念中，"文字是思想的工具，只要思想的表现完成，文法的错误，一切文字的问题，都是多余"[②]。所以，司汤达重视的是在作品里表现人的内心世界，并成为心理描摹的"先驱者"："他注意的更是内心的活动，近代心理小说是他创下的事业，不管俄国的陀思妥耶夫斯基也罢，英国的勃朗特小姐也罢，全得称他一声先驱。"[③] 随后，李健吾以司氏各部作品为证，来证明自己的论断。至此，李健吾不仅道出司汤达写作的主要特征，更点明他在世界文学史中的地位。《司汤达》与《福楼拜评传》一样出于二十几

---

① 李健吾：《司汤达》，李维永编《李健吾文集》（文论卷4），北岳文艺出版社，2016，第461页。

② 同上。

③ 同上书，第462页。

岁的李健吾之手，篇幅不长，却也同样的文采斐然，可以使读者了解到这位法国著名作家的经历、主要作品、创作特征与艺术理念。直至当下，仍有研究者认为李健吾对司汤达的"评价是比较全面客观的"。李健吾强调司汤达"对主人公野心的偏爱和书写"①，他甚至进一步指出，李健吾对司汤达的分析评价对《红与黑》第一个法文全译本的译者罗玉君"影响十分深远"②。

在出版于1935年的《福楼拜评传》序言中，李健吾用简单的几句话，就十分切中"要害"地道出司汤达、巴尔扎克和福楼拜的主要特征与差别："司汤达深刻，巴尔扎克伟大，但是福楼拜，完美。巴尔扎克创造了一个世界，司汤达剖开了一个人的脏腑……"③ 在写于同一年的《福楼拜书简》中，李健吾亦对司汤达与福氏的风格差异做出更为细致的论述："一个用客观的态度观察宇宙，而自我只是一粒微屑；一个用客观的态度观察宇宙，而自我是无上的主宰。一个要美；一个要力；一个要平常；一个要英雄。……因为要美，所以福氏注重文章；因为要力，所以司氏把文章看作雕虫小技。司氏要的是简洁、深刻，一个观念论者的思想；福氏要的是颜色、音乐、正确，一个艺术家的思想。"④ 福楼拜追求文字的精美与写作手法的创新，而司汤达则注重对人物内心的展现和对个人努力的描摹。但李健吾也认为，二者之间也存在一些相同之处，主要有："第一，他们全是观念论者……他们应用同一的方法观察、分析、综合。第二，性情上，他们同样具有浪漫的热情，向往异域，恋贪往昔……第三，他们全用自身做观察的起点……"⑤ 可见，早在20世纪30

---

① 管新福：《民国文献对斯丹达尔及其〈红与黑〉的译评》，《常州大学学报（社会科学版）》2021年第4期。

② 同上。

③ 李健吾：《福楼拜评传》，广西师范大学出版社，2007，第2—3页。

④ 李健吾：《福楼拜的书简》，李维永编《李健吾文集》（文论卷4），北岳文艺出版社，2016，第296页。

⑤ 同上。

年代，在李健吾对法国文学关注的重心仍在福楼拜之时，已经对司汤达有相当的研究和了解，他以比较立论，对二人文学创作异同的分析可以算是相当透彻了。

在这一时期，李健吾也翻译了司汤达的一些作品，主要为短篇小说。做此选择的原因在于李健吾认为："尤其能表现他的性格与喜好的，是他的短篇小说。"①所以，翻译司汤达的短篇小说，目的之一应该在于向中国读者提供有关司汤达研究成果或者论断的佐证。至于司汤达最著名的长篇小说《红与黑》，并没有在李健吾的笔下得到传译，究其原因，可能在于司汤达是19世纪法国现实主义文学不可绕过的大家，所以李健吾在研究福楼拜的同时也不会不关注这位"宗师"②级人物，但二者之间在文学及艺术理念上存在一定的差异，因为李健吾与福楼拜的艺术理念与追求"高度契合"③。1936年，李健吾所译《司汤达小说集》出版。同年，李健吾也翻译了司汤达的自传文章《行状》，帮助中国读者了解这位文学大家的内心世界。这一阶段的司汤达研究多体现于相关译作的序言中，比如前文提及的《司汤达短篇小说集》序言、《〈司汤达行状〉译者前言》等，均从司汤达的个人性情、写作角度、作品的思想性与艺术特征等方面展开论述，以作品论作品、以作者论作品，或者以作品论作者，从文学艺术的角度对司汤达及其作品进行解读。比如在《司汤达短篇小说集》的序言中，译者李健吾对司汤达的创作特征做出更深入的解读，以帮助读者了解原作者及其作品，其中的一段写道："他的作品，犹如他的性格，是一种奇怪的组合。一方面是18世纪的形式、方法、叙述、文笔，然而一方面是19世纪初叶缅怀中古世纪与异域的心情、材料、故事、情感。

---

① 李健吾：《福楼拜的书简》，李维永编《李健吾文集》（文论卷4），北岳文艺出版社，2016，第296页。

② 同上书，第295页。

③ 于辉、宋学智：《译作经典的生成：以李健吾译〈包法利夫人〉为例》，《学海》2014年第5期。

这两种糅在一起,做成他观察与分析的根据。这就是为什么,他落了个四面八方不讨好。他用法典做他文笔的楷模;他不喜欢描写风景——所以他不是继承卢骚,而是继承狄德罗;他不用辞藻,根本他就不修辞,反对修改,因为修改等于作伪;但是他的人的趣味和立场战胜了他一切仇敌。他往里看,他不要浮光;他探求真理——人生的究竟。"[1]我们知道,在司汤达生活的时代,他的作品并没有引起关注或受到欢迎,李健吾用较为简短的语句道出其中的原因,并运用一组排比,生动地点明司汤达作品的与众不同之处,并再次指出:"他是近代心理小说的大师。"[2]综上所述,在李健吾20世纪三四十年代的司汤达译介中,文学研究与文学翻译并行,且成果颇丰,这使李健吾成为我国译介司汤达的先驱者之一。

2. 五六十年代及新时期李健吾的司汤达译介

新中国成立之后,李健吾在进行巴尔扎克研究的同时,也继续进行司汤达研究与翻译。新中国成立初期,随着罗玉君译《红与黑》的重印出版和1960年同名电影的上映,这部"现代小说之父"的经典著作在中国得到广泛传播,并在读者中产生了热烈的反响,引发了国内1958年到1960年初对《红与黑》的大讨论。在此期间,李健吾也翻译了司氏的数篇文论和短篇小说,并有相关文章发表。1959年,李健吾发表《〈红与黑〉里的于连及其他》一文,开篇便指明,读者和观众之所以喜欢《红与黑》,是因为小说的文学艺术价值,这是"一部现实主义文学的巨著,本身艺术成就很高",并且"在塑造人物上有高度成就"[3],但它"暴露当时的法国社会及其矛盾也很深刻"[4]。而

---

[1] 李健吾:《〈司汤达小说集〉代序》,李维永编《李健吾文集》(文论卷4),北岳文艺出版社,2016,第465页。

[2] 同上。

[3] 李健吾:《〈红与黑〉里的于连及其他》,李维永编《李健吾文集》(文论卷4),北岳文艺出版社,2016,第474页。

[4] 同上。

后，在这篇文章中，李健吾对主人公于连的阶级属性，他与剥削阶级的矛盾、封建统治阶级和资产阶级的丑恶，以及造成他悲剧的原因等展开分析和讨论。文章最后做出总结，"小说作者通过他创造的这一个一面向上爬、一面愤愤不平的年轻人的社会经历，大力暴露了整个复辟时期统治阶级各式各样钩心斗角的丑恶、卑鄙和腐烂的剥削生活。资产阶级及封建统治阶级的灵魂的教会，都在《红与黑》里面受到无情的揭发和鞭挞"，而电影《红与黑》"在展开一幅社会政治生活的图画这点上，就远不及原著了"。[①] 同样，在发表于1962年的《司汤达的政治观点和〈红与黑〉》一文中，李健吾将《红与黑》定性为"政治小说"[②]，而于连"更是时代的产物"，随之又对司汤达所处的时代与主人公于连的经历做出分析，并在文章的最后点明，司汤达"创造的典型人物，尽管精力充沛，自身并没有力量解决社会和他们之间的矛盾。从根本上解决这些矛盾的，将是他们和他们的作者一时看不见的另一个阶级——无产阶级的伟大事业"[③]。从两篇文章的内容可见，李健吾对于司汤达及其作品研究的重心同20世纪30年代有着较大的差异。

20世纪70年代末80年代初，李健吾也有有关司汤达的研究性文章发表，同样分析了司汤达及其作品的时代背景与其现实主义创作的价值。在这一阶段的司汤达小说翻译方面，有代表性的是1982年由上海译文出版社初次出版的中短篇小说集《意大利遗事》。译作中，李健吾以近乎原作者的笔触"书写"了发生在意大利的点滴故事。李译《意大利遗事》至今仍不断再版发行。此外，值得一提的是，李健吾在留法期间便到意大利进行过一番游历，并写出了行文优美的散文集《意大利游简》。这很难说不是受到司汤达《意大

---

① 李健吾：《〈红与黑〉里的于连及其他》，李维永编《李健吾文集》（文论卷4），北岳文艺出版社，2016，第477页。

② 李健吾：《司汤达的政治观点和〈红与黑〉》，李维永编《李健吾文集》（文论卷4），太北岳文艺出版社，2016，第478页。

③ 同上书，第490页。

利遗事》的影响。

3. 李健吾对司汤达作品的翻译

在李健吾对司汤达作品的翻译中，他选译的均为司汤达的中短篇作品。虽然李健吾在相关论述中并没有点明选择译介司汤达进行翻译的原因，但通过分析可见，其原因一方面在于司汤达在19世纪法国文坛乃至世界文坛的地位，另一方面也在于译入语环境对现实主义作品的需求。而只译其中短篇作品，笔者认为其原因亦有二：一是在20世纪三四十年代，李健吾的译介重点是福楼拜，而50年代又转为巴尔扎克，因而没有对司汤达及其作品进行更为全面的翻译（只翻译其中短篇，却没有翻译其长篇作品）；二是他认为，在司汤达作品中，"尤其能表现他的性格与喜好的，是他的短篇小说"①，但将其译为中文的人并不多，而像《红与黑》这样的长篇在中国是"人人知道的"②。司汤达的其他长篇诸如《吕西安·娄万》(Lucien Leuwen)、《巴马修道院》(La Chatreuse de Parme)、《阿尔芒斯》(Armance)等，甚至其文艺批评作品《拉辛与莎士比亚》在中国的知名度都高于其很多中短篇作品，其中《红与黑》甚至是汉译外国文学名著里译本最多的作品之一。但从李健吾对司汤达及其作品的品评与研究可见，作为法国文学研究专家，他对司汤达的理解不可谓不深入，对其创作特征及其在文学史中地位的评价不可谓不中肯，所以他对司汤达中短篇作品的翻译也值得我们去阅读与研究。

1936年，他所译《司汤达小说集》由生活出版社出版。"小说集"实则包含了译者翻译的司汤达的五个短篇，分别为《迷药》《箱中人》《费理拜·赖嘉勒》《法妮娜·法尼尼》以及《贾司陶的女住持》。在此之后，李健吾鲜有有关司汤达的译作发行，直至1982年上海译文出版社出版他所翻译的

---

① 李健吾：《〈司汤达小说集〉代序》，李维永编《李健吾文集》（文论卷4），北岳文艺出版社，2016，第465页。

② 同上。

《意大利遗事》(*Chroniques Italiennes*)。

《意大利遗事》是司汤达的中短篇小说集，其中包括《卡司特卢的女修道院院长》(*L'abessse de Castro*)、《秦奇一家人》(*Les Cenci*)、《法妮娜·法尼尼》(*Vanina Vanini*)等八篇中短篇小说作品。李健吾译本于1982年由上海译文出版社出版发行。20世纪90年代至新世纪，虽然也有其他译者的复译出现（比如上海译文出版社2004年出版的徐和瑾、王振孙译本等），译林出版社（1997）、上海三联书店（2013、2014）、江西教育出版社（2016）、上海译文（2019）等知名出版机构也选择多次重印出版李健吾的这一译本。李健吾在"译本序"中引用巴尔扎克对司汤达的赞誉，"说他是'观念文学最卓越的大师'"①，而李健吾进一步认为："十八世纪的唯物论是机械的，但是当司汤达深入生活而又反映生活的时候，他没有割离了人物的社会关系而单纯地、生理地加以观察和分析。他的人物有思想，心灵全部活动的思想；有行动，猛烈过于传奇小说的行动：而一切归总在社会制度的不合理的存在，这正是他的心理小说的特征。心理分析在法兰西文学有着相当悠久的传统，但是，属于这个传统的作品，往往孤立人物，限于独白式的剖析……他到活的社会观察人心，而不是把人心提到案板上，像割死鱼一样在解剖。"②可见，在对司汤达作品的翻译中，李健吾一如既往地发挥出研究型译者的优势，即首先对所译作家的创作风格与写作特点有了极为深入的把握，并且在译序中向读者做出交代，而在译文中，也同他所翻译的福楼拜作品一样，在其中为读者添加了详尽、细致的注释，展现出严谨的学者态度。下文中，我们将以《卡司特卢的女修道院院长》中的一处译文，来了解李健吾所译司氏作品的特征：

> 海兰一动不动，站在窗前，心乱极了。把花接过来，不就等于答应人家了吗？在我们今天，一个上等社会的姑娘，受过良好的教

---

① ［法］司汤达：《意大利遗事》，李健吾译，上海三联书店，2013，译本序第4页。
② 同上书，第10页。

育，对生活有准备，遇到这一类事，心里那些感情，老实说，海兰根本没有。她父亲和她哥哥毕欧都在家，她的第一个念头就是：一点点声响也会引起人们朝虞耳放枪；她可怜这可怜的年轻人所冒的危险。她的第二个念头是：虽说她还不怎么认识他，可是除去家人之外，她最爱的人就数他了。最后，她迟疑几分钟，把花接了过来；她在漆黑的夜色里碰到了花，觉出有一封短笺绑在一朵花的枝子上；她跑到大楼梯上，就着圣母像前的灯亮读这封短笺。她读头几行，架不住心里高兴，脸也红了。她对自己道："我真大意！万一有人看见我，我就毁定了，家里人也要迫害这可怜的年轻人一辈子的。"①

此处原文出现在小说的前半部分，少女时代的女主人公 Hélène（海兰）是当地知名贵族的女儿，却与贫穷的 Jules 相爱。夜晚，Jules 来到心爱女孩的窗前，将一束鲜花并一封情书递给她。这一段描写的正是女孩在接受花束和情书前后的系列心理活动。原文中，司汤达以朴实生动的文字写出女主人公面对突然到来的爱情，兴奋、幸福却又担忧、矛盾的心理状态。从译文可见，李健吾的文字同样古朴，但也同样鲜活，很好地传递出原文的意义，"剖析"出海兰彼时的心理。当然，由于该译作距离今天也有四五十年，其中也不乏"落草""响马"等十分中式的表达，但瑕不掩瑜，李译《意大利遗事》仍属于优秀的翻译文学作品。

本章中，我们对李健吾的巴尔扎克和司汤达译介做出讨论。在对这两位现实主义大师的译介中，尤其在对他们的研究中，尤为突出的特点就在于艺术解读与现实阐释的结合。同时，李健吾对巴尔扎克与司汤达的关注、研究、翻译是连贯式甚至终身式的，且发端较早，他是把两位法国文学大师译介到中国的先驱之一。在李健吾的法国文学译介活动中，对福楼拜与莫里哀的译

---

① ［法］司汤达：《意大利遗事》，李健吾译，上海三联书店，2013，译本序第17页。

介最为重要，成就也最为突出。但作为法国文学研究者与翻译家，李健吾也对19世纪另外两位最重要的现实主义作家做出译介。当然，李健吾对法国文学的译介又远不止于上述作家作品，他研究或翻译过法国文学史上很多著名作家、流派、评论家以及他们的作品，体现出一位法国文学研究专家与翻译家的责任意识与自觉选择意识。在李健吾的法国文学译介中，他亲力亲为地收集并阅读原文材料，动手翻译这些材料和相关作品，如此，就可以对作家作品有更为深入、透彻、全面的理解和把握。研究促进翻译，翻译令研究更为深化，而所有这些的受益者，不仅仅是李健吾本人，更是接受环境中的读者。

第四节　李健吾的法国文学研究与法国文学翻译

李健吾对法国文学的研究近乎全面，从初始的中世纪武功歌到20世纪的普鲁斯特等，几乎全有论及。他的研究成果不仅仅体现于专门的著作或文章中，也在文学评论、文学创作等作品中多有出现，体现出研究者/作家对研究对象的熟稔。但在这中间，李健吾最为关注的是法国19世纪的现实主义文学，在这一方面"用力最勤"[①]。除此之外，他对法国戏剧（以莫里哀作品为代表）、法国诗歌（比如波德莱尔作品）等均有深入的研究与独到的见解。同时，李健吾的法国文学研究与翻译是密不可分、互相促进的。为厘清其中的脉络并探究李健吾法国文学研究与翻译之间的关联，我们将对二者的特征与意义分别展开论述。本节中，我们将首先对李健吾法国文学研究的特征做出

---

① 郭宏安：《李健吾与法国文学研究》，《中华读书报》2016年9月21日，第13版。

总结，为探讨其法国文学研究与翻译间的关系做出铺陈，进而讨论其法国文学研究与翻译间的深层互动。

一、李健吾法国文学研究的特征

李健吾于20世纪20年代接触到法国文学，30年代初赴法留学，可以说是当时较早接触到外国文学并对之展开研究的学者之一，也是成就最为突出的研究者之一。这为他的法国文学翻译打下坚实的基础，并对研究者自身的文学创作、文学评论等产生深厚的影响。综合李健吾所处时代的背景，我们试将李健吾法国文学研究的主要特征做出归纳。

第一，李健吾是我国深入且系统地进行法国文学乃至外国文学研究的开拓者之一。从清末民初至20世纪二三十年代，我们对外国文学的引介刚刚起步，多数停留在介绍或者短评的阶段，少有深入或系统的分析研究。李健吾在赴法国留学之后，专门研究与之心性相通的现实主义作家福楼拜，并在随后出版了研究性专著《福楼拜评传》。这部35万字的著作集作者作家的才情、创作的激情与科学研究者的缜密、冷静为一体，对福楼拜所有作品进行全方位、立体性的分析与解读，可谓是当时我国法国文学研究的"先行之作"。虽然在风雨飘摇的20世纪30年代《福楼拜评传》并未引起很大的反响，但其价值并未被人们忘记，经过20世纪80年代与新世纪的两次再版之后，至今仍被视作"对于福楼拜最好的研究，没有之一"[①]。在《福楼拜评传》之后，直至20世纪80年代，李健吾又有多篇与福楼拜相关的文章问世，均是对福氏文学以至法国19世纪现实主义文学研究的拓展与深化，而这一切的起点，便是《福楼拜评传》。当然，正如我们在第二章中所论，除了对福楼拜及其作品的研究，这一时期李健吾的法国文学研究也同时涉及法国众多的文学流派或

---

① 袁筱一：《文学翻译的真谛》，《光明日报》2020年7月18日，第9版。

作家，其中对莫里哀、司汤达的研究也十分具有开拓性。李健吾对于上述两位作家及其作品的研究成果虽没有像福楼拜研究那样著书立说，但也十分全面、客观、深入。

第二，李健吾的法国文学研究几乎覆盖整个法国文学史。前文中，我们主要讨论了李健吾对福楼拜、莫里哀、巴尔扎克、司汤达等法国作家的译介，因为他对这几位作家的译介成果最为丰富、完整，也最具影响力。但李健吾对法国文学的研究并非只限于上述作家及作品，从中世纪的武功歌，到20世纪的普鲁斯特、波德莱尔等，他对法国历史上知名的作家、文学流派等均有独到的见解与不俗的把握。即便对某些法国作家（比如16世纪的拉伯雷、蒙田等）没有进行过专门的论述，也在相关的文学评论等中论及他们作品的主要艺术特征，并将之用作论证的对象与立论的根据。比如在几乎每一篇文学评论中，李健吾都会以多位法国甚至英国作家做论，体现出他对法国文学的熟稔和精辟的见解。而且，终其一生，李健吾始终有志于写作一部全面而深入的法国文学史，不仅仅是一种愿望，更一度付诸实际，但终因为抗日战争时期动荡不安以及其他诸多原因而没有实现。

第三，李健吾的法国文学研究侧重点突出。如前文所述，在法国文学中，李健吾研究最为深入的是19世纪的法国现实主义文学，而其中成就最大的应属福楼拜研究，其次为巴尔扎克与司汤达研究。李健吾对他们的关注与研究起始于20世纪二三十年代，并一直延续到七八十年代，甚至生命的最后一刻。在这一过程中，李健吾也对世界级的喜剧大师莫里哀及其作品进行了全面的研究，并成为这一方面的权威。他对莫里哀喜剧的现实主义阐释，为莫氏喜剧在我国的传播并产生影响创造了条件。同时，他对莫里哀喜剧的研究与精准把握、对莫氏喜剧的经典翻译以及自身的戏剧创作与戏剧教学和组织表演，形成一个完美的循环，且其中的每一个环节都彼此促进，为我国的外国戏剧研究、翻译以及戏剧发展做出了重要贡献。

第四，李健吾的法国文学研究成果兼具真与美的特征，或者说，是严谨科学的学术作品与优美精致的艺术作品的统一体。这与论者一以贯之的艺术意向性颇为一致。一方面，李健吾的立论一定是建立在切实的调查与研究之上，这从《福楼拜评传》丰富的参考文献便可见一斑；即便是翻译作品，也会在译序或者译注、附录中收录相关的信息或佐证，展示出严谨、科学的态度。另一方面，在李健吾的各类作品中，不仅只有文学评论是"精致的美文"，其研究性作品也毫无例外。无论是已被视作兼具"科学性""判断力""艺术性"和"吸引力"①的《福楼拜评传》，还是其他并未形成专著的诸多文章，其论述的语言都没有一般研究性作品的枯燥甚或晦涩，却都是行文潇洒曼妙。郭宏安对其书写风格的评价是："灵动如风、激情如火、明白如话、清澈如水。"②可以说，李健吾的研究性作品也是以中文进行各类创作的典范。

第五，李健吾的法国文学研究对自身的文学翻译、文学批评、文学创作等产生了深厚且积极的影响。首先，可以说李健吾是因研而译，或为研而译的翻译家。对于法国文学，他的翻译对象几乎都是他的研究对象，都以对原作及其作者坚实的研究为基础，而这正是产生优秀乃至经典的译作的前提。其次，李健吾的文学批评与文学创作中始终都存在法国文学的影子。文学评论家李健吾比作家李健吾更为知名，而其文学评论中多有对法国文学相关内容的援引（关于这一点我们将在第三章中展开专门的讨论），更何况他文学评论的方式更是被众多研究者视作来源于法国的"印象主义"文学批评。郭宏安认为："一条中国古代诗文批评的传统，一条西方的以印象主义为基础的审美的批评传统，这两条线的交汇造就了李健吾先生的批评，一种解脱了种

---

① 郭宏安：《读〈福楼拜评传〉——为怀念我敬爱的老师李健吾先生而作》，《读书》1983年第2期。
② 郭宏安：《李健吾与法国文学研究》，《中华读书报》2016年9月21日，第13版。

种束缚的'自由的批评',一种在众多的批评方式中卓然不群的值得提倡的批评。"①

综合以上可见,李健吾对法国文学的把握深入到其中的方方面面。这种把握始于20世纪30年代初,止于他生命的最后一刻。在长达半个世纪的法国文学研究生涯中,在对他法国文学研究特征的探寻中,我们可以窥见李健吾渗透于其中的研究态度与研究思想,即热情、严谨、科学,以及对艺术和美的不懈追求。

二、李健吾法国文学研究与翻译的因果式关联

李健吾的法国文学研究与翻译在我国的外国文学研究史与翻译史中占有重要地位,他的研究对象与翻译对象通常比较一致。但对于不同的译介对象,李健吾研究与翻译活动间的关系又不尽相同,因而我们将主要围绕李健吾对福楼拜、巴尔扎克、莫里哀、司汤达及其作品的译介,对李健吾法国文学译介中研究与翻译间的相互推动、相互影响的因果式关联做出思考。

1. 福楼拜译介中研究与翻译相互成就

第一,在李健吾的福楼拜译介中,研究与翻译的关系主要在于因研究而翻译,研究成就翻译,翻译又令研究成果更加完善。在翻译研究或翻译实践中,我们总会强调动笔翻译之前研读原作的重要性。傅雷就曾强调:"想译一部喜欢的作品要读到四遍五遍,才能把情节、故事,记得烂熟,分析彻底,人物历历在目前,隐藏在字里行间的微言大义也能慢慢琢磨出来。"② 但若要透彻地研究一部作品或一个作家,"读到四遍五遍"可能并不足够。如前文所

---

① 郭宏安:《李健吾与法国文学研究》,《中华读书报》2016年9月21日,第13版。

② 傅雷:《翻译经验点滴》,罗新璋、陈永年编《翻译论集》,商务印书馆,2009,第693页。

述，在法国留学期间，李健吾努力研读相关资料，亲赴福楼拜故乡体验作家生活的点滴，并撰写相关研究成果。在此期间，虽然李健吾也翻译过福楼拜的短篇小说和部分书信，但主要目的在于研究作家及其作品与艺术特征、艺术理念。可以说，李健吾潜心而勤奋的研究工作赢得了收获：文章《包法利夫人》一鸣惊人，随后出版的《福楼拜评传》更是成为我国外国文学研究中的生命力最为持久的经典作品之一。对于翻译而言，译者李健吾不仅研读原作及诸多其副文本，更考察了有关原作者的点点滴滴。所以，在蛰居上海译出《包法利夫人》之时，李健吾自信自己可以"还福楼拜一个可取的风格"。李健吾在对福楼拜及其作品有了旁人无法企及的了解之后，再加之二者之间艺术意向性的高度一致（这一点我们将在第五章中做出专门的探讨），成就了一部优秀的翻译文学经典之作。另外，20世纪90年代起，《包法利夫人》复译本频出，我们对福楼拜的研究也更为全面和深入，其中不乏多部优秀的译作与研究成果，后来的译者与研究者们也在很大程度上借助李健吾的研究成果去了解福楼拜及其作品。李健吾的福楼拜研究，不仅仅为中国的外国文学研究做出贡献，更大大助力于我们的福楼拜作品翻译，这种助力，不仅是之于李健吾本人，也之于中国的福楼拜研究与翻译。李健吾本人译于20世纪前半叶的福楼拜作品（包括《包法利夫人》《情感教育》《三故事》等）依旧可以与半个世纪后的译作媲美，其中多处对原作的传译甚至在后来者之上，重要的原因与前提就在于他对原作及其作者的深入研究。所以，对于福楼拜，李健吾的研究成果不仅仅对李健吾本人的翻译实践产生了积极作用，对福楼拜在我国的译介、传播并产生影响也有极为重要的推动作用。

第二，李健吾的福楼拜研究成果，即《福楼拜评传》等，对李健吾相关译作的传播与接受亦产生了很大的推助力。在成为令人瞩目的福楼拜的翻译家之前，李健吾早已是公认的福楼拜研究专家，其《福楼拜评传》早于译作《包法利夫人》十几年问世，因而他的相关译作会引起读者的关注。在专著《翻译文学经典的经典化与经典性》中，笔者曾对读者（包括文学等相关领域的研究者与普通读者等）对李健吾所译《包法利夫人》的接受情况做过调查，他们在阅读、研究汉译《包法利夫人》的过程中，多会参照李健吾的《福楼拜评传》，进而更会倾向于选择李译本来进行阅读、研究和参考。可以说，在读者接受方面，李健吾在福楼拜研究领域的成就对其译作的传播与接受产生了积极的影响。当然，在阅读之后，读者们会对李译做出客观评价，进而为其译作赢得更多的读者。得到读者的认可，这是李译《包法利夫人》等成为翻译文学经典的重要原因之一。

最后，翻译可以令研究更为深入和细化。李健吾在翻译过《包法利夫人》等作品之后，对福楼拜创作理念、表现手法的理解会更为精进、细化，也会对小说中涉及的与经济、文化等背景相关的知识有更加准确的理解与认知，因而可以在20世纪50年代写出分析入里的《科学对法兰西十九世纪现实主义小说艺术的影响——纪念〈包法利夫人〉成书100年》；而后又在七八十年代发表《〈包法利夫人〉作者的疏忽》一文，对小说中福楼拜细致而微的"疏忽"的论证详尽且有力。上述研究成果均是他亲力亲为、逐字逐句去研究、去翻译的结果，展现出一位研究专家的功底、心性与专业态度。

在福楼拜译介方面，李健吾的研究是其翻译取得成功的基础，而他的翻译又可以帮助译者更加具体而深入地了解作者和法国文学。经典的研究成果，加之多部优秀乃至经典的译作，使李健吾在福楼拜的研究与翻译两个方面都取得了杰出成就，成为我国首屈一指的福楼拜（研究与翻译）专家，至今仍是。

2. 其他作家作品译介中研究与翻译的关联

首先，在李健吾的巴尔扎克译介中，因研究而翻译，翻译为研究服务。虽然早在20世纪30年代，李健吾便开始关注巴尔扎克，但他对巴氏的较大规模译介活动则集中于五六十年代。在此期间，他撰写相关论文17篇。这些论文同他的福楼拜研究成果一样，一如既往地科学、严谨且深入。但这些成果并非潦草成就，为做到论而有据，他专门翻译了巴尔扎克的多篇文论，并于 20 世纪 50 年代出版（题为《巴尔扎克论文选》），借以了解巴氏的世界观、艺术观等。李健吾在巴氏研究中亲力亲为，不仅直接搜集一手资料并进行阅读，更亲自动手翻译。这使他对研究对象的把握更为直接、深入，研究成果也就更加科学和可靠，由此可以想见人民文学出版社出版傅雷译《高老头/欧也妮·葛朗台》请李健吾作序的原因。

第二，在李健吾的莫里哀与司汤达译介中，尤其是莫里哀喜剧的译介中，研究与翻译几乎并行，且相互成就。李健吾于 20 世纪 40 年代开始翻译莫里哀作品，在新中国成立之前译出后者的 17 出戏剧。此时虽然对于莫里哀的专门的研究性文章不多见，但他的译序均是对莫氏作品的精辟解读，体现出研究家型翻译家独具的优势与典型特征。比如在"总序"中，他提出莫里哀是"人类在喜剧方面最高的造诣"[①]；在《〈堂·璜〉序》中写道，"莫里哀的拿手好戏是拿活生生的材料，就他所体验到的，在一种独来独往的境界，揉成他的颖特的造诣"[②]；在《〈吝啬鬼〉序》中指出，"《吝啬鬼》不仅是一出普通的风俗喜剧，而且正如巴尔扎克在小说里面所描绘，成为一出社会剧"，"莫里哀的最大的喜剧，都有力量撼动我们的灵魂，叫我们在狂笑之后沉下心来思维，有时候甚至于不等笑声收煞，一种悲感就在我们的心头涌起"[③]；等等。新中国成立之后，李健吾写出了多篇莫氏喜剧的研究性文章，并赴上海戏剧专科学校专讲莫里哀，成为当时国内独一无二的莫里哀研究专家。之后他又翻译出莫里哀的十出喜剧，并最终形成全集出版，成为"中国最好的莫里哀的译本"。可见，李健吾的莫里哀喜剧翻译与研究几乎是交错进行的，二者之间相互促进与影响，也形成经典的翻译与研究成果，使之一度成为国内独一无

---

① 李健吾：《〈莫里哀戏剧集〉序》，李维永编《李健吾文集》（文论卷 3），北岳文艺出版社，2016，第 135 页。

② 同上书，第 140 页。

③ 同上书，第 146、147 页。

二的莫里哀喜剧专家。此外，李健吾对司汤达的关注更早一些，最早的成果是发表于1934年的研究文章《司汤达》，随后在1935年他所翻译的《司汤达小说集》便出版发行，应当说这也是他研究与翻译并行的典型案例。李健吾之后的司汤达译介成果均出现在20世纪五六十年代以及80年代初，同样是研究与翻译均有涉及。

在法国文学中，李健吾既翻译又研究的主要对象有福楼拜、莫里哀、司汤达、巴尔扎克等。对于前三位作家，李健吾主要翻译他们的文学作品；对于巴尔扎克，李健吾翻译的对象只有巴尔扎克的文论。对于其他作家、作品或文学流派，李健吾多有触及，不仅仅是简单的介绍，更有深入的研究，郭宏安就曾以李健吾发表于1939年的《鲍德莱尔》（即波德莱尔）为例，说明李健吾早年对于这位法国象征派诗歌先驱认识的深刻。[①] 李健吾对法国文学的熟悉与了解，已经达到信手拈来的程度，他在文学评论中频繁引用法国文学以作类比便是证明。可以说，李健吾对法国文学的翻译与研究涉猎面十分广泛，对其的研习又十分深入。同时，李健吾对法国文学的译介既体现在翻译与研究两个方面，也体现于他自身的创作中，而这一点，在我们的外国文学研究者与翻译家中，并不多见。我们认为，他于创作中对法国文学的译介，正是他于翻译与研究中取得的成就的映射，也是二者深层互动之间产生的结果。

通过本章的研究可见，李健吾对法国文学的译介总是与译入语环境的需求密不可分，同时又由他自身的意向、喜好等决定，李健吾在二者之间找到了恰当的重合点。在这一前提下，他以持之以恒、勤勉进取的科学精神和艺术能力，对译介对象展开翻译与研究，他对同一译介对象的翻译与研究互相促进，更对自身的创作产生深厚的影响；即便仅仅是研究对象，在对之有了

[①] 郭宏安：《李健吾与法国文学研究》，《中华读书报》2016年9月21日，第13版。

深入的体悟之后，其成果也同样对研究者自身乃至译入语环境中的文学创作等产生了影响。"当健吾老师结束了翻译的一生之后，为我们留下了十四卷的译文（译文出版社2019年版《李健吾译文集》），译作既包括他所专注研究的福楼拜、莫里哀，也包括司汤达或者其他一些19世纪重要法国作家的短篇，应当也是完美地诠释了什么是译者的'恒心恒力'了，更是完美地诠释了什么是'专家型的翻译'。"[1] 所以，直至今日，李健吾的法国文学译介活动与成果，以及在他译介活动中呈现出的专注与勤奋的态度，都拥有重要的学术价值与现实意义。

---

[1] 袁筱一：《文学翻译的真谛》，《光明日报》2020年7月18日，第9版。

第三章　创作与翻译：作家型翻译家李健吾

"……这都是有形的，还有一个无形的，或许是更大的贡献，那就是对中国文学语言的贡献。中国现代文学史上的名家，可说灿若星汉也可说多如牛毛。然而，在语言层面上真正达到现代水准的，却寥若晨星或有数的几根，不管是论个还是论根，李健吾都是其中之一。"[①] 李健吾从20世纪二三十年代开始文学创作与外国文学研究、翻译等工作，他"对中国文学语言的贡献"，一定在创作与翻译中有双重的体现。作为20世纪中国知名的法国文学研究者与翻译家，他以现代汉语（白话文）为我们引介了大量的法国作家作品；作为20世纪著名的作家与文学评论家，也为中国读者奉献出数量不菲且质量上乘的原创作品。从翻译研究的角度看，译者同时也是创作者，其卓然的译入语文字创作能力，定会给翻译的结果即译文产生积极的影响。同样重要的是，译者以译入语创作的理念、追求甚至喜好、偏向等也会对其翻译对象的选择、对原作与作者的理解、译语的风格等有至关重要的作用。本章中，我们将从李健吾原创作品的理念、追求、内容等出发，去探寻作家型翻译家李健吾的独到之处。进而，通过对李健吾文学追求与文学创作特征和能力的讨论，来审视其文学理念、文学能力与翻译理念、翻译能力之间的关联，在了解作家型翻译家的特征以及其原创作品与法国文学之关联的基础上，为后文里研究其翻译活动的特征、翻译理念以及具体的翻译案例提供前提与基础。

---

① 韩石山：《李健吾传》，人民文学出版社，2017，第410页。

第一节　李健吾的文学追求

在法国文学翻译与研究之外，李健吾尤为知名的身份是文学评论家、剧作家、作家等。李健吾青少年时代的小说、散文等作品就得到鲁迅、朱自清等大家的赞誉；他的原创作品，包括文学评论与研究型著作等，在具备极强学术性的同时，又拥有极高的艺术性，均被视作优美的散文。李健吾原创作品的上述特征源自作者怎样的创作思想与追求？这种思想或追求的"根"又源自何处？会对创作主体的翻译活动产生何种影响？以上是本节力图回答的问题。

一、李健吾文学追求之"源"

李健吾出生于 1906 年，1925 年考入清华大学并开始接触英法等西方文学。而在此之前，李健吾已显露出对外来文学的偏爱，比如童年时期他对《经国美谈》的迷恋。该小说虽为日本作品，但所属类型（政治小说）却源于英国，同时在内容上借用古希腊的历史故事，意在宣扬恢复民权、政治自由与国家独立等主题，现代的创作形式与贴合社会历史发展的内容引起少时李健吾的喜爱。当然，在赴法留学之前，李健吾一直在中国传统的浸润中成长，因而其人与其文也必然受到中国传统美学与文学思想的影响。

1. 中华传统的浸润

为人之"仁"。第一章中，我们曾引述过众多名家于李健吾去世之际对他人格与工作风格的高度评价。在此三十多年以后，2019 年 12 月，上海译文出版社出版了《李健吾译文集》（全十四卷）。法国文学翻译家、研究者、2018 年中国翻译界最高奖——"翻译文化终身成就奖"获得者柳鸣九为之作序，并写下题为《仁者李健吾》的长达31页的序言置于卷首。序言中，柳鸣九对李健吾的无私人格、学术能力等做出了深入的评析，认为他"敦厚大度、高洁脱俗"①"忘我""赤诚"②，至于李健吾在外国文学与文化艺术领域（包括文学评论、法国文学研究、翻译等）的贡献，"要算中国二十世纪学术文化领域里的'绝品'，那是一两个世纪里也难以有人超过的"③。柳鸣九先生的长序以中国传统哲学儒学的经典内核"仁"为标题和中心，高度赞誉了李健吾的高尚品格。这种品格既体现在他的创作、研究、翻译等活动中，更流露于他为人处世的点点滴滴。"仁"源自孔子的儒学思想，而李健吾是"喜欢孔子"的："我喜欢孔子。他不装假，他不拿矫，他不曾居高临下，以指导者自命发言，惶惶然像到了世界末日，汹汹然恨人之不尽如我。……教书在他正和生活一样平易。谦虚在这里和诚实是一个东西。……他不好高骛远，也不爱说空话，有时候会说两句笑话，你可以嫌他缺乏想象力，做人太倔强，可是他懂人性，这就足够'为人师'的本钱了。教书在他进而成为一种艺术……他正是渥顿爵士（Sir Henry Wotton）所说的那种有谦德的人。"④将上述评价与旁人对李健吾的评价进行比较，多有相似之处。李健吾也正是这样一位"有谦德的人"，这足可见他在为人处世中受中国传统思想的影响之深。而品德方面的"仁"，也是李健吾可以成就"中国二十世纪学术文化领域里的'绝品'"的有力支撑。大家品德，向来如此。

文学之"仁"。华夏传统中的"仁"内涵丰富。对于文学创作或者其他文学活动而言，则在于文学活动的主体不唯文学而文学，因为文学从来不是孤立存在的，而是反映现实甚至可以激励人们去改变现实。从第一章的论述

---

① 柳鸣九：《仁者李健吾》，《李健吾译文集 I》，译文出版社，2019，第14页。
② 同上书，第21页。
③ 同上书，第28页。
④ 李健吾：《切梦刀》，《李健吾文集（散文卷）》，北岳文艺出版社，2016，第307页。

可见，李健吾在出生之前，就同中国的社会局势、革命历程有着千丝万缕的关系。成长于20世纪一二十年代的他，也必然同祖国一同经历众多的波折。在这些"破旧立新"的过程中，中国传统思想对于李健吾的影响首先体现于重"教化"：以文学艺术"化"人与现实的关系。中国历代的文学主张，"诗言志""文以载道""为人生而文学"等，都体现出我们通过文学艺术"化育"人生态度、社会伦理等的特点。加之李健吾经历的幼年丧父之痛，都会使他不可避免地将自身的文学、翻译等活动同所处的社会现实相联系。比如在中学期间创办文学刊物、发表文学作品，均与当时的社会状况相关。年轻的李健吾也曾在"五卅惨案"发生后，与同学一道走上街头，"向群众宣传抵制日货，揭露日本资本家对中国工人的暴行"①。崇尚艺术，也并不妨碍心系国家安危与社会发展。即便在留学法国期间，李健吾也因为国内局势写作过以辽沈失守为背景的戏剧《火线之外》和以淞沪抗战为背景的剧本《火线之内》。所以，我们可以说，将文学创作与社会现实相联系，反映现实、激励人心，是作家李健吾从中国传统中承袭的力量。这种力量可能有时不如很多作家在作品中呈现得那么明显，但始终存在。

李健吾热爱艺术，毕生也在努力实现心中的艺术，韩石山认为："在大学时代，甚至在整个前半生，李健吾从来是以'为艺术而艺术'自诩的。"②但这种艺术不可能脱离其所处的大环境孤立存在，同时这种艺术的创作者也必然受到大环境的影响，甚至会试图通过自身的艺术活动（文学活动）去给环境带来些许可能的变化，李健吾亦莫能例外。而且，除却关注社会局势、祖国安危，他也注重中国语言文字的发展，这既体现在李健吾本人的创作、评论、译作等均以既真且美的白话文写成，切切实实地为现代中国的语言文字发展做出贡献上，也体现在作为批评家，李健吾对与之同时期的新诗做出品评和

---

① 韩石山：《李健吾传》，人民文学出版社，2017，第40页。

② 同上书，第88页。

梳理，并且"最后落实到'用心抓住中国语言文字'这一命题上来"①，认为"能够'用心抓住中国语言文字'是这些新诗史上的新的年轻人"，他们"为中国新诗开创的新的趋向，已经'从四面八方草创的混乱，渐渐开出若干道路'"，"李健吾以自己独到的批评家的眼光，将这些'少数的前线诗人'的写作，置放到文学史的前沿地带。这种远见卓识确实是非常难得的只有少数批评家才能具有的品质"。② 以上引文是陈太胜从诗歌批评和中国现代诗学发展的角度做出的评述，但从中也可以看出李健吾对中国语言文字以及中国诗歌发展的重视。其实何止诗歌，在戏剧、文学批评、小说等李健吾涉及的原创领域，他都努力使从异域习得的相关理论、方法等生存于中国的土地，从而助力中国文学的发展："我梦想去抓住属于中国的一切，完美无间地放进一个舶来的造型的形体"。③

2. 西方文艺思想的熏陶

张新赞在《在艺术化与现实化之间——李健吾的文学批评》一书中指出，在西方文学方面，李健吾文艺思想的渊源至少可以从三个方面进行考察："第一是19世纪后半叶的唯美主义思潮，第二是西方（主要是欧洲）现实主义文学精神，第三是20世纪西方现代主义文学思潮。"④ 随之，张新赞对其中的现代主义文艺思潮和福楼拜文艺思想对李健吾的影响做出了详细的论述。前者之中，作者认为"李健吾对批评的一些基本观念，如批评是一门独立的艺术、批评无处不在、批评是杰作产生的必要条件等，都是直接来源于王尔德"⑤，

---

① 陈太胜：《象征主义与中国现代诗学》，北京大学出版社，2005，第172页。
② 同上。
③ 李健吾：《〈以身作则〉后记》，李维永编《李健吾文集》（戏剧卷1），北岳文艺出版社，2016，第490页。
④ 张新赞：《在艺术化与现实化之间——李健吾的文学批评》，知识产权出版社，2014，第23页。
⑤ 同上书，第25页。

而其批评的方式,则来自法国作家法朗士的印象主义批评,这也是很多研究者共同的结论。但同时,作者又指出,李健吾的批评"已经是一种'条例化'之后的批评,在欣赏的同时,有科学的分析、详细的考据"①。此外,李健吾也对法国象征主义的文艺思潮进行"批判性接受"②,比如波德莱尔、瓦莱里、兰波等作家的思想均对李健吾产生过一定程度的影响,因而他坚持诗歌批评的"现代"尺度,但摒弃其中的颓废因素。因为李健吾认为这不符合中国诗歌的发展道路:"象征主义在法国十九世纪是浪漫主义的一种反动,有它的必然性,可不就是任何其他国家的诗人的正常道路。"③同时,李健吾也重视心理小说与意识流的创作手法,并积极创作,因而有小说《心病》与译作《春天的门限》(作者为普鲁斯特)等的诞生。最后,张新赞还颇具新意地指出:"李健吾的思想中还有一条十分隐秘的线索,那就是他与无政府主义思想的关系。"④作者通过论证,指出李健吾思想与无政府主义与个人主义的关系,但最终通过引证李健吾本人的文章指出:"李健吾用'人类的幸福'来认定作家的立场,这说明他所谓的'个人主义'其实是一种超越了国家、民族界限的'世界主义',即自觉地把自己视作整个人类的一份子。这是五四新文化运动以来,中国知识分子思想中的'世界主义'的反映。"⑤同时,李健吾的"个人主义""具有丰富的现代意义,它既不是浪漫主义传统上的个人英雄主义,也不是不自觉的个人主义,现代的个人主义应当是自觉的。他明白对于社会的责任与义务,他寻求的是自我的道德自律、艺术的独立与时代之间的平衡。他反抗、战斗,但不是为某谁(个人、政党、制度……)。李健吾站在文学艺

---

① 张新赞:《在艺术化与现实化之间——李健吾的文学批评》,知识产权出版社,2014,第26页。

② 同上。

③ 同上书,第31页。

④ 同上书,第33页。

⑤ 同上书,第40页。

术的立场上谈个人主义，同时站在整个人类的立场上看作家的责任。这是小我与大我的统一……"① 排除"个人主义""无政府主义"和"世界主义"等概念，张新赞的上述论说正与我们前文中论述的内容相呼应：李健吾不甚关心政治，但却同每一位中华儿女一样，关心国家与民族的前途、希望以及文学文化等的发展。

不管在西方还是在中国，对福楼拜的认知几乎都集中于两个方面：一是现实主义作家，二是现代小说写作手法的开创者。不论哪一点，都包含于前文讨论的影响因素之中，而讨论西方文学文艺思想对李健吾的影响，自然就会谈到福楼拜。李健吾是福楼拜研究专家，福楼拜对他的影响更为具体也更为深入，主要体现在李健吾的创作、批评（尤其是中前期）以及翻译的理念之中。这种理念就主要集中于福楼拜所提倡的"客观"与"美"两个方面。"客观"一般指创作（批评、翻译等）主体的态度，不于创作客体（文学作品、文学评论、译作等）中掺入主体的主观态度或观念，客观地对待作品，以求其"真"；"美"主要指作品（包括译作）的文字之美，或者创作手法之美，即便是文学评论或研究性作品，也要拥有艺术作品一般的艺术美，而不应干瘪晦涩。对于上述理念，李健吾在相应的作品中有过清晰的论述，比如提出文学评论中评论者"理应自行缴械，把辞句，文法，艺术，文学等武装解除，然后赤手空拳，照准他们的态度迎了上去"② 等。在坚持"客观"的同时，他的文学评论也"都是精致的美文"③；同样，他的法国文学研究成果《福楼拜评传》也被郭宏安视作"吸引力""科学性""判断力"与"艺术性"的统一体；等等。因而，福楼拜有关"客观"与"美"的艺术理念，也成为李

---

① 张新赞：《在艺术化与现实化之间——李健吾的文学批评》，知识产权出版社，2014，第41页。

② 李健吾：《爱情的三部曲》，《咀华集 咀华二集》，人民文学出版社，2007，第6页。

③ 司马长风：《中国新文学史》（中卷），香港：昭明出版社，1983，第251页。

健吾艺术追求的来源之一。

综合本节所述，李健吾的文学艺术理念既离不开孕育他的中华文化传统，也得益于西学东渐中他对外来艺术理念（尤其是福楼拜等法国作家的艺术思想）的汲取与灵活运用。在得益于根本也受教于先进的双重作用下，李健吾更拥有自己的文学艺术追求，即追求文字文学的美与现代性，但又不摒弃其"教"与"化"的特点与功能。他的作品、思想中既有对所谓纯艺术的向往，又深含对祖国、对同胞、对人类尊严、独立、幸福的努力。

二、李健吾的文学艺术追求

在对李健吾文学艺术追求之"源"的讨论之后，便是对"追求"本身的探寻。但李健吾先生辞世已久，我们无法从他本人口中得知其最为真实的想法，只能以其作品、相关论述以及他人的观点等为依据去讨论。如前文所述，李健吾在多个领域中均有建树，其成果构建起一片多模块的广阔的文学天地，其中至少包括文学创作（其中又包含多种类型的作品）、文学研究、文学评论、文学翻译等。作为上述多模块中的同一主体，李健吾于各个模块中体现的理念或追求又是高度一致的。

1. 多模块文学成果中一以贯之的客观态度

这里的客观态度，主要包含两个方面的含义：一是指李健吾在创作中，尤其在文学评论或文学研究中，冷静客观地对待作品，不掺杂他作为作者或评论者个人的情感或偏见，坚持以事实为依据，用作品说话，通过对作品本身以及相关资料的客观分析，进行作家作品研究；二是指李健吾在各种文学创作（戏剧、小说等）中，在内容方面，坚持对社会现实的描摹，或者说以现实主义为根基。总之，在李健吾的文学追求中，不偏不倚的态度，客观地反映现实，是极为重要的一个方面。

首先，文学评论中，李健吾追求客观地品评作家作品，力戒展现评论者个人的喜好甚至偏见："我用力甩掉我深厚的个性，希冀达到普遍而永久的大公无私"①。他的文学批评也因而被视作"自然主义影响下""客观呈现的文学批评观"②。关于这一方面，我们在后文中也会做进一步的补充论述。

第二，文学研究中，李健吾避免自身对作品的臆断，而是以丰富可靠的文献资料为依据，客观地下结论。如我们在第二章第一节中所言，在福楼拜研究中，李健吾收集并阅读了大量的相关资料，且依据最多的是作家本人存留的书信，以他的言说他的论断做判断的依据，同时在后续的研究审读过程中，会对之前个别有失真实的部分做出纠正，进而令其研究结果具备了"科学性"③。

第三，小说或戏剧创作中，李健吾的创作手法虽较多地吸收了西方的创作方式，但在内容上却取材于中国社会的现实，是对当时社会客观的描摹。比如有研究者就以其小说《一个兵和他的老婆》《买卖》《心病》《一位妇人的堕落》《西山之云》等为例，说明其小说具有"培植社会、人生的根基""注入传统的、地域的魂魄"④等重要的现实主义特征，因为"在李健吾看来，现实主义是一种原本的、基础的创作方法，它与浪漫主义、现代主义并不隔绝，现实主义可以充分运用别的创作方法，以表现出更真实、丰富、超拔的现实来"，因而"他的小说大部分有着丰厚的现实主义根基"。⑤我们认为，客观而真实地描写社会，正是小说创作客观性的体现之一。同样，在戏剧创作方

---

① 李健吾：《跋》，《咀华集 咀华二集》，人民文学出版社，2007，第120页。

② 范水平：《论自然主义影响下李健吾客观呈现的文学批评观》，《青海社会科学》2021年第5期。

③ 郭宏安：《读〈福楼拜评传〉——为怀念我敬爱的老师李健吾先生而作》，《读书》1983年第2期。

④ 段崇轩：《为中国现代小说"培根育魂"——论李健吾的小说创作》，《现代文学研究》2022年第4期。

⑤ 同上。

面，比如《这不过是春天》《以身作则》《贩马记》《青春》等，也皆以现实为参照进行写作。

2. 文学书写中对美的追求

在此，我们暂且将文学书写中的美分为两类：一是写作方式或者手法的创新，二是文字本身的灵动优美。西方现代文学，以法国20世纪文学为代表，在竭力探寻新的写作形式。福楼拜虽为19世纪作家，却成为将之付诸实施的先驱者，他以崭新的小说创作模式成为20世纪法国现代小说写作模式的鼻祖。同时，他也对文字之美深深执着。以上两点均与李健吾的文学理念大有契合，并深深影响着他。

在写作方式或手法创新方面，首先，成长于五四之后李健吾同彼时的其他作家一道，"踏出中国式的现代小说之路"[①]。如第一章中所述，李健吾的小说创作始于少年时代，彼时他便很关注小说的艺术呈现形式，比如在发表于1923年的《母亲的心》中，作者就更注重对母亲内心的描写。再如他发表于1933年的长篇小说《心病》，得到朱自清的高度评价，甚至被视作我国第一部长篇意识流作品。因此，有研究者认为，"李健吾的小说注重的是表现的艺术……他对艺术表现的探索主要体现对小说整体的艺术风格特征和通过心理的描写塑造人物性格的真实性两个方面的追求"[②]。在戏剧创作中，李健吾的主要"导师"是法国17世纪的喜剧大师莫里哀。他基本以"三一律"创作戏剧，学习莫里哀生动、辛辣的讽刺风格，为当时我国戏剧的发展做出重要贡献。

在文字美方面，李健吾的文学评论作品和文学研究著作皆被视作文字瑰

---

① 段崇轩：《为中国现代小说"培根育魂"——论李健吾的小说创作》，《现代文学研究》2022年第4期。

② 麻冶金：《李健吾文学批评与其小说创作的关系》，《宜春学院学报》2018年第7期。

丽、灵动美妙的散文，更遑论他的散文本身抑或是其他文学作品。有研究者评价李健吾的文学评论道："李健吾善于运用散文体、比喻、联想的方式，把作品的特点和风格做一个轮廓的勾勒，虽然少见概念术语，仍能快速捕捉其中的文艺气息，给人以直观整体的审美感受。"① 李健吾以他深厚的中文文字功夫与日积月累的努力，于各类原创作品中以飘逸但不失理性、明朗且温厚、明丽又灵动的语言，写出了自己对美的向往，也令读者看到他实现美的能力。

3. 字里行间仁的体现

仁在中国传统文化中的内涵十分丰富，多指"仁者爱人"，从对人本身的关爱到家国天下的胸怀，都可以被视作仁的范畴。由于在中华文化的浸润中成长，李健吾的作品中也多有对仁的追求。

首先，李健吾作品中对现实的描摹与戏剧化，作为对社会现象的客观反映，就体现出作者对百姓日常生活到家国命运前途的关注或呐喊："现实即是真实。只要现实——那最高的现实存在，一部艺术作品便不愁缺乏时代的精神。"② 所谓时代精神，便是对当下的关注，而对于彼时李健吾所处的时代，就是在为改变家国命运而进行的写作。比如李健吾在上海"孤岛"时期进行的一系列戏剧改编和演出活动，留学法国时因九·一八事变创作的诗歌，等等。

其次，李健吾创作的小说、戏剧等作品中蕴含着对人、对社会、对国家的浓情厚谊。刘晶认为李健吾的戏剧作品和剧评均渗透着"人情""人趣"和"人埋"："李健吾一生并未提出过什么富有影响力的文学口号，但那个时代提倡的人性精神深深渗入他的骨子里。他在他的创作实践、批评实践坚持这

---

① 李晶：《李健吾的批评精神与批评实践论析》，《中国文艺评论》2022 年第 12 期。
② 李健吾：《关于现实》，李维永编《李健吾文集》（文论卷 1），北岳文艺出版社，2016，第 322 页。

种人性精神"①；段崇轩认为李健吾的小说"表现出作家沉重的启蒙、批判意识"②，是在"培植社会的、人生的根基"③；李晶则认为他于文学评论中展现的批评精神与公正态度，符合当前"后现代开放多元的表征"，"值得重新发扬其中鲜活富有生意的部分"。④

综合前文，在李健吾的创作思想中，既有我们中华文化优秀基因的力量，也有西方尤其是法国文艺思想的影响，因而令他在近乎一生的创作中，对真、美、仁进行了不懈的追求。当然，李健吾作为文学创作、文学评论与法国文学翻译的同一主体，他的文学理念与追求必定会影响到他的文学翻译思想和实践，而他的文学创作能力，更成为他在翻译实践中极为重要的优势。

第二节　李健吾原创作品中的法国文学因素

李健吾是在多个领域均有建树的大家，也是我国法国文学研究与翻译的开山人物之一。他是福楼拜、莫里哀、巴尔扎克等法国作家最初的译介者之一，也是对上述作家及作品有着最深刻体悟的译介者之一。李健吾对法国文学作品的译介成果自然体现于前文中论及的译著、研究性专著与文章等之中，但又不仅限于此。在他的很多原创作品中，也有对法国文学的介绍、品鉴甚至对比、研究等，更会有法国文学的重要影响存在。我们认为，这也是他译

---

① 刘晶：《李健吾执着的人性精神实践——评析李健吾剧本和剧评》，《电影评介》2011年第12期。

② 段崇轩：《为中国现代小说"培根育魂"——论李健吾的小说创作》，《现代文学研究》2022年第4期。

③ 同上。

④ 李晶：《李健吾的批评精神与批评实践论析》，《中国文艺评论》2022年第12期。

介法国文学的一种方式,而对这一内容的分析解读,可以让我们从他作家型翻译家的角度,来了解他与法国文学之间的"深情厚谊"。本章中,我们将对李健吾所作文学评论、戏剧、小说等中的法国文学因子展开论述,力争对李健吾的法国文学译介做出更为全面的考察与研究,也是对他文学创作特征、文学理念乃至法国文学翻译能力与特征等的进一步考证。

一、李健吾文学评论中的法国文学

在现当代中国的文坛大家中,在很多人看来,李健吾首先是一位成就极高的文学评论家,甚至被誉为20世纪30年代五大评论家中"成就最高"[①]的一位。李健吾最著名的文学评论集《咀华集》和《咀华二集》分别于1936年和1942年出版,其中收录了他最具代表性的多篇文学评论作品,而这些作品大都完成于他留学法国期间和归国之后。李健吾的文学评论文字优美,分析深刻入里,但又力争客观,避免加入评论者个人的好恶,是当时文学评论界的扛鼎作品。李健吾文学评论集中评论的对象多是与他同时代的中国作家的作品,但他在行文中旁征博引,常以比较的方式做论,比如以国内外作家的写作特征、写作理念等与所论作家进行比较。当然,由于他研究、翻译法国文学作品的缘故,他在文学评论中提及最多的,当属法国的文学流派或者作家作品。李健吾的文学评论作品中有法国文学的多种因子存在,这也从侧面向中国读者介绍了法国文学的诸多方面。李健吾文学评论中对法国文学的译介主要有以下内容与特征。

第一,李健吾文学评论中涉及的法国文学因子几乎辐射到整个法国文学史。法国文学起始于中世纪,历经16世纪的文艺复兴时期、17世纪的古典主义文学时期、18世纪的启蒙文学,到19、20世纪各个文学流派、成果的

---

① 司马长风:《中国新文学史》(中卷),香港:昭明出版社,1983,第248页。

丰硕时期。在李健吾对中国作家作品的品鉴汇总，引介过其中的方方面面，以做他立论的依据或对比的对象。比如在《鱼目集——卞之琳先生作》一文中，李健吾将16世纪作家蒙田（Montaigne）的"小品文"与巴尔扎克的"长作大制"做比较，讨论不同文学创作形式的特征和价值；在评论曹禺的《雷雨》时，将《雷雨》中的情节、人物写作同法国17和18世纪著名剧作家拉辛（Racine）和博马舍（Beaumarchais）笔下的作品相比较；在《篱下集——萧乾先生作》中，引用卢梭（Rousseau）多部作品中的片段来解释"普遍的人性"与爱护儿童的正义，用以论证萧乾先生的这部作品；而在其他作品中（《答〈鱼目集〉作者》《上海屋檐下》），也提及同为法国18世纪启蒙运动作家的伏尔泰和狄德罗；法国19世纪的作家是李健吾在文学评论中论及最多的部分，雨果、波德莱尔、夏多布里昂、左拉、福楼拜、巴尔扎克、乔治·桑、司汤达等均是他评论的依据与比较的对象；对于法国20世纪文学，由于与李健吾同处一个时代，且时间多在20世纪上半叶，李健吾主要论及普鲁斯特（Proust），认为普鲁斯特和福楼拜"都有颓废的气质，然而他们伟大，他们的作品属于高贵的艺术。唯其他们善能支配语言求到合乎自己性格的伟大的效果，而不是言语支配他们……"[①]如此，一方面是对普鲁斯特的较为透彻的分析，另一方面也道出了福楼拜艺术思想的现代性，更借此以比较的方式对卞之琳先生的《鱼目集》做出品评。仔细梳理一下便会发现，在李健吾的文学评论中，对法国文学的引介涵盖了从16世纪到与他同时代的20世纪的漫长文学史中的代表作家与作品，体现出他对法国文学史的深入把握和法国文学研究专家的优势。当然，这种方式也从一个侧面为中国读者展示出法国文学的诸多精华与特征。

第二，李健吾文学评论中涉及的法国文学因子体裁广泛，流派众多。作为国内知名的剧作家、小说家、文学评论家、法国文学研究专家以及翻译

[①] 李健吾：《鱼目集》，《咀华集 咀华二集》，人民文学出版社，2007，第84页。

家，李健吾的文学评论对象涉及小说、戏剧、散文等，他在评论中所征引的法国文学及其作家作品也涉及上述诸多体裁，且囊括古典戏剧、启蒙文学、浪漫主义、自然主义、现实主义、象征派诗歌、现代小说等文学流派，其中不仅仅有对具体作家作品的引证和讨论，也有对整个流派的思考和观点。比如在《画梦录——何其芳先生作》中，李健吾从废名与何其芳创作的不同谈起，却在文章起始的一段以外国文学史上理念不同却互为欣赏的例子写起："雨果的浪漫主义拦不住他欣赏后生可畏的鲍德莱尔，而鲍德莱尔，未尝不也歌颂他同代的诗坛巨匠。"① 又如《三个中篇》里，李健吾谈到福楼拜的"现实主义"，他写道："即使是福楼拜，从来不曾有一句话表扬现实主义，一般人把他看作现实主义的祭酒，惹起他极度的反感：一八七九年，他向莫波桑 Maupassant 写信道：'不要同我谈现实主义，自然主义，或者实验的！我涨饱了。何等空洞的蠢话！'我们应该记住，《包法利夫人》时代的现实主义曾经和无知的法庭同时宣告将《包法利夫人》驱逐出境，而左拉的自然主义的理论完全借用当代一本科学名著《实验医学》……"② 由此，在对同时代中国文学作品的品评中，也同时介绍了福楼拜与传统现实主义的差异或曰"隔阂"，同时道出自然主义的渊源，为后文中具体的评论打下铺垫。可见，法国文学的方方面面给予李健吾评论的灵感与论证、比较的依据，体现出论者对法国文学的熟稔以及后者对他的深刻影响，是论者兼具文学评论家与法国文学研究专家两种身份的显现。

第三，李健吾文学评论中被用作论据的法国文学因子重点突出，其中出现频率较多、论证较为深入的当属福楼拜、巴尔扎克和左拉。在李健吾的法国文学研究和翻译中，投入最多成果也最为重要的当属法国 19 世纪文学，因而上述三位作家也更多地成为他立论的依据或对比引用的对象。比如在《爱

---

① 李健吾：《鱼目集》，《咀华集 咀华二集》，人民文学出版社，2007，第109页。
② 同上书，第191页。

情的二部曲——巴金先生作》中，李健吾就曾通过引介左拉、福楼拜、乔治·桑等的写作手法，来论证巴金"把自己放进他的小说"，而不同于"趋重客观的观察"的左拉和福楼拜，却"近似桑·乔治 George Sand"。^① 从上述篇幅并不很长的论述里，我们可以看到法国三位知名作家的主要特征：左拉和福楼拜将科学和写作的艺术结合起来，不喜在作品中展现自我，而乔治·桑却会把自己的爱憎情绪放入作品。同样，在《边城——沈从文先生作》中，李健吾对沈从文的小说创作评价极高，并认为他是"一个渐渐走向自觉的艺术的小说家"，沈从文"不仅仅是一个小说家，而且是一个艺术家"，其小说作品趋向于艺术品。在此，李健吾提到了福楼拜和巴尔扎克。他以前者为例，说明什么样的作家是"艺术家的小说家"；又以后者做比较，将之与"艺术家的小说家"进行对比，认为巴尔扎克伟大，写尽彼时法国社会的种种，但他并非艺术家，而是"人的小说家"。[②] 如此，不仅以福楼拜作为比照，解释了为何沈从文的作品具有艺术性，其作品与巴氏作品的不同，以及巴氏作品的特征，也使读者了解到巴尔扎克与福楼拜的差异。此外，在《咀华二集》中品评萧军的《八月乡村》、路翎等作家的《三个中篇》、茅盾的《清明前后》等文学评论中，李健吾也一再以福楼拜、巴尔扎克作为他品评的依据，并指出"福楼拜禁止自己在作品之中发表意见"，但"他明白他办不到"，所以"福楼拜也说得好，'杰作的秘密在作者的性情与主旨一致'"；对于如何避免作家发表自己的意见，实现"艺术的客观观察"，李健吾指出"福楼拜安排他的包法利和爱玛邂逅，没有一句说到爱玛过去承受的教育以及影响，直到爱玛嫁给这个没有诗意的老实人，才来点破婚姻的错误，说明不可挽救的命运

---

① 李健吾：《爱情的三部曲》，《咀华集 咀华二集》，人民文学出版社，2007，第9页。

② 同上书，第42页。

的安排"①，所以，"现实主义不是一架照相机，一下子平平地摄入所有的现象。这是一个领路人，一步一步把我们带到他所需要我们去的地方。能够这样做的，能够这样有层次地，有凹凸地，在现实之上建立艺术的，无论是浪漫主义、自然主义，统统属于最好的现实主义的传统"②。所以，由彼及此，李健吾在借福楼拜与巴尔扎克对评论对象的创作特征做出评价的同时，也有理有力地令读者了解到福氏与巴氏的艺术特点与差异。对于左拉，李健吾在文学评论《〈爱情的三部曲〉——巴金先生作》中认为，"Zola 对茅盾先生有重大的影响，对巴金先生有相当的影响；但是左拉……比较趋重客观的观察……巴金先生缺乏左拉客观的方法，但是比左拉还要热情"③；他也在《上海屋檐下》等作品中引用"自然主义大师左拉"④对戏剧艺术等的论断以及文学创作特征来进行论述。在与李健吾同时代的中国作家中（比如巴金、沈从文、茅盾等），巴尔扎克、左拉和福楼拜同他们的关联最多，或者说最为相通或最具可比性。而对于李健吾本人，福楼拜是其中的重中之重。可见，从李健吾的文学评论中，读者不仅可以读到他对所评作家作品的解读，也能了解法国文学史上最具代表性的作家、作品乃至流派的创作理念和特征。

第四，李健吾文学评论的方式与理念在很大程度上受到法国文学的影响。在本章第一节中，我们对李健吾的艺术追求展开分析，认为他将文学评论等均视作艺术，而成就艺术的方式就在于"客观"与"科学"。在文学评论中，李健吾努力摆脱个人的好恶，希冀实现对作品公正客观的评价，因为"一个批评家……是一个科学的分析者"，"他不应当用他自己来解释，因为自己不是最可靠的尺度；最可靠的尺度，在比照人类以往所有的杰作，用作者来解

---

① 李健吾：《爱情的三部曲》，《咀华集 咀华二集》，人民文学出版社，2007，第198页。
② 同上。
③ 同上书，第9页。
④ 同上书，第169页。

释他的出产"①;文学评论也是一种艺术:"批判不是别的,也只是一种独立的艺术",所以"全注重表现,全用力寻找表现的技巧"②。这种"科学"与"艺术"的理念与福楼拜同出一辙。因而李健吾的文学评论不唯是对文学作品的品评,也是汉语中水平极高的散文,是汉语美的展现,也体现出李健吾在创作中对"美"的追求和实现"美"的能力。此外,从文学评论的类型来看,有学者认为李健吾的文学批评受到西方,尤其是法国印象主义文学批评的影响,属于印象批评:"以沈从文、朱光潜、李健吾、梁宗岱、李长之为代表的京派文学批评,就是一个以印象批评为主要特征的批评流派,在读者中、文坛上引起了广泛影响。在这一流派中,李健吾是格外引人注目的一位。"③李健吾"自觉地把印象主义作为一种批评理论与方法来认真探求,有意识建设一种印象主义的批评系统"④。可见,无论是李健吾品评文学作品的方式还是他书写文学评论的方式或理念,都与法国文学的各个方面有着紧密的关联。因此有研究者对此总结道:"没有法国文学的陶冶,没有自然主义文学、文论的熏陶和给养,没有福楼拜文艺思想和作品的潜移默化的影响,就没有李健吾那玲珑璀璨的文学批评华章。"⑤

李健吾的文学评论与法国文学有着千丝万缕的联系,这当然与他的法国文学译介活动密不可分。可以说,法国文学对李健吾文学评论的内容与形式都产生重大影响,而他也在文学评论中介绍了法国文学的诸多方面。这种创

---

① 李健吾:《爱情的三部曲》,《咀华集 咀华二集》,人民文学出版社,2007,第41页。

② 同上书,第31—32页。

③ 段崇轩:《为中国现代小说"培根育魂"——论李健吾的小说创作》,《现代文学研究》2022年第4期。

④ 温儒敏:《中国现代文学批评史》,北京大学出版社,1993,第126页。

⑤ 范水平:《李健吾与福楼拜和自然主义》,《现代中国文化与文学》2012年第1期。

作与译介的密切关联不仅仅体现在李健吾的文学评论中，也渗透于他的戏剧创作和其他类型的文学创作中。

二、李健吾戏剧作品中的法国文学

在成为文学评论家、法国文学研究者和翻译家之前，少年时代的李健吾就开始从事戏剧活动。他写戏、演戏，最终成为我国著名的戏剧家。但他又与很多戏剧家不同，因为他既写作戏剧、表演戏剧，又研究、翻译并讲授外国戏剧（主要是法国戏剧）。李健吾的戏剧活动始于20世纪20年代，也就是他的青少年时代，彼时的他尚未接触到法国文学，其戏剧创作也主要基于自身的苦难经历，以悲剧为主。30年代赴法留学之后，李健吾转向喜剧创作，主要作品有《这不过是青春》《以身作则》《新学究》《一个没有登记的同志》《青春》等。"两年的留学生活使他成了莫里哀的一个崇拜者，并在此后的戏剧生涯中，将大量的精力倾注于莫里哀喜剧的翻译和研究。流溢着欢乐，闪烁着智慧，具有明丽、峭拔、辛辣的讽刺风格的法国喜剧文学对李健吾产生了深远的影响。"[①] 李健吾研究、翻译法国文学、莫里哀喜剧，后者对他产生了深深的影响，他的喜剧创作中自然也有了包括莫氏喜剧在内的法国文学的影子。反视之，学习与借鉴的过程和结果，也是他译介法国文学的另一种方式。

鉴于李健吾在中国戏剧界的重要地位以及他与法国文学的关系，多位从事戏剧研究、现当代文学研究以及比较文学研究的学者都曾对李健吾的戏剧创作以及其戏剧作品、理念等与法国文学，尤其法国喜剧大师莫里哀等的关系做出过研究。张健曾于中央戏剧学院学报《戏剧》发表题为《李健吾喜剧论》的长文（分为上、下两部分，共计近30页），对李健吾的喜剧观，他戏

[①] 胡德才：《论李健吾的喜剧创作》，《三峡大学学报（人文社会科学版）》2001年第6期。

剧创作的理念、特征、方法等进行了深入的分析与研究。在对李健吾戏剧观的分析中，张健多次引用李健吾《福楼拜评传》中对艺术持有的观点，因为他认为"法国文学的濡染使他的人文主义意识由'情绪'上升到理性自觉的阶段"①，李健吾对艺术（这里多指喜剧——笔者注）的敬重与对"自我的克制"与福楼拜如出一辙："'我知道什么？'这既是福楼拜最宠爱的一句格言，同时也是李健吾心中的箴言。他希望艺术家们能够'具有丰盈的自觉，体会一己的狭隘，希冀远大的造诣'。"②所以，李健吾同福楼拜一样，在自己的戏剧作品中，也不会过多地展现自我，而是去追求客观创作，或者说在喜剧作品中做到"克己"与"无我"。在创作方式上，张健认为，20世纪法国作家普鲁斯特"在心理分析的成功显然对李健吾产生了巨大的吸引力"③。因为在李健吾的多部喜剧作品中，都植入了作者对过往的诸多回忆，比如"作家在《这不过是春天》中植入自己对于初恋的记忆；在《新学究》中植入自己在清华生活的记忆；在《以身作则》《十三年》和《青春》中植入自己对于童年和少年时代的记忆"④。李健吾的喜剧主要被认为是性格喜剧，运用了新的刻画性格的方法，但很多作品在情节上都同法国喜剧有相通之处："《以身作则》之于《一个兵和他的老婆》、博马舍的《塞维勒的理发师》、莫里哀的《太太学堂》，《新学究》之于莫里哀的《太太学堂》与《丈夫学堂》，在基本情节上亦有某些相似之处"，"《青春》，更明显地带有博马舍《费加罗的婚姻》的影象"。⑤这种相通并不代表李健吾的作品不具有独创性，而是在于作家借鉴了法国戏剧中的情节，却又将其打碎重组，得到拥有自己特征的喜剧，但

---

① 张健：《李健吾喜剧论（上）》，《戏剧（中央戏剧学院学报）》2002年第1期。
② 同上。
③ 张健：《李健吾喜剧论（下）》，《戏剧（中央戏剧学院学报）》2002年第2期。
④ 同上。
⑤ 同上。

也是间接地借鉴，甚至是介绍了法国的戏剧。徐欢颜在《莫里哀与李健吾的现代喜剧创作》一文中，专门对"李健吾对莫里哀喜剧的模仿与借鉴"展开讨论，同样认为李健吾的多部作品在基本情节上与莫氏喜剧"有明显的相似之处"（比如"《以身作则》和《新学究》与莫里哀的《丈夫学堂》《太太学堂》"）①；李健吾的喜剧作品也借鉴了莫里哀喜剧的"三一律"形式；等等。胡德才甚至将李健吾称为"莫里哀的中国学生"②，并从李健吾的剧作"大体遵守'三一律'的创作原则、喜剧中蕴含着深刻的悲剧性因素、注重人物性格刻画和世态描写"等三个主要方面展开论证。但李健吾的作品远非对莫氏喜剧的简单模仿，而是"立足于本民族的生活土壤之中"③，生动地书写中国人的喜怒哀乐："将现代中国的一切放在舶来的造型中，将莫里哀喜剧的形式和精神借用到自己的喜剧创作中，传达中国社会现实中的人性和人类共通的情感"④。此外，也有多篇研究李健吾戏剧的硕博士论文中论及李健吾作品与法国文学、与莫里哀喜剧的关联，但同时肯定了李健吾剧作的独创性与民族特征，比如姜洪伟的博士论文《李健吾剧作论》（后出版专著《李健吾戏剧艺术论》，光明日报出版社，2008年）、姜丽的硕士论文《论李健吾的戏剧创作》、王华青的硕士论文《李健吾戏剧创作与法国文学》、张志青的硕士论文《李健吾戏剧与法国文学——以福楼拜、莫里哀为例》等。李健吾在自身的戏剧创作中"译介"了莫里哀与其他法国剧作家戏剧的"外壳"，突出与其类似的戏剧性与对人性的刻画，更将中国人的故事与情感深深刻入其中，形

---

① 徐欢颜：《莫里哀与李健吾的现代喜剧创作》，《海南师范大学学报（社会科学版）》2012年第5期。

② 胡德才：《论李健吾与莫里哀喜剧的精神联系》，《中国比较文学》2013年第3期。

③ 同上。

④ 徐欢颜：《莫里哀与李健吾的现代喜剧创作》，《海南师范大学学报（社会科学版）》2012年第5期。

成自己鲜明的特征。

  此外，在第一章中我们提到，鉴于上海沦陷时期的特殊情势，李健吾也改编过多部外国戏剧，其中有多部法国戏剧。改编戏剧与直接翻译外国戏剧以及原创戏剧都有差别，但与二者又都有联系，它"带有译介、移植的性质"，"除了文字语言的'中国化'之外，一般又将原作的人物、人名、地名、背景也'中国化'，甚至对情节也做不同程度的重新编排"①。当然，也有研究者将改编剧称为"改译剧"，这就同"翻译"或"译介"有了更直观的联系。但无论如何称呼，其中的创作因素都必不可少，更何况改编剧只选取原作的基本构思，其他方面均做出改动。这就要求改编者既对原作有精妙的把握，又要对戏剧创作十分内行。我们认为，这也是一种译介外国文学的特殊方式。许国荣、张洁在《李健吾文集·戏剧卷4》的编后语中写道："健吾先生的改编本，都是作了彻底的中国化的。人物是中国人，背景是中国的背景，台词是中国的台词。实际上他只取原作的基本构思，无论故事情节、时代背景，更不用说台词，都做了改动，有的竟是面目全非。读他的改编剧一如读他的创作本，没有牵强附会或者隔靴搔痒的感觉。"②在李健吾十几部改编剧中，"成就和影响在改编剧本中具有代表性"的，是改自法国剧作家萨尔度剧作《托斯卡》的《金小玉》。我国著名电影理论家、剧作家柯灵对此评论道："布局的严谨，构思的瑰丽奇伟，可以由此看出萨尔度舞台技巧的特色。改编者的功绩不但在于把它浑成自然地中国化了，还在于使这样一个传奇式的女伶故事，巧妙地融合在北伐战争的革命浪潮里面，特别具有现实意义……"③可见，李健吾的改编剧中既有法国戏剧原本的成分，更有当时我国本土的情

---

  ① 陈青生：《沦陷时期上海的话剧创作》，《上海戏剧》1995年第2期。
  ② 许国荣、张洁：《〈李健吾文集（戏剧卷4）编后语〉》，李维永编《李健吾文集》（戏剧卷4），北岳文艺出版社，2016，第531页。
  ③ 同上。

势与人文，彰显了改编者在特殊社会历史环境下的家国情怀。

在李健吾的法国文学研究与翻译中，戏剧研究与翻译占据十分重要的位置，是他法国文学研究专家与翻译家代表性成果的重要组成部分。法国戏剧中值得借鉴的各种因素也为李健吾的戏剧创作提供了丰富的养分，他积极将之运用到自身的创作（包括对法国戏剧的改编剧）当中，为中国读者与观众呈现出优秀的戏剧作品，令读者（或者观者）了解到彼时中国的社会状况与人文情势，同时也在推动中国戏剧的发展。反视之，他在作品中对法国戏剧创作模式的借鉴、对故事情节的借用等也令中国读者与观众间接地了解了法国戏剧的诸多特征，是他戏剧生涯或法国文学译介活动中"研究—翻译—讲授—创作"完美循环中不可或缺的组成部分。

三、李健吾其他原创作品与法国文学

李健吾以其不世之才华与勤奋之精神，建构起多模块的艺术世界。同时，这些模块之间也互相影响，有着千丝万缕的联系。李健吾的作品除了前文中论及的研究性著作、译作、文学评论、戏剧作品等之外，也包括数量颇丰的小说、散文、诗歌等原创作品。这些不同类型的作品在当代中国文学史上均占有一席之地，成为我国新文学进程中不可或缺的一部分，对我国现当代文学的演进起到了重要的推动作用。而同样鉴于李健吾法国文学研究专家、翻译家、作家的多重身份，其小说、散文、诗歌等的创作也受到法国文学的影响，我们可以从中寻得法国文学的诸多痕迹。

李健吾的小说创作主要集中在20世纪二三十年代。在第一章中我们提到，早在进入清华大学学习之前，李健吾就开始进行小说创作，短篇小说《终条山的传说》（1924）甚至得到鲁迅的盛赞，彰显出其创作才华。在此后的十几年间，李健吾发表过短篇小说《萤火虫》（1924）、《一位妇人的爱情》（1924）、《死的影子》（1926）、《在黑暗里，没有分别的》（1926）、《一位妇人的堕落》（1926）、《影》（1927）、《陷阱》（1928）、《机关车》（1928）、《末一个女人》（1930）、《坛子》（1931）、《望生的私情》（1935）等，中篇小说《西山之云》（1928）、《一个兵和他的老婆》（1928）等，以及长篇小说《心病》（1931）。可见，李健吾的小说作品涉及短、中、长篇，数量也颇为丰富。由于创作的年份均在五四新文学运动之后，肯定会受到当时文学创作特征的影响，也即使用白话文，侧重作品对社会、人民现实生活的反映，抵制旧制度、旧思想等，有的作品也借鉴了中国古典小说的创作形式，比如在《一个兵和他的老婆》中李健吾就使用了章回体的形式。除了上述特征之外，由于李健吾在清华大学的专业是外语，在二三十年代就接触到了西方文学，他的小说中也呈现出西方甚或法国现代文学的诸多特征，比如象征手法的运用、意识流创作方式的使用、对语言艺术的追求以及作品形式架构等。韩石山在《李健吾传》中认为："在同时期的青年作家中，李健吾可说最早的，有意识地学习运用弗洛伊德的精神分析学说来刻画人物的。"[①] 他的短篇小说《望生的私情》《影》以及长篇小说《心病》等就运用了意识流的创作手法，《心病》甚至被认为是"新文学史上第一部用意识流手法完成的长篇作品"[②]。所以有研究者认为："李健吾的小说在语言上受到法国启蒙理性的影响，欧化和说理性语言比较多……传统艺术方式与西方艺术方式相融合。"[③]

长达十一卷的《李健吾文集》收录了李健吾各个模块的原创作品，却没有将他写作的诗歌纳入其中，不失为一种遗憾。李健吾的诗作虽不及其文学评论或其他作品那么突出和备受瞩目，却也在新文学的发展中具有开拓性的意义。李健吾十分重视诗歌的作用。关于诗歌，李健吾曾写道："人性是铁，

---

① 韩石山：《李健吾传》，人民文学出版社，2017，第57页。
② 同上书，第112页。
③ 段修娜：《向人性深广处探寻——李健吾小说创作的现代性》，曲阜师范大学硕士学位论文，2015，第32页。

诗是钢。它是力量的力量。好像一把菜刀，我全身是铁，就欠一星星钢，一点点诗，作为我生存的锋颖。我知道自己俗到什么样无比的程度。人家拿诗做装饰品。我用它修补我的生命。"① 李健吾评诗、译诗，也写诗。他的诗歌作品接近二十首，创作时间也集中在 20 世纪二三十年代，留法归国之后的作品主要有《暮春》(1936)、《对话》(1938)、《消息》(1938)、《故乡》(1938)等。李健吾的诗歌有对现实生活的描摹，比如《献给可爱的妈妈们》《囚犯》等；有对遭受苦难的中国人民家国情怀的歌咏，比如《这不过是春天》《故乡》等。李健吾的诗歌借鉴了包括法国诗歌在内的新的诗歌创作形式，运用了新的技巧、手法，他"将西方诗歌中一些引领性和开拓性的因素引入新诗，促动新诗的发展，有一定的启示意义"②。除了小说和诗歌，李健吾也创作过很多散文。其中最具代表性的当是他于留法期间写成的《意大利游简》《希伯先生》《切梦刀》以及新中国成立以后创作并被收入中学语文教材的《雨中登泰山》等。虽然无法从李健吾的散文作品中看到明显的法国文学的踪迹，但他在散文中体现出的对文字美的追求以及"卓绝的文字功力"③，同前文提及的他的译作以及文学评论、研究性著作等一样，很难说没有受到福楼拜关于艺术、文字相关理念的影响。法国作家纪德认为"形式是艺术作品之所以为艺术作品的理由"，李健吾亦认为"形式和内容不可离析，犹如皮与肉之不可揭开"。④ 李健吾在各类作品中对形式和语言表现之美的追求可见一斑，他也因此对中国语言文字的发展和表现做出了重要贡献。

---

① 李健吾：《序华铃诗》，李维永编《李健吾文集》（文论卷1），北岳文艺出版社，2016，第322页。

② 侯苗苗：《论李健吾对新文学建设的思考与构想》，山西大学硕士学位论文，2017，第13页。

③ 司马长风：《中国新文学史》（中卷），香港：昭明出版社，1983，第135页。

④ 李健吾：《九十九度中——林徽因女士作》，《咀华集 咀华二集》，人民文学出版社，2007，第50页。

在李健吾的原创作品里，其创作理念、手法，对作品的架构以及形式等，多多少少都会受到法国文学的影响，这种影响使法国文学在其创作中有了直接或间接的呈现。比如他对语言美的追求、努力与成效，既是李健吾自身心性所求，也受到法国作家福楼拜、纪德等人的熏染。当然，从对李健吾作品的品读中，我们不仅仅会发现法国文学的方方面面，其他西方文学的一些特征和表达方式也有所呈现。比如李健吾文学评论中对莎士比亚、歌德乃至古罗马演说家、哲人西塞罗等人观点的引用、评介，戏剧作品中对莎士比亚戏剧的改编，小说作品所受弗洛伊德精神分析以及美国作家爱伦坡等的影响，等等。李健吾的创作才能里融合了中外作家、思想家的理念，又形成了自己的特征和成果，既是我国现当代译介史、文学史中的重要成就，也借此从多个方面为中国读者介绍了法国以及西方的文学、艺术和思想。而上述种种，皆有助于他对法国文学的翻译。

第三节　李健吾创作能力与翻译能力的互鉴

　　李健吾自幼钟情于创作，在中学时代就蜚声于北京文坛，进入大学后改为学习外国语言，进而接触到外国文学。从翻译的视角看，作为译者，李健吾在拥有高超的译入语创作能力的前提下学习外语、接触外国文学作品，并逐步开始进行翻译工作。与此同时，他的创作活动也从未终止，其小说、戏剧、散文乃至诗歌都是中文原创作品的典范，因为李健吾热爱艺术并注重艺术的表现力，力争以真与美的文字去展现艺术的魅力，其创作能力得到不断的提升。作为译者，李健吾所拥有的译入语写作能力，是成就优秀译文的重要且不可或缺的前提。在学习法语尤其是留学法国之后，李健吾的文学创作内容与写作方式都受到西方文学的影响，从中吸收了彼时西方（尤其是法国）

先进的文学因子。同时，他对法国文学的研究、评论、学习等，既成为充实他文学创作能力的重要因素，也为他深入译介法国文学提供了独具优势的保障。本节将对作家李健吾与翻译家李健吾"各自"拥有的能力，即创作能力与翻译能力之间的关系进行分析研究，以对作家型翻译家李健吾的身份特征进行较为深入的挖掘和理解。

何为创作能力？创作能力这一表达在日常生活与工作学习中较为常见，在文学文字领域，一般指以某种语言文字进行写作的能力，这里尤其指李健吾以中文进行原创作品写作的能力。从前文的论述可见，李健吾拥有卓越的中文文字功底，他的文学创作之路几乎同新文化运动的影响同时展开。李健吾凭借他创作的多种类型的作品，不仅为推动白话文和现代汉语的发展贡献了力量，其作品成为以之写作的典范，同时为彼时的文学环境与读者提供了类型多样的文学作品。比如，李健吾的小说创作被视作"踏出中国式的现代小说之路"[1]；其喜剧创作中"喜剧作品风格独具，是中国现代幽默喜剧的重要成果"[2]；他的文学评论更是"批评的文体革命"的一部分，因为李健吾"善于运用散文体、比喻、联想的方式，把作品的特点和风格做一个轮廓的勾勒，虽然少见概念术语，仍能快速捕捉其中的文艺气息，给人以直观整体的审美感受"[3]；他的诗歌作品虽不比上述作品更具光芒，但"李健吾的一生是热爱诗歌的一生，诗歌滋养了批评家的浪漫气质，增加了他的人生体验"[4]。诚然，李健吾卓然的文学家、艺术家气质与能力造就了他的多模块文学天地，而这诸多原创作品的文字之美与艺术之精又是相互滋养、相互促进的。那么，作为

---

[1] 段崇轩：《为中国现代小说"培根育魂"——论李健吾的小说创作》，《现代文学研究》2022年第4期。

[2] 张健：《李健吾喜剧论（上）》，《戏剧（中央戏剧学院学报）》2002年第1期。

[3] 李晶：《李健吾的批评精神与批评实践论析》，《中国文艺评论》2022年第12期。

[4] 张新赞：《在艺术化与现实化之间——李健吾的文学批评》，知识产权出版社，2014，第75页。

文学翻译的主体，其译作之美也必定与创作之灵密切相关。

西班牙巴塞罗那自治大学的PACTE小组曾对译者的翻译能力做出研究，认为"翻译能力模式包括五项次能力：双语能力、语言外能力（文化、百科、主题知识等）、翻译知识能力（对翻译原则的了解以及对翻译行业的熟悉程度）、工具能力（查询词典、语料库、寻求专家意见等能力）、策略能力"①。这一研究结果得到较为广泛的认可。作为知名的文学翻译家，李健吾的后三项能力自然不言而喻。至于前两项，一方面，李健吾对所译作品有深入的研究，是著名的法国文学研究专家，又拥有卓越的译入语文学创作能力，具备不俗的中法双语能力，可以将法国文学作品既真且美地转译到中文。此处我们暂以李译《包法利夫人》中一处景色描写的译文为例：

女主人公爱玛"奔赴"鲁昂城与情人幽会，在临近城市之际，她眼中的繁华都市尽现眼前：

> 城像圆形剧场，一步比一步低，雾气笼罩，直到过了桥，才乱纷纷展开。再过去又是旷野，形象单调，越远越高，最后碰上灰天的模糊的基线。全部风景，这样从高望去，平平静静，像煞一幅画。停锚的船只，堆在一个角落；河顺着绿岭弯来弯去；长方形的岛屿，如同几条大黑鱼，停在水面，一动不动。工厂的烟筒冒出大团棕色的烟，随风飘散。教堂的尖顶突破浓雾，清越的钟声有冶铸厂的轰隆轰隆的响声伴奏。马路的枯树，站在房屋中间，好像成堆的紫色荆棘一样。雨洗过的屋顶，由于市区有高有低，光色参差不齐。有时候，吹来一阵劲风，浮云飘向圣·卡特琳岭，仿佛空气凝成波涛，冲击岸边绝崖，先是气势汹汹，转瞬就又销声匿迹了。②

---

① 杨志红、王克非：《翻译能力及其研究》，《外语教学》2010年第6期。
② ［法］福楼拜：《包法利夫人》，李健吾译，人民文学出版社，1984，第269页。

从译文的行文风格看，李健吾惯用四字结构，因而译文断句较多，节奏流畅又不失铿锵。对照原文，其文字风格也与原文颇为统一，景色有动有静、光影结合，俨然一幅立体的图画，译者"作家的才情"[①]尽释于译文之中。

又如袁筱一在《文学翻译的真谛》一文中引证的李健吾对于爱玛进入昂代维利耶侯爵家餐厅的一段译文：

> 爱玛一进去，就感到四周一股热气，兼有花香、肉香、口蘑味道和漂亮桌布气味的热气。烛焰映在银罩上，比原来显得长了；雕花的水晶，蒙了一层水汽，反射出微弱的光线；桌上一丛一丛花，排成一条直线；饭巾摆在宽边盘子里，叠成主教帽样式，每个折缝放着小小一块椭圆面包。龙虾的红爪伸出盘子；大水果一层又一层，压着敞口筐子的青苔；鹌鹑热气腾腾，连毛烧。[②]

文章作者评论道："因为是译者，健吾老师并不夸张，但是福楼拜在视觉——例如颜色和形状——或嗅觉——例如混杂了食物和奢侈生活方式的'热气'——的用心，健吾老师却一点不漏地用中文逻辑为我们'顺'出来了，而且妙就妙在，与福楼拜在原文中的逻辑一点也不违和。"[③]李健吾对福楼拜及其作品有深刻的体悟，本身又具备与之不相上下的"作家才情"，因而可以"用中文逻辑""顺出"与原文的场景与意义，得到妙译。

精妙的译文需要译者对原作与原作者等有深刻的体悟，这种体悟会让译者的文学研究更加精进深入，更好地学习到彼时先进的文学创作手法，进而提升自身的文学研究与文学创作能力。另一方面，对于李健吾来说，语言外能力多指他对所译作家作品的熟稔程度，他对原作与原作者深入的把握可以

[①] ［法］福楼拜：《包法利夫人》，周克希译，上海译文出版社，2011，序第6页。
[②] 同上书，第84页。
[③] 袁筱一：《文学翻译的真谛》，《光明日报》2020年7月18日，第9版。

便其译作更好地反映原作,而李健吾所拥有的深入研究法国文学作品与翻译法国文学作品的能力,也会使他对相关作家作品的体悟更为深入细致,对其引用、学习也就会更加得心应手、确凿合理,其原创作品中也才会有对法国文学诸多因素的学习、利用、比较与讨论等。这既丰富了本土文学创作的内容、方式等,也进一步提升了作者本身的创作能力。而这一切的受益者,便是阅读其原创作品与译作的广大读者。

第四章　译事关天下，译艺须求真：
"多栖型"翻译家李健吾的翻译思想研究

作为我国著名的译、著等身的法国文学翻译家与研究专家，李健吾对福楼拜、莫里哀等的翻译与研究已成经典，为我国的外国文学翻译做出重要贡献，是"翻译界的一个大师级人物"[①]。2019年12月，十四卷《李健吾译文集》的出版是对李健吾先生翻译成就的极大肯定，"在国内翻译界、文学研究界和出版界都有填补空白和里程碑式的重要意义"[②]。在此之前，学界对李健吾所作文学评论、戏剧等的研究已较为深入和全面，但对其译介活动特征以及翻译思想等的研究却并不多见。李健吾拥有宽阔的文学、文化视野与求真、务实的学者精神，他既是翻译家，也是大部分翻译对象的研究专家，对翻译对象的选择也从不盲目。在从事大量翻译实践的同时，李健吾也从不同角度书写翻译经验，发表对译事的见解，其中既对有较为宏观的方面比如对翻译功能的论述，也有对如何做出好翻译的具体而微的讨论。本章中，我们将从李健吾的法国文学翻译与研究活动入手，对其特征做出分析与总结，并结合他对译事的论述，探析其翻译观念，同时对其法国文学研究与翻译之间的因果式关联做出解析。这是李健吾研究和翻译家研究的有益组成部分，也可以给当前的翻译实践、翻译研究以及译介研究等带来一些启示。

---

① 柳鸣九：《仁者李健吾》，《李健吾译文集Ⅰ》，译文出版社，2019，第1页。
② 袁筱一：《文学翻译的真谛》，《光明日报》2020年7月18日，第9版。

第一节　李健吾法国文学翻译活动的特征

大学学习期间，李健吾便开始从事一些翻译实践，并在之后的几十年里持续进行翻译活动，为读者呈现出多部优秀的翻译作品。译者的翻译活动是其翻译思想在实践中的具体呈现，因而对李健吾翻译思想的探析离不开对他翻译活动特征的讨论。李健吾的翻译活动具备以下三个主要特征。

一、"按需"翻译

李健吾是福楼拜研究专家与翻译家，他的文学艺术思想在很大程度上受到福楼拜的影响，甚至被视作"'艺术'的崇拜者"[①]。但艺术和现实从来都不可分割，李健吾也绝不会将自己置身于现实之外，尤其在对外国文学的译介活动中，译介者多会从译入语环境的"现实"出发，将其历史境遇、文学文化需求等纳入考虑的范畴。在赴法留学之前，李健吾就选择福楼拜作为自己在法国的研究对象，福楼拜也随之成为他最主要的翻译对象之一，他陆续翻译了福楼拜几乎所有的作品。这种选择一方面出自李健吾对福楼拜及其作品的喜爱和认同，但同时也取决于当时中国的社会状况。20世纪二三十年代的中国内忧外患，拥有先进理念的新文化先驱们意识到引进国外先进文学的重要性。西方现实主义文学成为当时外国文学译介的重中之重，很多相关的作家及作品被引入中国，法国的巴尔扎克、福楼拜、罗曼·罗兰等成为其中的重点。李健吾就曾对自己选择福楼拜解释道："我觉得中国需要现实主义，便

[①] 张新赞：《在艺术化与现实化之间——李健吾的文学批评》，知识产权出版社，2014，第46页。

在巴黎以福楼拜为主要研究对象，展开学习活动。"①在译介福楼拜的同时，李健吾也翻译了司汤达的一些短篇小说，并持续关注与研究巴尔扎克，翻译了巴氏的诸多文论。可以说，在法国文学译介中，李健吾"用力最勤的是法国19世纪现实主义文学"②，这与译入语环境的需求密不可分。

李健吾也是17世纪法国喜剧天才莫里哀及其作品的翻译家和研究专家。他对莫里哀的译介始于20世纪30年代。改革开放之初，湖南人民出版社出版《莫里哀喜剧全集》（共四册），囊括了李健吾多年来陆续译出的27部莫氏喜剧，成为我国最全的莫里哀译作集。至于选择莫里哀的原因，则在于莫里哀是"法兰西的国宝""人类在戏剧方面最高的造诣"③，也在于"莫里哀的喜剧原则是一个现实主义者的创作原则"④。所以，一方面，李健吾长期从事戏剧的创作、表演等工作，他热爱戏剧，又十分了解中国戏剧发展的状况，需要多方汲取养分，而作为蜚声世界的喜剧大师，莫里哀作品恰好可以满足需求，为中国戏剧发展提供参考和帮助；另一方面，正如在第四章中所论，新中国成立之后，在新的社会、文化背景下，莫里哀喜剧在很大程度上可以满足接受环境对现实主义作品的需求："莫里哀的战斗精神，诙谐的手法，描写阶级矛盾题材的创作实践，都是值得我们中国现代人很好学习的。"⑤此外，李健吾也翻译过罗曼·罗兰的戏剧《爱与死的搏斗》、雨果的诗剧《宝剑》等。

---

① 李健吾：《李健吾自传》，《山西师院学报（社会科学版）》1981年第4期。
② 郭宏安：《李健吾与法国文学研究》，《中华读书报》2016年9月21日，第13版。
③ 李健吾：《〈莫里哀戏剧集〉序》，李维永编《李健吾文集》（文论卷3），北岳文艺出版社，2016，第135页。
④ 李健吾：《莫里哀的喜剧》，李维永编《李健吾文集》（文论卷3），北岳文艺出版社，2016，第264页。
⑤ ［法］莫里哀：《莫里哀喜剧全集》（第4卷），李健吾译，湖南文艺出版社，1993，第495页。

《爱与死的搏斗》译于20世纪40年代上海沦陷期间,李健吾原作将标题中的"jeu"一词译为"有点偏离题目的'搏斗'"①,原因就在于:"生在现时,处在此地的我们,迫切地需要这种精神的启示。"②也是在这一时期,李健吾也改编了多部法国作家的戏剧。他改编自萨尔度(V.Sardou)《托斯卡》的《金小玉》被搬上舞台,一经演出,便引起轰动,更加激发起民众的抗日激情,李健吾也因此被日本宪兵逮捕。

李健吾在翻译与研究法国文学作品方面贡献巨大,但他的翻译实践并不仅限于法汉翻译,也从英文翻译了英、俄等国家的很多作品。学生时期的李健吾就开始翻译一些英文童话、诗歌和论述性文章,比如英国诗人彭斯(R.Burns)、安诺德(Mathew Arnold)的作品以及与老师朱自清合译的英国著名批评家布拉德雷(A.C.Bradley)的《为诗而诗》等。译文多发表在《京报》《清华文艺》等报纸或期刊中,有的报刊对他的译作有连续发表,体现出这位青年译者不俗的翻译与"写作"能力。李健吾另一部分源自英文的译作完成于新中国成立前后:出于戏剧教学的需要,他从英文转译了《高尔基戏剧集》《托尔斯泰戏剧集》《契诃夫独幕剧集》《屠格涅夫戏剧集》、希腊歌剧《普罗米修斯被绑》等。

从上文可见,自青年时代起,在大半生的时间里,李健吾的翻译活动都同祖国的社会、文化等的发展有着不可分割的联系:在不同的历史阶段,无论是选择原作,还是选择关键字词的译法,译作读者与接受环境的需求都是李健吾重要的考量因素,体现出一位翻译家的自觉意识和家国情怀。

---

① 李健吾:《〈爱与死的搏斗〉在"孤岛"时期的正式演出》,《山西师院学报》1981年第4期。

② 李健吾:《我为什么要重译〈爱与死的搏斗〉》,李维永编《李健吾文集》(散文卷),北岳文艺出版社,2016,第102页。

二、翻译、研究、创作深层互动

李健吾是学界公认的研究家型翻译家。他研究与翻译的主要对象为19世纪法国现实主义文学和莫里哀喜剧。前者中，李健吾对福楼拜作品的研究与翻译最具代表性，是我国首屈一指的福楼拜专家。李健吾福楼拜研究的最杰出成果当属1935年商务印书馆出版的《福楼拜评传》。一方面，该著对福楼拜的艺术思想、主要作品等进行了深入的研究，观点客观，论述精辟，论者以详尽、全面的事实、资料为基础，绝不空谈，行文中也力争客观，避免抒发个人的好恶和体验；另一方面，该部著作文采飞扬、用词精妙，既拥有研究性作品的严谨细密，又具备文学作品的艺术性，体现出研究者不俗的研究与创作能力，这使《福楼拜评传》不仅成为外国文学研究领域的"扛鼎之作"[1]和"中国对于福楼拜最好的研究"[2]，更是"一本有艺术感染力的创造性著作"[3]。李健吾体现于学术著作中的斐然文采与他的另一个重要身份——作家密切相关。正是因为他的汉语创作能力，不仅仅是学术作品，他的文学评论也"都是精致的美文"[4]。以翻译为视角，可以看到，译者李健吾实现了对原作的深入研究，其成果既是严谨科学的学术著作，又是文学性极高的艺术作品。这使他在更高层面上满足了翻译对译者的要求：以科学的态度研究原作，成为原作及其作者的研究专家，同时具备高超的译入语创作能力。所以，在翻译实践中，译者李健吾成就出多部历时七十余载仍为人称道的优秀翻译文学作品（比如《包法利夫人》《情感教育》等）。

---

[1] 韩石山：《李健吾传》，人民文学出版社，2017，第156页。

[2] 袁筱一：《文学翻译的真谛》，《光明日报》2020年7月18日，第9版。

[3] 郭宏安：《李健吾与法国文学研究》，《中华读书报》2016年9月21日，第13版。

[4] 司马长风：《中国新文学史》（中卷），香港：昭明出版社，1983，第251页。

戏剧译介方面，李健吾是"中国最负盛名的莫里哀喜剧研究者"[①]和"莫里哀喜剧的著名翻译家"[②]。他曾撰写过《莫里哀的喜剧》《法国大喜剧家莫里哀》《关于莫里哀的三个喜剧作品》《莫里哀的喜剧艺术》《〈莫里哀喜剧〉序》等研究性作品，成为莫里哀喜剧研究的"权威"[③]。以对莫里哀喜剧的深入研究为基础，李健吾对莫里哀的喜剧艺术、对其喜剧中的人物性格等有精准的把握，他所翻译的莫氏喜剧被认为是"目前我国出版的、最好的莫里哀作品的译本"[④]。此外，李健吾也是我国著名的戏剧家，从事戏剧的创作、表演和教学，他创作的喜剧《这不过是春天》等被视作"中国现代戏剧史上的杰作"[⑤]。李健吾堪称戏剧艺术的全才，这对他的莫里哀喜剧翻译至关重要。袁筱一认为："戏剧的翻译恐怕还是要求译者有舞台的经验，有充沛的创作者的激情，有对词语的敏感，有把握文字游戏和体现游戏文字的能力。这样高的要求，健吾老师不在了，恐怕还真的难有后来者。"[⑥]研究、翻译、创作三位一体，使李健吾对莫里哀喜剧的翻译更加贴切、灵动、传神，更加符合喜剧特征，也更适合演员的舞台表演。李健吾对莫里哀喜剧的研究、翻译以及自身的戏剧创作彼此推动促进，同时给中国戏剧的发展输入了活力。

三、翻译实践中的学者风范与艺术家气质

具体的翻译实践从译者对原作的了解与研究开始。作为翻译活动的主体，

---

① 王德禄：《评李健吾对莫里哀喜剧的研究》，《晋阳学刊》1991年第5期。

② 陈玉刚：《中国翻译文学史稿》，中国对外翻译出版公司，1989，第304页。

③ 魏照风：《怀念李健吾同志》，《上海戏剧》1983年第2期。

④ 陈惇：《新中国莫里哀戏剧研究60年》，《北京大学学报（哲学社会科学版）》2012年第2期。

⑤ 韩石山：《李健吾传》，人民文学出版社，2017，第127页。

⑥ 袁筱一：《文学翻译的真谛》，《光明日报》2020年7月18日，第9版。

译者研究原作的方式与结果往往会影响到他的翻译结果，而他在研究中秉持的理念往往又与其翻译观念相通。李健吾以学者精神研究原作，他的研究以大量的事实与资料为基础，绝不空谈，行文中也尽量做到客观，避免抒发个人的好恶和体验，进而使他的研究成果具备了科学性。同时，李健吾的研究性著作文采飞扬、用词精妙，"语言灵动峭拔、通脱跳踉，笔触细腻非凡，句式整散有致"①，少见晦涩的表达，体现出作品的艺术性和研究者（即译者）的艺术家气质。可以说，李健吾对原作的研究成果既是严谨的学术著作，又是文采斐然的艺术作品，是"吸引力""判断力""科学性"与"艺术性"统一体。同时，如前文所述，李健吾也是著名的作家和文学评论家，而在翻译活动中，译者的译入语写作能力又至关重要。李健吾的汉语创作能力，正可以使他在对译文的处理中更加游刃有余。作为译者，上述特征正是他成就好翻译的重要前提，也在其翻译实践中有充分的展现。

施康强曾指出："李健吾先生以作家的才情译书。"②换言之，李健吾的译作同原作一样，也是极具价值的文学作品。但他在翻译实践中进行的文学再创作并不恣意汪洋，而一定以原文为依据，在原作的框架下客观地再现它的艺术性。对此，李健吾曾在给巴金的信中写道："我应当取消我的个人风格，特别是在译文上。"③笔者曾专门撰文，从"客观"与"艺术"两个角度来讨论李健吾对《包法利夫人》的经典传译：在个人艺术理念与"求'真'求'美'"④的翻译观念的指导下，一方面，李健吾可以"客观"地理解原作，进而会在译文中对原文做出更为客观的阐释；另一方面，他又具备同福楼拜不

---

① 魏东：《李健吾——福楼拜的知音》，《中华读书报》2007年7月4日，第16版。
② [法]福楼拜：《包法利夫人》，周克希译，上海译文出版社，2011，译本序第6页。
③ 李维音编《李健吾书信集》，北岳文艺出版社，2017，第37页。
④ 于辉：《翻译文学经典建构中的译者意向性研究——以李健吾译〈包法利夫人为例〉》，《外语与外语教学》2020年第2期。

相上下的艺术展现能力，可以于译语之中寻得更加生动与贴切的字、词、表达，来展现原文之美。所以李译能够在"'客观'展呈原文"的同时"'艺术'地书写译文"[①]，进而成就出历时七十余载仍为人称道的翻译文学经典之作。

除却对福楼拜和莫里哀的深入译介，李健吾在对其他作家作品的译介中，同样既研究他们的创作理念和作品，也将他们的很多作品译成中文，比如巴尔扎克和司汤达等。无论是因研究而翻译，还是因翻译而研究，其结果都是研究促进翻译，翻译令研究更加深入，而此二者又可以推动李健吾本人的创作，创作能力的提高又进一步推动翻译质量的进步。研究、翻译、创作深层互动、互为促进，李健吾作为上述的活动主体，其学者风范与艺术家气质并不会在某一领域单独呈现，而是深深根植于每一活动领域。因而可以在上述各个方面都取得优秀的成果。同时，基于自身丰富的实践经验，李健吾也对翻译拥有深刻且独到的见解，其中很多理念对于今天的翻译实践和翻译研究仍然有着重要的借鉴意义。

第二节　李健吾翻译观念的四个方面

李健吾的翻译活动于实践中体现出他对翻译的理解和认知，可以反映出他翻译思想的多个方面。除此之外，李健吾也在多篇文章或译序中对文学翻译展开论述，其中既有对翻译文本之外相关因素的讨论，也有对翻译文本之内具体而微的分析，展示出老一辈翻译家的翻译态度与情怀。

---

① 于辉:《翻译文学经典建构中的译者意向性研究——以李健吾译〈包法利夫人〉为例》,《外语与外语教学》2020年第2期。

一、翻译功能观

历史的发展证明，翻译之于一个民族、国家、社会的发展作用巨大，季羡林就曾将中华文化源远流长的原因归功于翻译。许钧在《翻译论》中对翻译的社会价值、文化价值、语言价值、创造价值、历史价值等进行分析，全面论证了翻译对译入语环境中社会、文化、语言等发展的巨大推动力。李健吾对翻译功能的论述，涉及上文中提及的多个方面。在发表于1929年的《中国近十年文艺界的翻译》中，尚在清华大学读书的李健吾便对翻译的功能展开讨论，他指出："翻译于文化演进的助力已经成为一种必有的定型，类似一付新兴奋剂，从沉闷的生活唤醒我们的心灵，使其在新的情调与新的思想中，满足其种种需要，以企于自动的创造。它的直接的影响以及它的反动往往是产生一个新时代的不可忽视的条件。"[①] 短短一段话，点明了翻译对于文化、思想乃至时代发展进步的巨大功用。在这段话之后，他又从翻译史出发，以哲罗姆和路德译《圣经》为例，进一步论证翻译对社会、文化等发展的作用，随后又论及佛经翻译给中国文字、文学、思想等带来的影响，并指出佛经翻译是"我们第一个伟大的翻译时代"[②]，因为佛经的传入使"许多新意义的字和词介绍了进来"，"在思想上、实际上、以及文字与文学的风格上"[③]，带给我们许多新的启示。在另一篇文章中，他又指出，正是因为佛经的译入，方"产生了一部浪漫而富有现实精神的《西游记》"[④]。而对于李健吾所处的时代，

[①] 李健吾：《中国近十年文艺界的翻译》，李维永编《李健吾文集》（散文卷），北岳文艺出版社，2016，第470页。

[②] 同上书，第471页。

[③] 同上书，第470页。

[④] 李健吾：《我走过的翻译道路》，王寿兰编《当代文学翻译百家谈》，北京大学出版社，1989，第92页。

"用通行的白话来翻译……在同时创造我们自己的文学"①。从史到"今"、从西方到中国，李健吾清晰地认识到翻译是译入语环境中文字、文学、文化、社会等发展的强大动力。在进行了近二十年的翻译工作之后，李健吾更加明确地指出："假如中华民族需要成长，需要健强，需要借镜，翻译是今日文化工作者首先的急务。"②

正是基于对翻译功能清晰而深刻的认知，李健吾对自己翻译对象的选择从不盲目。在选择译介的作家、作品时，他不唯考虑自己的兴趣意向，更注重自身翻译活动对祖国社会、文化发展的作用与影响，因而才有了他对福楼拜作品、莫里哀喜剧、罗曼·罗兰戏剧以及巴尔扎克文论等的经典传译。

二、翻译品质观

在翻译实践中，李健吾是多部优秀的翻译文学作品的"创作"者，在他对翻译的论述中，也涉及对翻译品质的讨论，主要体现在以下几个方面。

第一，"好翻译"，要"科学"，更要"艺术"。李健吾认为："翻译过程在最初如若和科学工作相似，终极的目的却是让一部文学作品在另一种语言中仍是文学作品。传达它的内容，还得传达它的个性，使它成为一个永久而普遍的独立存在的条件……"③ 可见，翻译活动须遵循一定的科学的过程，比如首先需要译者"科学""客观"地认知原作，而后进行语言间的转换；在转换的过程中，译作须以原作为依据；等等。所以，翻译工作要"科学"。但从对翻译的要求看，文学作品在经过翻译之后，必须"仍是文学作品"，译作中

---

① 李健吾：《中国近十年文艺界的翻译》，李维永编《李健吾文集》（散文卷），北岳文艺出版社，2016，第471页。

② 李健吾：《拉杂说翻译》，李维永编《李健吾文集》（散文卷），北岳文艺出版社，2016，第481页。

③ 同上书，第480页。

既要有原作的内容,也要有它的风格,应"把原作应有的全部生命用另一种语言再现出来",进而成为独立的存在。但问题在于,原作者"生在风习不同的外国,活在制度不同的过去",原作与译作"创作"背景不同,以一种背景下的文字"写作"另一种背景下的风土人情,实属不易。因而翻译"和创作并不两样"。所以,文学创作如若是艺术,那么"翻译在某一意义上最后同样也是艺术",好的翻译作品应该同原作一样,是优秀的艺术品。①

第二,翻译如"画画",须"传神"。翻译是"艺术",而关于如何做成艺术作品一样的"好翻译",李健吾指出,文学翻译"是一个外国灵魂企图接近另一个外国(往往更为高大)灵魂的工作"②。但鉴于不同语言、文化间的巨大差异,优秀的译作往往在于它"能够比较地切近原作的精神世界"③,因而它"和画画一样,高手传神"④。在其他有关翻译的论述中,他进一步指出:"译者对于原作的责任第一是存真,第二,更进一步是传神。"⑤这是译作忠实于原作的两个方面。李健吾认为,"传神"在戏剧翻译上尤为重要,这种认知与为之付出的努力使他的戏剧翻译尤为动人。在李健吾译莫里哀喜剧《达尔杜弗》(又译《伪君子》)中,有一段女仆道丽娜的台词,李译如下:"一个人既然过着清苦的教门生活,就绝不该口口声声,卖弄他的门第、出身,真心信教,就要谦虚,这种要名要利的心思,先不合适。夸耀有什么用?……不过这话您不爱听,我们就不谈他的贵族身份,谈他本人好了。把她这样一个女孩子,送给他那样一个男人,您难过不难过?难道您就不该想想,两下里配

---

① 李健吾:《翻译笔谈》,罗新璋、陈应年编《翻译论集》,商务印书馆,2009,第617、618、621页。

② 同上书,第618页。

③ 同上。

④ 李健吾:《拉杂说翻译》,李维永编《李健吾文集》(散文卷),北岳文艺出版社,2016,第479页。

⑤ 同上书,第485页。

不配，预计一下后果？"①道丽娜反对奥尔贡将女儿嫁给虚伪的达尔杜弗，说出上面的一段话，其语言表达通俗且较为生活化，符合女仆的身份特征。再看达尔杜弗的一段台词："您是造物主最美的画像，我心里不能不感到热烈的爱。起初我怕这种私情是魔鬼的奇袭，甚至于把您看成我修道的障碍，下定决心回避，可是最后，哦！真是个销魂的美人，我认识到了这种痴情不就那样要不得，安排妥帖，就能适应廉耻，我也就能随心所以，成其好事。我敢于把这颗心奉献给您，我承认，冒昧之至；不过我这方面，道行不高，努力也属徒然，我的愿望能不能实现，全看您的慈悲。您是我的希望、我的幸福、我的清净。我是受苦受难，还是欢悦无量，大权在您。"②前文里，达尔杜弗对女仆说话时义正词严，一副"正人君子"做派；转过头来，在年轻貌美的夫人面前，各种艳丽、谄媚的辞藻瞬间脱口而出。李译生动地表达出说话者的性格特征，将其虚伪卑劣的嘴脸一览无余地展现在读者面前，且语言风格与道丽娜的语言风格差别明显，实现了对原文传神的翻译。傅雷在1951年的《〈高老头〉重译本序》中提道："翻译应像临画一样，所求的不在形似，而在神似。"③李健吾于自身丰富的翻译实践中得到的体会与傅雷颇为一致，且翻译中"传神"二字的提出甚至要早于傅雷的"神似说"。

第三，关于"信达雅"。严复在《天演论》序言中提到的"译事三难"，得到后来许多译者与翻译研究者的重视，甚至成为翻译的标准。直至今日，翻译界对于"信达雅"的讨论依然没有停息。李健吾在讨论"好翻译"的问题时，提出自己对"信达雅"的理解："'信'，对原作而言"，即译作要忠实于原作；"达"，说的是译作，译文要通畅顺达，有可读性。译作能否做到

---

① ［法］莫里哀：《莫里哀喜剧全集》（第2卷），李健吾译，湖南文艺出版社，1993，第203页。

② 同上书，第222—223页。

③ 傅雷：《〈高老头〉重译本序》，罗新璋、陈永年编《翻译论集》，商务印书馆，2009，第623页。

"达","要看译者的运用中国语言和文字的本领",但"信"和"达""虽二犹一"①,因为译作忠于原作与"让人懂"是密不可分的。至于译作是否需要"雅",却"总不能摆脱原作的要求"②:原作"雅",译作也需"雅",反之亦然。当然,译作究竟如何,也需要看译者的翻译目的以及对翻译的理解等。李健吾指出严复之所以提出"雅",是因为其译作有特定的目标读者群体,"雅"是为迎合他们的阅读习惯,而其他译者并不一定需要做到"雅",所以李健吾认为"雅""有些别拗"③。李健吾对"信达雅"的理解,尤其对"雅"的解读,触及翻译的目的以及译者主体性等方面的问题,可以窥见他于丰富的翻译实践经验的基础上,对译事深刻而全面的认识。

三、译者主体观

译者是翻译活动中最活跃、最重要的因素。在李健吾有关翻译的论述中,对译者素质、能力、责任等的论述所占篇幅最大,也最为全面和细致。从中可以看到他充分认识到译者对于翻译结果的影响,并将译者视作翻译活动中最重要的主体。李健吾主要从以下几个方面来讨论翻译对译者的要求。

第一,译者要有"学者的精神"④,"要透彻了解原作"⑤。了解原作是翻译的第一个重要步骤,译者要做到以下几点:既要"像一位学者那样通过字句把应有的问题全部解决",又要"打开原作(一位伟大心灵的伟大反映)的门

---

① 李健吾:《我走过的翻译道路》,王寿兰编《当代文学翻译百家谈》,北京大学出版社,1989,第292页。

② 同上。

③ 同上。

④ 李健吾:《中国近十年文艺界的翻译》,李维永编《李健吾文集》(散文卷),北岳文艺出版社,2016,第471页。

⑤ 同上书,第480页。

窗，把心送到原作每一深奥的角落"①，而且"还得有产生它的环境与它在文学史上地位的知识"②。这就表明，文学翻译中，既要细致地了解原作的内容与风格，又要研究其作者，也要懂得作品产生的背景等，也即译者对与原作相关的各种因素都要相当的熟稔，甚至要成为原作、原作者等的研究者。李健吾本人正是研究家型翻译家的典型代表，他的翻译实践都是以对相关作家作品，比如福楼拜、莫里哀及其作品的深度研究为基础的。

第二，译者要有高超的语言文字修养。这里的语言修养不仅指外语（源语），更多的是指译者的母语，即译入语。李健吾认为，只有外语好，或光凭抱着字典，是无法解决翻译的问题的，译者的母语水平十分重要：译者的"本国语言和文字必须先有湛深的透明的修养"，"要一百二十分地把握得住自己的语言和文字"。他进一步以赵元任、曹禺、巴金等人的翻译为例，指出他们的译作之所以流畅、贴切，原因就在于他们的中文造诣极高。而李健吾本人亦是可与上述三人比肩的作家，更是研究、翻译、创作成果等身的大家。罗新璋在评价李健吾所译《包法利夫人》时说："李译用的是小说语言。"③ 译者高超的译入语文字修养与写作能力，会使译者在"书写"译文时，寻得更好、更贴近原文也更符合译入语表达习惯的字词句，进而更好地反映出原文的"神"。

第三，译者要有责任心与谦虚谨慎的精神。李健吾认为，在翻译过程中，译者首先要有爱，要爱原作、爱原作者、爱读者，要全身心投入到翻译之中。要做到这些，就需要有负责的精神："最好的翻译总是通过译者全身心的存在而凝成果实的。在凝的时候，首先却要结合着爱……客观的需要是一种大的

---

① 李健吾：《翻译笔谈》，罗新璋、陈应年编《翻译论集》，商务印书馆，2009，第618页。

② 李健吾：《中国近十年文艺界的翻译》，李维永编《李健吾文集》（散文卷），北岳文艺出版社，2016，第471页。

③ 周克希：《译边草》，百家出版社，2001，第156页。

鼓舞。但是有良心的译者，把这种需要变成一种内在力量，用心培养，促使自己以一种更高的负责精神来完成任务。"① 也正是在这种精神的感召下，译者才会去透彻地了解原作，不断提高自身的语言水平，并丰富自己的知识，因为"知识面越宽，也就越方便，对自己的工作也就越有利"②。同时，在翻译中，译者也要随时查阅相关书籍，向他人请教，因为"谦虚是好事。……自以为是和成见，是翻译的绊脚石"③。傅雷在谈及自己的翻译时曾说："年岁经验愈增，对原作体会愈深，而传神愈感不足。"④ 李健吾也曾发出同样的感叹："回想往日，年少气盛，提起翻译，多少有些自负，可是年齿加长，越来我越心虚……"⑤ 可见，两位翻译大家的感受颇为一致，他们都对翻译满怀敬畏之情，也都以谦虚谨慎的精神对待翻译。这种感情和精神，正是他们在翻译实践中取得成功的保障。

四、译作读者观

接受美学认为，读者对作品的阅读与接受是作品拥有存在价值的关键。当代翻译理论亦将译作读者视作翻译活动的主体之一，没有读者的阅读或接受，译作也就失去了存在的意义，翻译活动也算不上完成。青年时代的李健

---

① 李健吾:《翻译笔谈》，罗新璋、陈应年编《翻译论集》，商务印书馆，2009，第617页。

② 李健吾:《我走过的翻译道路》，王寿兰编《当代文学翻译百家谈》，北京大学出版社，1989，第293页。

③ 同上。

④ 傅雷:《论文学翻译书》，罗新璋、陈永年编《翻译论集》，商务印书馆，2009，第772页。

⑤ 李健吾:《翻译笔谈》，罗新璋、陈应年编《翻译论集》，商务印书馆，2009，第619页。

吾就意识到译作读者的重要性，并对读者和译者的关系做出形象的比喻："读者如水，没有水，鱼似的译者便要涸死。"①如果说这是翻译经验尚显不足的青年学生的感悟，那么在从事过多年的翻译实践之后，李健吾也一再强调读者的重要，强调译者的翻译工作要充分考虑读者的接受：译者"要设身处地为我们的读者着想"②，"必须尽可能让另一国家的读者同样相当地感到。这才算得一本好翻译"③。可见，作为"好翻译"，也要求译作读者从译文中获得的感受，与原作者从原作中获得的感受不相上下。这一观点同美国翻译理论家尤金·奈达的等效论颇为相通，但奈达的翻译理论来到中国并引发热烈讨论已经是20世纪80年代以后的事情。

当然，李健吾对于读者的论述并不止于此，他进一步指出如何"提拉"读者，那就是要使"译文可读"，同时"必须加强服务性"，"必须做好介绍工作"④。李健吾的译作正是上述读者主张的切实体现：一方面，他的译作既是原作的经典重现，也是汉语中优秀的"文学作品"，自然"可读"；另一方面，李译中有细致的译者注释，为读者解释字、词、表达中蕴含的有关异国文化、历史等方面的典故常识等。这既是译者对读者阅读、理解译作的关照，也体现出译者不辞辛苦查阅资料、整理信息的辛勤与能力。同时，作为研究家型翻译家，李健吾对所译作家作品几乎都有相关的研究性著作、文章等问世，他的译序也是对原作的深入解读。这些都可以帮助读者更为深入地理解

---

① 李健吾：《中国近十年文艺界的翻译》，李维永编《李健吾文集》（散文卷），北岳文艺出版社，2016，第478页。

② 李健吾：《翻译笔谈》，罗新璋、陈应年编《翻译论集》，商务印书馆，2009，第621页。

③ 李健吾：《中国近十年文艺界的翻译》，李维永编《李健吾文集》（散文卷），北岳文艺出版社，2016，第480页。

④ 李健吾：《翻译笔谈》，罗新璋、陈应年编《翻译论集》，商务印书馆，2009，第622页。

译作的"前世今生"。

李健吾论翻译，涉及翻译活动的各个方面。他既从自己的翻译实践出发，又经常引用他人的事例、观点、方法等阐明问题。"他人"既有国内知名的翻译家，也有国外著名的翻译史实、案例或翻译研究者的观点。除却前文提及的哲罗姆、路德译《圣经》，他也引介过安诺德英译荷马史诗等翻译案例，更论及泰特勒的《论翻译的原则》，认为其观点十分"可贵"[①]。在李健吾对翻译的论说中，也体现出他言必有据的学者精神与学贯中西的学者气质，这种精神与气质又都进一步贯穿他的翻译实践之中。

李健吾的翻译实践既反映出文学翻译的实际功能与价值，又体现出他以译语"还原"原作的能力与孜孜以求的学者精神。李健吾对翻译的论述，于宏观与微观之处点明翻译的功用、翻译的标准以及对译者的要求等问题。宏观之处在于，翻译关联着译入语环境中的各个方面，可以带来促进其发展的新元素，是关乎"天下"的重要实践活动。也是基于此，微观之处就要求我们在翻译过程中，无论是理解原作，还是"书写"译作，都要做到"真"：译作既要充分反映原作、传原作之"神"，成为同原作一样的"艺术品"；又要充分考虑读者的接受，使译作读者得到与原作读者近乎一致的"真"的体验；要做到上述两点，就要求译者必须要有努力谦逊、严谨负责的"求真"态度。所以我们将李健吾的翻译思想概括为"译事关'天下'，译艺须'求真'"。在对李健吾翻译思想的探析中，我们看到了一位视野宽阔，既审慎勤奋又踏实进取的翻译家形象。可以说，李健吾对译事的理解与对待翻译的态度，对于当前翻译活动的各个方面都十分重要。

---

① 李健吾：《中国近十年文艺界的翻译》，李维永编《李健吾文集》（散文卷），北岳文艺出版社，2016，第479页。

第三节　李健吾的翻译精神

2020年1月，刘云虹与许钧于《外国语》发表《走进翻译家的精神世界——关于加强翻译家研究的对谈》一文，旨在强调翻译家在世界历史、文化等发展中重要作用的基础上，对翻译家尤其是翻译家精神展开研究的重要性。笔者对文章中指出的翻译家研究的必要性做出归纳，主要有以下几点：① 从翻译研究本身来看，"对翻译主体在翻译活动中的核心地位与能动作用的把握则应为认识与理解翻译的基本内涵之一"；② 从文学发展的角度看，"翻译家对文学的影响是巨大的，如果没有翻译家，世界文学这个概念就是一句空话。只有通过翻译家的创造性劳动，文学的世界性才得以实现"；③ 从文化与文明发展的角度看，"在中华文明发展、中外文化交流的历程中，翻译家始终在场"，"翻译家就像是一个个重要的精神坐标，引发我们对中华文明的延续与发展、对中外文化的交流与互鉴做出更深刻的思考"。① 可见，细微至翻译实践本身，宏观到一个国家乃至世界文学、文化的发展、交融与延续，都离不开翻译家的积极参与和能动作用。在翻译家研究中，翻译家的翻译精神（这一表达可以简化为"翻译家精神"）研究是重要组成部分，具有重要的理论与现实意义。冯全功曾就此展开较为细致的讨论，他认为，在学理方面，有利于完善翻译家研究中的术语构成，"有助于从为学与为人两个层面加强翻译家研究，也有助于推进翻译理论话语体系建设"；应用价值方面，提倡翻译家精神"有利于提升翻译质量"，"有利于树立正面的译者形象"，"有利于营造一个健康、和谐的翻译生态环境"，可以"植入课程思政建设"，进而"有

---

① 刘云虹、许钧：《走进翻译家的精神世界——关于加强翻译家研究的对谈》，《外国语》2020年第1期。

利于培养具有国际视野、家国情怀、职业操守、健全人格以及高度使命感和责任感的新时代译者"。①

那么，究竟何为"翻译精神"或"翻译家精神"？许钧在《翻译精神与五四运动——试论翻译之于五四运动的意义》一文中对翻译精神的概念做出界定，认为"翻译精神"蕴含并孕育着"'开放''求新'与'创造'之精神"②，是翻译活动本身所蕴含的精神。但本研究论及的"某某（翻译家姓名）的翻译精神"，与冯全功在《翻译家精神：内涵分析与潜在价值》一文中讨论的"翻译家精神"的内涵较为一致，是指"优秀翻译家所共有的特质"③。笔者认为，这种"特质"包含翻译家的翻译思想，但其内涵又远远大于翻译思想，其"内涵非常丰富，具有很强的开放性"④。同时，由于每位翻译家的特点、倾向性等的不同，他们的翻译精神也会有不同的偏重，所以也并不会完全相同。鉴于此，我们从这一概念出发，在对李健吾翻译思想进行挖掘之后，借鉴冯全功所列举的"翻译家精神"的特质，对李健吾的翻译精神做出探讨。

（1）李健吾求真求美的精神。李健吾的这一翻译家精神特质与其翻译思想紧密相关，他强调在翻译中解决原作的所有问题，并为此不遗余力、谦虚有礼地请教他人；他以学者的精神去研读原作，力求译作读者在读译作时同译者读原作一样懂；李健吾初译《包法利夫人》之前，该小说在中国已有两种译本，但他凭借自己对原作与作者的深入了解和研究，对之进行重译，更加全面地传递了原作的内容与风格，成就出一度被视作"定本"的翻译文学经典之作。在对法国文学的研究与翻译过程中，李健吾对福楼拜的文艺思想接受颇多，他对文字美的追求在翻译中也多有体现。李健吾认为文学翻译是

---

① 冯全功：《翻译家精神：内涵分析与潜在价值》，《外国语》2023 年第 1 期。
② 许钧：《翻译精神与五四运动——试论翻译之于五四运动的意义》，《中国翻译》2019 年第 3 期。
③ 冯全功：《翻译家精神：内涵分析与潜在价值》，《外国语》2023 年第 1 期。
④ 同上。

一种艺术,因此译者必须悉心打磨自己的艺术作品即译文,进而实现"传神"的翻译。所以,译者应该不断提高自己的语言文字休养,为"创造"美提供必不可少的前提条件。正是因为对文字美的执着于追求,他的研究与评论文字皆为美不胜收的散文,而一般非晦涩平铺的论述,李健吾的各类译文也成为对原作"传神"的"复制"。

(2)李健吾务实奉献的精神。曾有相当一部分研究者认为李健吾属于"为艺术而艺术"的一派,但从我们前文中对他的创作经历、翻译经历乃至生活经历的论述中可以看到,这种论断并不全面:他会在中文能力很强的背景下,听从老师的建议学习彼时人才稀缺的外国语;他会在选择研究对象之时,选择具备现实主义创作特征的作家福楼拜;他会在国内戏剧发展不足的情况下学习、研究和翻译莫里哀,甚至会在戏剧专科学校缺少教材之际,从英文转译俄国戏剧用作教材。如此种种,展现给我们的,都是一位务实进取的翻译家形象。同时,李健吾是译坛少有的"多栖型"翻译家,他的法国文学研究、文学评论、戏剧创作等活动多在同时进行,但即便如此,李健吾也未曾停止过翻译活动。无论在暨南大学教授法国文学期间,还是新中国成立后在戏剧学校教授戏剧期间,以及在中国社科院专门从事法国文学研究期间,甚至在新时期,年逾古稀的李健吾依旧译完司汤达的《意大利遗事》……即便在上海沦陷时期,"以戏养家"的他仍旧在空余时间伏案翻译,并译出了至今仍广受欢迎的《包法利夫人》等。同样令人钦佩的是,在学术与翻译方面他也并不孤芳自赏、自私狭隘。柳鸣九对他在工作中的无私精神有过这样的评价:"他在学术上这种慷慨解囊、无私奉献、成全他人的大度气派,只有钱钟书、朱光潜才拥有。"[①] 在几十年的人生岁月里,翻译家李健吾从不间断、孜孜以求地从事着(与自身的其他成就相比)并不起眼的翻译事业,默默奉献。

(3)李健吾的谦逊精神。论及翻译,李健吾首先称自己是"一个微不足

[①] 柳鸣九:《仁者李健吾》,《李健吾译文集Ⅰ》,译文出版社,2019,第5页。

道的后进"①。但在他对翻译的感悟中，从译者如何领悟原作到如何令译作读者读懂译作，皆有论及，而在整个翻译过程中，他都强调"谦逊"二字："因为语言两不相同，就先迫使翻译工作者谦逊。只有谦虚才有可能把翻译带到艺术的国度，成为艺术。"②谦虚可以让译者在翻译过程中时刻谨慎，进而认真对待可能存疑的每一个细微之处。李健吾在首译《包法利夫人》的过程中，遭遇查理·包法利给妻子爱玛的碑文，来自拉丁文，他为此苦寻半年却不得其中的意义，钱钟书先生偶然得知并告诉他后，李健吾"欢跃了一整下午"③。这足见作为译者，李健吾的细致、谦逊与强烈的责任感。

（4）李健吾的博爱与同情之心。学识上涉猎广泛，生活中心存善念，以仁者之心面对身边的人与事，这是翻译家李健吾高尚的品德，是他博爱精神与同情之心的体现。对翻译工作本身来说，李健吾热爱法国文学，其译作中最具代表性的当属福楼拜作品和莫里哀戏剧，但他的翻译对象远远不止于此。生活里，李健吾以赤子之心对待身边的朋友亲人和同事，"重友谊、讲交情、崇义气，他乐于与人接近、与人亲和，与人建立和谐、愉悦、诚挚、善意的关系，即使是与跟他有年龄差距、有学养深浅不同、有地位悬殊的年轻人"④，即便在似乎存有"竞争"关系的同事同行之间，李健吾也是"敦厚大度、高洁脱俗"。⑤而他在"文化大革命"期间对陷入困境的巴金和汝龙的帮助，更是传为佳话，汝龙因此赞他"有一颗黄金般的心"⑥。

---

① 李健吾:《我走过的翻译道路》，王寿兰编《当代文学翻译百家谈》，北京大学出版社，1989，第292页。

② 李健吾:《翻译笔谈》，罗新璋、陈应年编《翻译论集》，商务印书馆，2009，第618页。

③ 韩石山:《李健吾传》，人民文学出版社，2017，第216页。

④ 柳鸣九:《仁者李健吾》，《李健吾译文集Ⅰ》，译文出版社，2019，第12页。

⑤ 同上书，第14页。

⑥ 韩石山:《李健吾传》，人民文学出版社，2017，第373页。

（5）李健吾寓于翻译活动中的家国情怀。"假如中华民族需要成长，需要健强，需要借镜，翻译是今日文化工作者首先的急务。"①心系祖国的命运前途，从李健吾对翻译功能的论述便可以窥见。如果说李健吾最初的翻译活动是因为兴趣或研究需要，那么在出国留学之际，在外敌入侵之际，他对翻译对象甚或翻译方式（比如他对戏剧的改译）的选择，一定是从国家、社会、人民的需要出发，以翻译家特有的方式表达自己对祖国的关切与热爱之情。

柳鸣九先生称李健吾是"忘我的人、赤诚的人"，是一位"仁者"。②李健吾的"忘我""赤诚"与"仁心"体现于他工作、生活的方方面面，更是对他翻译精神的高度概括。文中总结的几种翻译精神绝不孤立，也并不完整。在李健吾的翻译精神中，也多存有进取精神、责任意识、精品意识、包容精神等高尚品格。身为后辈，唯有以前辈为榜样，心敬仰之、行向往之。

通过本章的研究可见，李健吾对法国文学的译介总是与译入语环境的"需求"密不可分，同时又由他自身的意向、喜好等决定。李健吾在二者之间找到了恰到的重合点。在这一前提下，他以自身持之以恒、勤勉进取的科学精神和艺术能力，对译介对象展开翻译与研究，他对同一译介对象的翻译与研究互相促进，更对自身的创作产生了深厚的影响。即便是单纯的研究对象，在深入研究之后，其成果也同样对研究者自身乃至译入语环境中的文学创作等产生了影响。即便在今天，李健吾的法国文学译介活动与成果，以及在他译介活动中呈现出的翻译精神，都拥有重要的学术价值与现实意义。

---

① 李健吾：《中国近十年文艺界的翻译》，李维永编《李健吾文集》（散文卷），北岳文艺出版社，2016，第481页。

② 柳鸣九：《仁者李健吾》，《李健吾译文集 I》，译文出版社，2019，第21页。

第五章　意向性一致下的经典缔造：福楼拜作品的翻译

前文中提到，作家韩石山在《李健吾传》中曾写道："在大学时代，甚至在整个前半生，李健吾从来是以'为艺术而艺术'自诩的。"①而这一评价正出现在"日夜研读福楼拜"一节中。法国作家福楼拜是艺术的崇尚者，他以毕生的精力去追求艺术的纯真，也拓展了新的艺术创作手法，而李健吾自来秉承的，亦是福楼拜式的艺术。这体现出原作者与译介者意向性的一致。那么，什么是意向性？福楼拜与李健吾各自的意向性具体为何？译者的意向性在外国文学译介中又如何发挥作用？哪些事实可以证明李健吾与福楼拜意向性的一致？本章将以意向性理论为研究框架，以李健吾的福楼拜作品翻译为重点，对上述问题做出解答，进而探求李健吾"创造"翻译文学经典关键性的影响因素，以及他的福楼拜研究之于福楼拜作品翻译的影响。

翻译文学经典研究在关于文学经典的讨论中得到借鉴并逐步展开，成为翻译研究界关注的焦点之一。关于翻译文学经典的概念，宋学智在已有研究的基础上将之归纳为："翻译文学史经典""从经典到经典（即从源语文学经典到翻译文学经典）"以及"从非经典到经典（即从非源语文学经典到翻译文学经典）"②，并进一步指出翻译文学经典应具备以下两种特征，"一、译作

---

① 韩石山：《李健吾传》，人民文学出版社，2017，第88页。
② 宋学智：《何谓翻译文学经典？》，《中国翻译》2015年第1期。

在译入语新的文化语境中,既具有长久的文学审美价值又具有普遍的社会现实价值;二、译作的语言达到了文学语言的审美标准,又为文学翻译活动树立了典范。"① 这一划分方式与标准基本概括出翻译文学经典的类别与特征。本文欲讨论的翻译文学经典属于"从经典到经典"的一类,即译作是杰出的翻译文学作品,是翻译文学中的经典之作,在译入语环境中拥有长久的审美价值,为文学翻译活动树立了典范;原作也是原语环境乃至世界文学中的经典文学作品。翻译家、法国文学研究专家与文学批评家李健吾所译福楼拜之《包法利夫人》正属于这一类翻译文学经典。该译本从 1948 年第一次出版至今,已有七十余年,却仍被不断再版。李健吾译《包法利夫人》以其与原作极为相近的风格、笔法以及在译入语环境中的文学审美价值等,被读者广泛接受,甚至一度被称为"定本"②。虽然翻译中的"定本"并不存在,但这一译本确已成为得到普遍好评并历经时间考验的翻译文学经典之作。那么,李译《包法利夫人》何以成为经典?关于翻译文学经典建构的讨论应运而生。

20 世纪 20 年代初,彼时中国的政治、文化环境推动了《包法利夫人》等经典外国文学作品在中国的传播。在此后的百余年间,除却"文化大革命"期间外国文学作品在国内的译介遭遇停滞之外,《包法利夫人》不断被研究、翻译、出版。李健吾译本更是在"文化大革命"之后,重新焕发出生命之光,并延续至今。需要指出的是,早在李健吾译本出版之前,李劼人和李青崖的译本(译名分别为《马丹波娃利》《波华荔夫人传》)分别于 1925 年和 1927 年问世,但均被后来居上的李健吾译本盖过锋芒,在二三十年间慢慢淡出读者视野。改革开放以后,有更多译者重译《包法利夫人》,其中包括许渊冲、周克希、罗国林等知名翻译家,但李健吾的译本却以其"长久的审美价值"

---

① 宋学智:《何谓翻译文学经典?》,《中国翻译》2015 年第 1 期。

② 周克希:《译边草》,百家出版社,2001,第 155 页。

不断被重印发行，其翻译文学经典的地位也在这一过程中得以确立。不难看出，政治、文化等翻译文本外因素与译作文本自身的价值均为翻译文学经典建构的影响因素。进一步说，"翻译文学经典同文学经典一样是纯诗学和政治诗学协调下的产物"，"是在文本内部译者不遗余力的再创作实践和文本外部风调雨顺的译入语文化政治气候中确立的"。①可见，在文本外因素支持的情况下，译作的诗学价值是翻译文学经典得以建构的主要考量因子，而译者是译作诗学价值的"创造者"，是具体的"理解—转换—表达"过程中最为活跃也最重要的因素，是其中的主体，译者因素因此应被视作文本内因素中最关键的部分。对李健吾所译《包法利夫人》经典建构过程中译者因素的研究，一方面可以帮助我们了解这部翻译文学经典作品生成的原因，另一方面则可以进一步彰显译者在翻译活动中的主体地位，强化译者的责任意识与能力提升意识，给当前的翻译研究与翻译实践带来一些启示。

第一节　意向性与文学翻译中的意向性

"意向性"（intentionality）概念起源于经院哲学，后被引入哲学和心理学研究，成为心智哲学中的一个重要概念。意向性是人类"心理现象的一种特征"②，它将人同物理现象相区分。奥地利哲学家胡塞尔指出，意向性由三种因素组成："一个因素是自我，它是意向性活动的主体；另一个因素是客体，它

---

① 宋学智：《何谓翻译文学经典？》，《中国翻译》2015年第1期。
② 徐盛桓：《意向性的认识论意义——从语言运用的视角看》，《外语教学与研究》2013年第2期。

是意向性活动的对象；最后一个因素是意向性活动本身。"① 美国哲学家塞尔则从语言研究的视角对意向性展开讨论，认为意向性是"心灵的一种特征，通过这种特征，心理状态指向、论及、涉及、针对世界上的情况"②。此外，海格德尔、萨特、伽达默尔、哈贝马斯等均对意向性有过研究。国内学者中，季士强通过论证，认为"意向性应该就是实在的"，它"可以引起心灵自身以及其他事物的运动变化"，因而"具有因果力"③；薛旭辉从认知语言学出发，认为"意向性是人类极为重要的心智活动与心智现象，是人的意识的本质属性和核心内容"，"意向性是认知的重要特征之一"④；徐盛桓则从语言运用等视角讨论意向性，认为"语言运用是一种意识活动"，"意向性作为意识活动的一项核心内容更是语言活动的开端和归宿"⑤。可见，意向性普遍存在于人的认知、语言活动中，这些活动会在意向性的支配下发生、发展、变化。换言之，意向性对我们的认知与语言活动具有导向或指导作用，因而它既具有普遍性，又具有指导性；同时，每一人类个体对事物的认识不可能同出一辙，意向性特征又同人类的其他特征一样，会因人而异，有其特殊性。

"翻译是以符号转换为手段，意义再生为任务的一项跨文化的交际活动。"⑥ 翻译是运用语言的过程，通过语言符号间的转换（这种转换从译者对原作的认知开始），实现译作读者对他者文学、文化的认知（我们暂且将这种

---

① 转引自涂纪亮《英美语言哲学概论》，人民出版社，1988，第383页。

② ［美］塞尔：《心灵、语言和社会》，李步楼译，上海译文出版社，2006，第65页。

③ 季士强：《意向性是否实在》，《科学技术哲学研究》2017年第4期。

④ 薛旭辉：《意向性解释的价值向度：心智哲学与认知语言学视角》，《西安外国语大学学报》2017年第3期。

⑤ 徐盛桓：《意向性的认识论意义——从语言运用的视角看》，《外语教学与研究》2013年第2期。

⑥ 许钧：《翻译论（修订本）》，译林出版社，2014，第50页。

认知称作"再认知"),因而在本质上"包含'认知'过程"①,属于人类意向性活动的一种。在翻译活动"认知—转换—再认知"的三个过程中,"认知—转换"均由译者完成,其语言转换的结果(即译文)会对"再认知"产生直接的影响,译者因而是整个翻译过程中最活跃、最关键的因素,是翻译这种意向性活动的主体。首先,翻译活动始于译者对原作的认知,是其意向性指导下的活动,这种认知包括译者对原作的选择与了解,体验与研究,这些都会受到译者学识背景、喜好、经验、努力程度乃至利益等的支配,而这些是译者意向性形成的重要背景。周晓梅对此做出如下分析:"译者在进入文本之前,即已拥有了自身独特的意向性背景,即主体所具备的'能力、才能、倾向、习惯、性情、不言而喻的预设前提以及方法'。……首先,译者的意向性背景是其理解原作的先决条件,译者通过它领会作者创作时的意向性。"②而后,在具体的翻译过程中,译者需要充分调动自己的语言、理解、审美等能力,在继续"认知"原作的同时,调动自己的译入语写作能力,选词择句,力求以与作者不相上下的"创作"能力将原作呈现给译作读者。但如前文所述,译者主体不可避免地拥有自身独特的意向性,译者意向性是译者在较长时间内形成的较为稳定的态度或状态,包含了译者对文学、艺术的理解、追求以及翻译观念等,当然也与译者本身所处的社会环境大有关联。译者意向性会在翻译的过程中不断涌现,并支配译者在认知原作与书写译作时的选择。因而不同的译者在面对同一翻译对象时,做出的选择会不尽相同,译文也就会存有差异。所以,译者主体的意向性指向、涉及翻译的对象(原作),决定着翻译这种语言活动的"归宿"(译作),具有"因果力"。

屠国元、李文竞指出:"翻译的发生由意向性支配,其发生过程伴随着意

---

① 屠国元、李文竞:《翻译发生的意向性解释》,《外语教学》2012年第1期。
② 周晓梅:《翻译研究中的意向性问题》,《解放军外国语学院学报》2007年第1期。

向性的涌现。这是译者意向性在其背景下外探内摄的过程。"[1] 我们认为,翻译中涌现的不仅仅是译者的意向性,也包括作者的意向性。因为原作中体现的是文学创作主体对文学、艺术的理解与文学书写能力等。译者意向性与作者意向性在翻译中相遇。译者与作者这两类认知主体生活在不同的文化背景之下,接受不同的教育,接触不同的人和事物,拥有不同的经历,产生不同的生活经验,他们的意向性之间必定存在差异。译者意向性与作者意向性在针锋相对与完全重合间游移:前者越是偏离后者,即二者的重合度越小,译者对作者意向性的认同或领悟程度就越低,也就会影响他对原作的认知,进而在语言转换的过程中对原文做出不自觉的"改写",使译文越偏离原文;相反,译者意向性越是靠近作者意向性,它们的重合度越高,译者就很可能在深度体会作者意向性的基础上,以可与原作比肩的译文"重写"原作。所以,译者意向性与作者意向性之间的关系,或曰二者重合的程度,会对翻译结果产生不同的影响。当然,翻译活动的属性决定了译者必须以原作为依据,使译作无限地接近原作。所以,文学翻译中,在译作生成或曰建构的过程中,译者在文学艺术领域的意向性与作者意向性越是相近,"重合"度越高,二者之间的"冲突"也就越少,译作也就会更加接近原作,更加深入、全面地展现出作者的"欲言",也就越有机会"创作"出优秀的翻译文学作品,进而在文本外因素的配合下,在较长时期之后完成翻译文学经典的建构。本章即以意向性理论为框架,探讨在与福楼拜意向性高度一致的前提下,李健吾如何深度体验福楼拜的意向性,进而"创作"出学术力作《福楼拜评传》与翻译文学的经典之作《包法利夫人》等。

---

[1] 屠国元、李文竞:《翻译发生的意向性解释》,《外语教学》2012 年第 1 期。

第二节 李健吾与福楼拜的艺术意向性

  20世纪30年代初期，李健吾赴法留学，学习与研究的对象便是福楼拜。福楼拜是19世纪法国"承上启下"的伟大作家，既承袭法国的现实主义文学传统，又"给现代小说打下深厚的基础"①。他认为作品的真实性源自它的"客观性"，即作家在作品中"不写自己"②，不掺入自己的情感，而实现这种艺术的途径就在于"借助严格的方法，赋之以自然科学的精确"③。李健吾对他的创作理念总结道："小说家的态度，应该和科学家一样，是客观的。"④另外，福楼拜又追求语言艺术的完美，相信"艺术至上"⑤，因此他对小说的写作手法做出革新，对作品的词句精雕细琢。对此他描述道："艺术永在，挂在热情当中，头上戴着上帝的华冠，比人民伟大，比皇冕和帝王全伟大。"⑥福楼拜的意向性表明：他倡导"客观"的写作方法，以科学的态度对待艺术作品；他又崇尚小说的艺术表现形式，并且对作品的语言表达锱铢必较。"科学性"与"艺术性"、"真"与"美"是他文学创作坚持的原则与追求的目标。小说《包法利夫人》正是上述理念的集中体现。福楼拜为革新小说形式做出重要贡献，

---

① 李健吾：《福楼拜评传》，广西师范大学出版社，2007，第315页。
② ［法］福楼拜：《福楼拜文学书简》，丁世忠译，北京燕山出版社，2012，第33页。
③ 同上书，第34页。
④ 李健吾：《福楼拜评传》，广西师范大学出版社，2007，第85页。
⑤ ［法］福楼拜：《福楼拜文学书简》，丁世忠译，北京燕山出版社，2012，第112页。
⑥ 转引自李健吾《福楼拜评传》，广西师范大学出版社，2007，第277页。

被誉为"现代小说的创始人"①与"爱真与美的'冷血诗人'"②。至于李健吾选择福楼拜作为研究与翻译对象的原因，就始于他对自身意向性与译介对象意向性的良好认知，因为福楼拜的艺术理念"契合李健吾的心性"。这种意向性的一致在李健吾的"艺术"创作中、在他认知原作及其作者的方式与成果里，以及在他对文学翻译的理解与践行中均得到体现。

第一，李健吾以"客观"的方式成就"艺术"。具体的文学翻译活动从译者对作品、作者的品读、理解甚至研究开始。翻译家犹如评论家或研究者，均为相关作品的读者，他们品评、研究作品的理念与方式会影响自身对作品的接受与理解，既受到译者本身意向性的支配，又是其意向性的体现。除却法国文学研究专家与翻译家的身份，李健吾也是一位卓越的文学评论家，被视作 20 世纪 30 年代国内"五大文艺批评家"之一，且"成就最高"③。李健吾的文学批评有其独到的风格，他既不诋毁，也不赞誉，力争做到客观、公正，而且他所做的评论性文章，全都可被当作精致的散文来读。所以有分析认为："李健吾把批评理解为一种艺术"④，"一种艺术化的气质弥漫于李健吾一生的文学批评和学术研究中，包括翻译方面的艺术化追求"⑤。由此，我们对他译者意向性的剖析，离不开对他文学评论方式与特点的审视。

福楼拜一再强调"作品的客观性"，认为"艺术应超越个人的好恶和神经的敏感"。⑥李健吾则认为评论家在评论作品之际，"首先理应自行缴械，把

---

① Sartre, J-P., *L'Idiot de la famille (tome 2)*, Paris: Gallimard, 1971, p.8.

② 钱林森：《"爱真与美的'冷血诗人'"——福楼拜在中国》，《蒲峪学刊》1994 年第 2 期。

③ 司马长风：《中国新文学史（中卷）》，香港：昭明出版社，1983，第 248 页。

④ 季桂起：《论李健吾的文学批评》，《文学评论》1992 年第 3 期。

⑤ 张新赞：《在艺术化与现实化之间——李健吾的文学批评》，知识产权出版社，2014，第 431 页。

⑥ ［法］福楼拜：《福楼拜文学书简》，丁世忠译，北京燕山出版社，2012，第 33、34 页。

辞句，文法，艺术，文学等等武装解除"①。这表明，评论家要摆脱个人的态度、风格甚至偏见，对作家作品做出客观的评价。而要在艺术作品中实现这种客观，就要给予它"自然科学的精确"②；李健吾则认为文学评论家应当"是一个科学的分析者"③。也就是说，要做到批评的客观，就应该像科学家一样，大量引用实证，而后对之做出分析论证，进而实现评论的合理性，而不应从评论家自身的好恶出发，主观臆断。有学者认为李健吾的文学批评有其"独特的鲜明的自然主义倾向"④。巧合的是，左拉也曾将福楼拜视作自然主义文学的创始人。李健吾呈现于文学评论中的这种意向性也同样存在于他对原作及作者的认知与研究中，钱林森就认为："着力于福楼拜独异个性的发掘而作灵魂的拷问，剖示作者的内在用心而做客观的展呈，便构成了李健吾阐释福楼拜的一种内在模式。"⑤

第二，"科学"地认知原作与"艺术"地书写认知成果。对译者来说，没有对原作及其作者深入的认知，就无法实现对原作良好的传译。而深入的理解、领悟甚至研究与评价，不仅是译者辛苦付出的成果，更是译者与作者意向性重合程度的体现，因而更可以反映出译者的意向性。李健吾在福楼拜作品的译介方面做出了重要贡献，是福楼拜较早的研究者与译者之一。《福楼拜评传》则是李健吾法国文学研究的杰出成果，其中既体现出译者李健吾在勤奋的研究之后对作者福楼拜《包法利夫人》等作品的至深了解，更蕴含着他

---

① 李健吾：《爱情的三部曲》，《咀华集 咀华二集》，人民文学出版社，2007，第6页。

② ［法］福楼拜：《福楼拜文学书简》，丁世忠译，北京燕山出版社，2012，第34页。

③ 李健吾：《边城——沈从文先生作》，《咀华集 咀华二集》，人民文学出版社，2007，第41页。

④ 范水平：《李健吾文学批评的自然主义倾向》，《求索》2011年第6期。

⑤ 钱林森：《李健吾与法国文学》，《文艺研究》1997年第4期。

本人与福楼拜并无二致的艺术理念与追求。

1934年1月,李健吾的论文《包法利夫人》发表于《文学季刊》创刊号,这篇文章后来成为《福楼拜评传》的第二章。"福楼拜"与"包法利夫人"的汉语译名自此厘定,逐渐被中国读者所熟知。文章从小说的创作源头谈起,对作品的情节、人物、全新的创作特点与写作手法以及在文学史中的地位等进行了全面而深刻的分析,认为《包法利夫人》中的客观写作等艺术展现手法"使小说进于艺术的高尚的境界",它"结束住以往的小说,成就于它的艺术形式:它的出现是近代小说的一个转机"①。李健吾的研究品评深刻透彻、有理有据,语言优美灵动,在当时的文化界引起轰动,得到郑振铎、林徽因等文化名人的青睐。此外,在第二章中我们已经看到,李健吾也撰写过多篇与《包法利夫人》等福氏作品直接相关的文章。这些文章秉承李健吾批评与研究的客观性理念,对作品的分析不尚空谈,不依据个人的好恶与情感,而是以作品、资料与史实立论。可以说,李健吾对福楼拜作品的熟稔与研究是他人无法企及的。1948年,李健吾所译《包法利夫人》由文化生活出版社初版。此后,该译本于20世纪50年代、70年代后期直至今日,被人民文学出版社、浙江文艺出版社、三联书店等知名出版机构不断再版发行,成为我国年代跨度最长、重印次数最多的翻译文学作品之一。

作品是作家意向性的集中体现。对于译者来说,了解作者同了解作品同样重要。对于福楼拜,李健吾最主要的研究成果当属《福楼拜评传》。该部研究性著作初版于1935年,其中对福楼拜的生平及主要作品均做出了研究论述,更对他的艺术理念进行了重点阐释,其中对《包法利夫人》等作品的理解和把握准确精辟,评论语言优美,被誉为"外国文学研究方面的扛鼎之

---

① 李健吾:《福楼拜评传》,广西师范大学出版社,2007,第85页。

作"①和"一部有分量、有深度的学术著作"②。《福楼拜评传》第一次再版后不久,法国文学研究者、翻译家郭宏安便发文对之做出中肯的品评并给予高度评价。文中认为,《福楼拜评传》具有四个突出的特征,即"吸引力""科学性""判断力"与"艺术性"。我们认为,上述特征中的两种"力量"与两类"性质"彼此依存、密不可分,却又以"科学性"与"艺术性"为中心。《福楼拜评传》不仅是一部拥有"科学性"的学术精品,也是充满"艺术性"的文学批评。首先,"科学性"是"判断力"的前提,而"判断力"又是其研究方式具备"科学性"的结果。在撰写《福楼拜评传》之前,李健吾大量搜集相关资料,并对之进行分门别类的研究与对比,以实证立论,以比较做鉴别,用"科学的方法"③评析问题。这样才有助于深化论者与读者的认识,也才会做出"既不酷评,也不溢美,好便说好,坏便说坏"④的客观判断。李健吾从事文学研究的科学方法和态度与福楼拜的艺术创作理念不谋而合。从文学翻译的角度来看,也体现出译者在研究原作过程中的求"真"精神。其次,"艺术性"又是"吸引力"的前提与基础。《福楼拜评传》的"艺术性"指的是其行文凝练且别具一格,分析角度多变又文采清新,"一点没有通常学术专著惯有的艰涩"⑤,但其中又体现出研究者深刻的见解,渗透着研究者的理智。对福楼拜及其作品的认知是李健吾科学研究、谨慎考虑后得出的成果。这种"艺术性"正是福楼拜看重并极力表现的。至于这部著作的具体情形,我们将在下一节中进行具体的论述。

李健吾在"科学"研究原作与其作者的基础上,以极具"艺术性"的语

---

① 韩石山:《李健吾传》,人民文学出版社,2017,第156页。

② 李健吾:《福楼拜评传》,广西师范大学出版社,2007,序第2页。

③ 郭宏安:《读〈福楼拜评传〉——为怀念我敬爱的老师李健吾先生而作》,《读书》1983年第2期。

④ 同上。

⑤ 魏东:《李健吾——福楼拜的知音》,《中华读书报》2007年7月4日,第13版。

言撰写出相关研究成果。这表明,李健吾不仅对所译作家有着至深的体察与了解,也有着深刻的"同情"。

第三,译者意向性指导下求"真"、求"美"翻译观念。译者是翻译结果的决定者,他对翻译活动的理解、态度等会对译文产生直接而重大的影响。译者的翻译观念不会孤立存在,而是与他一贯秉持的艺术理念等紧密相关,并在译者意向性的"指导"下形成。李健吾的翻译观念与其艺术思想十分一致,他将翻译视作求"真"与求"美"的艺术。

李健吾认为文学翻译首先须求"真"。这种求"真"的精神首先对译者的责任感提出要求,译者应倾尽全力去理解原作,以"负责精神"与"谦虚"的态度"把心送到原作每一深奥的角落"[1],去解决原作中所有的问题。李健吾正是这样一位译者。他以研究者的严谨与负责精神去实现对原作的认知,可以因习得原文中某一字词的要义而"欢跃了一整下午"[2]。解决原作的问题之后,译者也须对读者负责,"有责任要他们和我们一样懂"[3]。李健吾的这种读者观可以指导他在"书写"译文时竭力将自己在原作中捕捉的所有信息,在尊重原文的前提下,以读者可能并乐于接受的方式加以表达,进而使译作成为译入语环境中优秀的文学作品。进而,李健吾也将文学翻译视作一种艺术,需要"美"。"美"是指"把一本翻译雕琢得在不失真之中成为一件艺术品"[4]。至于如何做到这一点,李健吾认为,与他同时期几位作家的译文之所以流畅,是因为他们中文的造诣极高。这就等于提出,译者的译入语文学书写能力至

---

[1] 李健吾:《翻译笔谈》,罗新璋、陈应年编《翻译论集》,商务印书馆,2009,第618页。

[2] 韩石山:《李健吾传》,人民文学出版社,2017,第216页。

[3] 李健吾:《翻译笔谈》,罗新璋、陈应年编《翻译论集》,商务印书馆,2009,第621页。

[4] 李健吾:《中国近十年文艺界的翻译》,李维永编《李健吾文集》(散文卷),商务印书馆,2016,第472页。

关重要。而从李健吾的文学评论与《福楼拜评传》可以看出,李健吾本人亦拥有与福楼拜不相上下的文字掌控与表达能力。但这种能力并不生而有之,既需要不断培养训练,也需要译者在翻译选词择句的过程中,不惧辛苦,致力于寻得最恰当的表达,因为"最完美的表现只有一个"①。这种关于"美"的理念再次与福楼拜不谋而合。

在李健吾对翻译的理解中,"真"与"美"贯穿理解原作、书写译文与读者接受等文学翻译的每一个主要过程。这既是译者责任意识的反映,也是译者与作者意向性一致的体现。

第三节　意向性一致下的经典译作
——李健吾译《包法利夫人》

译者意向性在翻译过程中发挥着关键作用,它影响甚至决定着译者对原作的理解与译文的表达。此外,我们也了解到李健吾深刻领悟并赞同福楼拜的文学艺术理念与表现手法等,他的译者意向性与福楼拜的作者意向性高度重合。李健吾的译者意向性会在翻译的过程中"指导"他客观艺术地翻译福楼拜作品,以更为贴近原作且更加精致的译文再现原作,《包法利夫人》因而在李健吾笔下得到经典的传译。

---

① 李健吾:《翻译笔谈》,罗新璋、陈应年编《翻译论集》,商务印书馆,2009,第621页。

一、"客观"地展呈原文

福楼拜将小说视作客观的艺术,不允许作者在作品中表露自己。李健吾也在翻译中秉持同样的理念,尽量避免在译文中加入个人的理解甚或情感,力争"客观""不失真"地将《包法利夫人》呈现给译文的读者。

例(1):Il l'appelait ma femme, la tutoyait, …①

此处描写的是包法利夫人婚礼上的情景,il(他)指包法利先生。动词 tutoyait 表示"用'你'称呼对方"。在法语中,以"你"称呼对方,表示两个人之间的关系很亲近。但是如果将上述原文直接翻译为"他用'你'称呼爱玛",会因译入语中缺少相应的语言背景,使译文变得突兀,给译作读者带来理解上的障碍。另外 ma femme 就是"我的妻子 / 太太"之意,表示两个人已经结婚,在查理心目中,爱玛已经是他的妻子了,这一称呼便没有更加亲昵的含义,因为对于木讷的查理来说,这样的称呼已经是二人关系转变的重大标志了。李健吾译文:"他喊她'我的太太',称呼亲热,……"②。李健吾将 la tutoyait 翻译为"称呼亲热",既传达出原文的感情色彩,又能为中国读者所接受,是语言缺项背景下一种较为客观的选择。另外两种译文分别是:"他管她叫'我太太',亲昵地称她宝贝儿……"③;"他亲亲热热地叫她'娘子'……"④。细看原文,其中并未出现类似"宝贝儿"甚或"娘子"的称呼,上述两种译文都加入了译者自身的理解,后者"归化"处理的痕迹更是浓重,有失福楼拜式的客观。翻译活动中,两种语言、文化等方面的差异在给译者

---

① Flaubert, G., *Madame Bovary*, Paris:Édition Jean-Claude Lattès, 1988,p.47.
② [法]福楼拜:《包法利夫人》,李健吾译,人民文学出版社,1984,第27页。
③ [法]福楼拜:《包法利夫人》,周克希译,上海译文出版社,2011,第26页。
④ [法]福楼拜:《包法利夫人》,许渊冲译,译林出版社,2008,第26页。

造成障碍的同时也给译者留下阐释的空间，在这种情况下，译者意向性对译者翻译转换的指导作用极为关键。李健吾客观、求"真"的翻译理念使他没有对原文做出进一步阐释，而是以尽量贴合原文的方式进行意义的传递，其译文虽与原文不尽一致，但与后两种译文比较而言，却更为"客观"。

例（2）：Il lui semblait que certains lieux sur la terre devaient produire du bonheur, comme une plante particulière au sol et qui pousse mal tout autre part.①

包法利夫人婚后平淡的日常令她越发感觉无趣，她认为自己所处的环境无法让她幸福，幸福一定"生长"在别的什么地方。作者于此进行了大量的心理描写，其中一句如上。句中作者的用词较为普通、简洁。李健吾译文："她觉得某些地点应当出产幸福，就像一棵因地而异的植物一样，换了地方，便长不好。"②李健吾以同原文颇为一致的句式与用词实现了恰到好处的传译，实现了译文对原文的"客观"展呈。另外两位翻译家分别将此句译为："她觉得世上是该有地方专门出产幸福的，幸福就像一株特别的植物，生长在那些沃土之上，移到别处就会枯萎"③；"在她看来，似乎地球上只有某些地方才会产生幸福，就像只有在特定的土壤上才能生长的树木一样，换了地方，就不会开花结果了"④。对照原文可以看出，两位译者均在原文的基础上有所发挥，"沃土""枯萎""开花结果"等表达是一种深化的翻译，因而与原文有些出入。

例（3）：Emma maigrit, ses joues pâlirent, sa figure s'allongea. Avec ses bandeaux noirs, ses grands yeux, son nez droit, sa démarche d'oiseau, et toujours

---

① Flaubert, G., *Madame Bovary*, Paris : Édition Jean-Claude Lattès, 1988, p.61.
② ［法］福楼拜：《包法利夫人》，李健吾译，人民文学出版社，1984，第35页。
③ ［法］福楼拜：《包法利夫人》，周克希译，上海译文出版社，2011，第35页。
④ ［法］福楼拜：《包法利夫人》，许渊冲译，译林出版社，2008，第35页。

silencieuse maintenant, …①

爱玛与实习生赖昂相遇，心生爱恋却无法表露，所以心情抑郁，日渐消瘦。上述原文是作者对此时的包法利夫人的外貌描写，其句式简洁、语言凝练，寥寥几笔便勾勒出女主人公憔悴的形容。李健吾译道："爱玛瘦了，面色苍白，脸也长了。大眼睛，直鼻子，一绺一绺黑头发，走路像鸟飞一样轻，而且现在永远静默……"②。译者以同原文相同的结构、用词、句式以及语言风格对原文做出了恰当的传译，同原文一样没有丝毫的拖沓和烦冗。周克希与许渊冲的译文如下："爱玛变得消瘦下来，脸色苍白，脸颊也拉长了。瞧着她分梳两边的黑发，大大的眼睛，挺直的鼻子，还有那如今变得悄没声儿的轻盈步态……"③；"艾玛瘦了，脸色变得苍白，面孔也拉长了。她的黑头发从中间分开，紧紧贴住两鬓。她的眼睛大，鼻子直，走起路来像只小鸟，现在老是沉默寡言……"④。对比可见，后两种译文也较好地实现了对原文意义的传递，但也都对原文做出不同程度的"改写"，且行文不如原文简洁，在表现原文之"真"方面稍有欠缺。

二、"艺术"地书写译文

福楼拜以"艺术"为宗教，将"怎么写"视作成就艺术的关键，他对作品的雕琢精致到每一个字词，每一个句子。李健吾也同福楼拜一样，从细微处着手，使译作在译入语中同原作在源语中一样，不啻为一件艺术品。

例（1）：Son voyage à la Vaubyessard avait fait un trou dans sa vie, à la

---

① Flaubert, G., *Madame Bovary*, Paris：Édition Jean-Claude Lattès, 1988，p.156.
② ［法］福楼拜：《包法利夫人》，李健吾译，人民文学出版社，1984，第105页。
③ ［法］福楼拜：《包法利夫人》，周克希译，上海译文出版社，2011，第93页。
④ ［法］福楼拜：《包法利夫人》，许渊冲译，译林出版社，2008，第95页。

manière de ces grandes crevasses qu'un orage, en une seule nuit, creuse quelquefois dans les montagnes.①

《包法利夫人》中，福楼拜以较大篇幅来描写女主人公爱玛的心理，借而展现其性格特征并推动故事情节的发展。上文中描写的便是贵族舞会对她产生的巨大冲击，有如狂风暴雨后山体上的巨大裂缝，割裂从前与现在，不可修复。李健吾将之译为："渥毕萨尔之行，在她的生活上，凿了一个洞眼，如同山上那些大裂缝，一阵狂风暴雨，只一夜功夫，就成了这般模样。"②李健吾以"凿"对应原文中的动词 faire，与 trou（"洞"）搭配得恰到好处。至于整段译文，紧贴原文的顺序、意义和表现，做到了近乎完美的"复制"。另外两位翻译家分别将此句译为："沃比萨尔之行，在她的生活中留下了一个窟窿，犹如暴风雨一夜之间在崇山峻岭劈出了长长的罅隙"③；"沃比萨尔之行在她的生活中留下了一个大洞，就像一夜的狂风暴雨，有时会造成山崩地裂一样"④。比较可见，"留下了一个窟窿"和"留下了一个大洞"较为口语化，用词普通。动词"留下"与"窟窿"和"大洞"虽也可以搭配，却因缺少动感而有欠生动。此外，"崇山峻岭""山崩地裂"又是译文对原文用词的深化，有失"客观"，因此造成对原文的些许偏离。

例（2）：Comme les matelots en détresse, elle promenait sur la solitude de sa vie des yeux désespérés, cherchant au loin quelque voile blanche dans les brumes de l'horizon.⑤

舞会之后，爱玛常日无聊、静默守望，无边的绝望中却夹杂着点点希望，

---

① Flaubert, G., *Madame Bovary*, Paris ：Édition Jean Claude Lattès, 1988, p.82.
② ［法］福楼拜：《包法利夫人》，李健吾译，人民文学出版社，1984，第49页。
③ ［法］福楼拜：《包法利夫人》，周克希译，上海译文出版社，2011，第48页。
④ ［法］福楼拜：《包法利夫人》，许渊冲译，译林出版社，2008，第49页。
⑤ Flaubert, G., *Madame Bovary*, Paris ：Édition Jean-Claude Lattès, 1988, p.91.

福楼拜再次以比喻描摹爱玛的心理状态，他将爱玛比作遇难的水手，绝望地审视自己的生活，环顾四周，希冀在迷茫与绝望之中寻找一丝希望，比喻贴切、文笔精妙；从句子结构上看，句中虽有标点间隔，但整句话属于一个长句，与汉语的表现手法不同，给传译带来困难。李健吾的译文："她睁大一双绝望的眼睛，观看她的生活的寂寞，好像沉了船的水手一样，在雾蒙蒙的天边，遥遥寻找白帆的踪影。"①对比另外两种译文："就像遇难的水手，在孤苦无告之际，睁大绝望的眼睛四下张望，看雾蒙蒙的远处会不会出现一点白帆"②；"就像沉了船的水手，遥望着天边的朦胧雾色，希望看到一张白帆，她睁大了绝望的眼睛，在她生活的寂寞中到处搜寻"③。对照原文，李译在结构上做出稍许调整，但可以表达出原文的信息与表现手法，既没有信息上的折损，又是汉语中唯美的文学语言，描写的顺序符合逻辑，读起来通顺流畅，形象地描绘出包法利夫人彼时的心境。另外两种译文也较为完整地传递出原文的意义，但两种译文读起来不如李译流畅，因而在情感的传递方面稍显不足。李健吾深刻体会到作者描写的因由与特点，他的译文也同福楼拜的原文一样，在细腻的心理描写中遇见艺术的魅力。

例（3）：Son regard, plus tranchant que ses bistouris, vous descendait droit dans l'âme et désarticulait tout mensonge à travers les allégations et les pudeurs.④

以上原文描写的是外科医生拉里维耶尔博士。此人因威严、高超的医术以及对医学的热情声名远播，包法利医生与药剂师郝麦等人更是对之敬仰已久。他们眼中的医学博士目光犀利，直逼人心。李健吾译道："他的目光比他的手术刀还要锋利，一直射到你的灵魂深处，不管是托词也好，害羞也好，

---

① ［法］福楼拜：《包法利夫人》，李健吾译，人民文学出版社，1984，第55页。
② ［法］福楼拜：《包法利夫人》，周克希译，上海译文出版社，2011，第54页。
③ ［法］福楼拜：《包法利夫人》，许渊冲译，译林出版社，2008，第54页。
④ Flaubert, G., *Madame Bovary*, Paris : Édition Jean-Claude Lattès, 1988, p.450–451.

藏在底下的话统统分解出来。"① 另外两种译文则为："他的目光，比手上的柳叶刀更犀利，能一直扎到你的心里，巧辩、遮羞都不管用，但凡谎言没有不戳穿的"②；"他的目光比手术刀还更犀利，一直深入到你的灵魂深处，穿透一切托词、借口、不便启齿的言语，揭露出藏在下面的谎言假话来"③。通过译文与原文的对照可见，李健吾的译文紧贴原文，完整地传递出原文的意义，语言流畅、精美，尤其以一个"射"字译 descendait，选词灵活，与"目光"呼应，写出了人物眼神的犀利；以"分解"译 désarticulait，不仅与前文的"手术刀"搭配，更进一步突出了这位医学博士的精干、明敏与公正。李健吾的译文无论从个别词语的选择还是整句话的书写上，都很好地体现出仰慕者眼中伟大医生的形象，后两种译文在词语的呼应与搭配方面就显得稍逊一筹。

前文中，一方面我们将李健吾译文与原文进行对比，另一方面也将李译与周译、许译进行比较。后两位译者均为当代著名的法国文学翻译家，他们的译作完成于 20 世纪 90 年代，是《包法利夫人》诸多译本中的佼佼者，也都得到读者的好评。将他们的译本与初版于 20 世纪 40 年代的李译对照，更可以证明李健吾译本的经典性质。经过比较可见，李健吾的译文既做到了福楼拜式的"客观"，又"艺术"地体现出原作的魅力。在译者意向性与作者意向性高度重合的前提下，李健吾所译《包法利夫人》成为历经时光考验的经典译作。

---

① ［法］福楼拜：《包法利夫人》，李健吾译，人民文学出版社，1984，第 329 页。
② ［法］福楼拜：《包法利夫人》，周克希译，上海译文出版社，2011，第 292 页。
③ ［法］福楼拜：《包法利夫人》，许渊冲译，译林出版社，2008，第 289 页。

三、"客观"且"艺术"地描摹人物的心理和特征

前文中我们分别从"'客观'地展呈原文"和"'艺术'地'书写'译文"两个角度展现李健吾对福楼拜原作的经典传译。当然,在福氏作品中,"客观"与"艺术"是密不可分的,而在李健吾的译文里,更多的也是将二者几近完美地展现给译文读者。

《福楼拜评传》对《包法利夫人》中人物的心理与性格特征的描写与分析入木三分,可以帮助读者更为深入地了解他们的性格特征及其之于小说建构的作用。比如,罗道耳弗是小说中的一个重要人物,他的出现、他对包法利夫人的"主动出击"以及最后对她的无情拒绝与抛弃,是导致女主人公悲剧命运的直接原因。原文中,福楼拜并没有直接去描写这一人物的性格特点,而是通过他的话语或心理活动"客观"地向读者展示他的个性。比如,在初次见到爱玛之后,罗道耳弗自言自语道:Je le crois très bête. Elle en est fatiguée sans doute. Il porte des ongles sales et une barbe de trois jours. Tandis qu'il trottine à ses malades, elle reste à ravauder des chaussettes. Et on s'ennuie ! on voudrait habiter la ville, danser la polka tous les soirs ! Pauvre petite femme ! Ça bâille après l'amour, comme une carpe après l'eau sur une table de cuisine. Avec trois mots de galanterie, cela vous adorerait, j'en suis sûr ! ce serait tendre ! charmant !...Oui, mais comment s'en débarrasser ensuite ?[①] 情场高手罗道耳弗一眼看透爱玛的性格与内心,言语中满是对爱玛的欲望、对查理的轻蔑以及对自己无耻性格的表露。李健吾在分析此人的个性时写道:"他要名,然而如果可能,他也要爱,如果爱有伤于名,他就不会继续下去;如果爱有份于财,他更不会继续

---

① Flaubert, G., *Madame Bovary*, Paris : Édition Jean-Claude Lattès, 1988, p.189.

第五章　意向性一致下的经典缔造：福楼拜作品的翻译　155

下去"，"这种人有虚荣，没有良心"①。上述原文方好生动地体现出罗道耳弗的这种卑劣的个性，并为最后他抛弃爱玛做好了铺垫。通过阅读原文，我们会发现李健吾的分析既准确又生动，而在这种分析之后，李健吾此处的译文如下："我想，他一定很蠢。不用说，她讨厌他。指甲长，三天不刮胡子。他在外头<u>跑来跑去</u>看病人，她待在家里补短袜子。她一定闷居无聊！一定愿意住到城里，每天夜晚跳波兰舞！<u>小可怜儿！巴望</u>爱情，活像厨房桌子上一条鲤鱼巴望水。来上三句情话，我拿稳了她会膜拜你！一定温柔！<u>销魂</u>！……是的，不过事后<u>怎么甩掉</u>？"②李健吾的译文十分口语化，这符合原文的特点，他对单个词句的处理亦十分精准，比如以"跑来跑去"译 trottine，可以表现出查理庸碌的形象；以"巴望"译 bâille，写出罗道耳弗一眼看穿爱玛对所谓爱情的渴求；以"拿稳了"译 j'en suis sûr、以一个"甩"字译 s'en débarrasser、以"销魂"译 charmant，等等，译文用词非常符合罗道耳弗的身份与性格特征，也体现出李健吾与福楼拜极为一致的艺术理念："最完美的表现只有一个。"③许译和周译分别为："我想他一定很蠢。不消说，她对他感到厌倦了。他的指甲很脏，胡子三天没刮。他<u>在外头看病人的时候</u>，她待在家里补袜子。她一定很无聊！想住到城里去，每天晚上跳波尔卡舞！<u>可怜的小娘儿</u>！她渴望爱情，就像砧板上的鲤鱼渴望水一样。只要三句情话，她就会服服帖帖！她一定温柔！可爱！……是的，不过事成以后，<u>怎样摆脱她呢</u>？"④；"我看他是个蠢货。她大概早就对他腻烦了。他指甲脏兮兮的，一脸胡子足有三天没刮了。他一路颠颠跑跑地去出诊，撇下她一个人在家里补袜子。她有多无聊！她一准巴不得住在城里，每天晚上跳波尔卡！可怜的小娘

---

① 李健吾：《福楼拜评传》，广西师范大学出版社，2007，第65页。
② ［法］福楼拜：《包法利夫人》，李健吾译，人民文学出版社，1984，第129页。
③ 李健吾：《翻译笔谈》，罗新璋、陈应年编《翻译论集》，商务印书馆，2009，第621页。
④ ［法］福楼拜：《包法利夫人》，许渊冲译，译林出版社，2008，第116页。

们儿！她<u>渴望</u>爱情，就像案板上的鲤鱼渴望水。我敢断定，三句献殷勤的话一说，她就会爱得你要命！一定又温柔，又迷人！……是啊，不过事后<u>怎么从中脱身呢</u>？"① 对比可见，两位译者的译文整体上也很出色，尤其许渊冲译文中的"服服帖帖"和周克希译文中的"小娘们儿"，很能体现出罗道耳弗的身份与性格特征，但此句中其他词语的运用，尤其画线部分，与李译相比，在体现人物性格特征与口语化方面就稍逊一筹。

再如，包法利夫人在结识情人罗道耳弗之后，后者满足了她所有关于暴风骤雨般爱情的狂想，她感觉无比地甜蜜，因为自己蠢蠢欲动的情感找到了可以发泄的所在。她彼时的心理状态如下：La douceur de cette sensation pénétrait ainsi ses désirs d'autrefois, et comme des grains de sable sous un coup de vent, ils tourbillonnaient dans la bouffée subtile du parfum qui se répandait sur son âme.② 此处原文写出了"爱情"袭来之时，包法利夫人长期的祈愿得到满足，这种感情像一阵狂风，猛地给她带来缥缈、眩晕却又美好的感觉。李健吾将女主人公的这种情感称为"诗化的情感"③，并认为"她的热忱朦胧住她的考虑"，"她缺乏理智的鉴别"④。李健吾的译文如下："这种甜蜜的感觉就这样渗透从前她那些欲望，好像一阵狂飙，掀起了沙砾，香风习习，吹遍她的灵魂，幽渺的氤氲卷起了欲望旋转。"⑤ 译文用诗一样的语言完整地再现了原文里的情感描摹。值得一提的是，原文最后一句里介词宾语 bouffée 的修饰限定成分较多，转换为中文并不容易，李健吾将原文进行了恰当的切分，并以"吹遍"翻译 se répandait（"传播"之意），与前文的"狂飙"对应，同时运用了

---

① ［法］福楼拜：《包法利夫人》，周克希译，上海译文出版社，2011，第115页。
② Flaubert, G., *Madame Bovary*, Paris：Édition Jean-Claude Lattès, 1988, p.211.
③ 李健吾：《福楼拜评传》，广西师范大学出版社，2007，第71页。
④ 同上书，第76页。
⑤ ［法］福楼拜：《包法利夫人》，李健吾译，人民文学出版社，1984，第145页。

"香风习习""幽渺""氤氲"等很具诗意的词语描绘出包法利夫人梦幻一般的感觉，可以让读者同阅读原文一样，体会到这种情感只似一阵狂风，并不会长久。

又如，包法利夫人的丈夫查理是一个平庸、木讷又安于现状的老实人。李健吾对查理分析道："他没有意志，习惯就是他的意志"，"他不好奇，他永远愚骏，缺乏了解力。这仿佛汪洋的深海，无论什么坠下去，也漱不起回声；或者仿佛一块青石，怎么敲打，也迸激不出火花"。① 如此形象且艺术的分析之下，对于原文中有关包法利夫人眼中的丈夫的片段，李健吾得出了以下被广为称道的译文："查理的谈吐就像人行道一样平板，见解庸俗，如同来往行人一般，衣着寻常，激不起情绪，也激不起笑或者梦想。"② 此处原文为：La conversation de Charles était plate comme un trottoir de rue, et les idées de tout le monde y défilaient dans leur costume ordinaire, sans exciter d'émotion, de rire ou de rêverie.③ 其中李健吾以"来往行人一般"译"défilaient"，以"查理的谈吐就像人行道一样平板"译"La conversation de Charles était plate comme un trottoir de rue"，等等，生动、贴切地写出了查理平庸、呆板的性格特征，更体现出女主人公对丈夫的极度失望。再看另外两种译文："夏尔谈起话来，像一条人行道一样平淡无奇；他的想法，也和穿着普通衣服的过路人一样，引不起别人的兴趣；笑声，更不会使人浮想联翩"④；"夏尔的谈话就像人行道那样平板，人云亦云的见解好比过往的行人，连衣服也悉如原样，听的人既不会动情，也不会发笑，更不会浮想联翩"⑤。对比可见，无论从体现原文意义还

---

① 李健吾：《福楼拜评传》，广西师范大学出版社，2007，第68、69页。
② ［法］福楼拜：《包法利夫人》，李健吾译，人民文学出版社，1984，第36页。
③ Flaubert, G., *Madame Bovary*, Paris：Édition Jean-Claude Lattès, 1988, p.62.
④ ［法］福楼拜：《包法利夫人》，许渊冲译，译林出版社，2008，第35页。
⑤ ［法］福楼拜：《包法利夫人》，周克希译，上海译文出版社，2011，第36页。

是译文的表达方面，李译都更胜一筹，尤其对动词 défilaient 的处理，有研究者认为"在几个主要中译本中，唯独李健吾的译文考虑了对 'défilaient' 的翻译，既还原了原文的张力也实现了译文的张力"①。

在悉心研究与深度把握福楼拜及其作品特征的基础上，《包法利夫人》在李健吾笔下得到经典的传译，"近乎完美地诠释出福楼拜'真与美'的行文风格和艺术特色"②等，成为历经时光考验而仍拥有旺盛生命力的翻译文学经典之作。

"李健吾像福楼拜一样是一个艺术的'崇拜者'。"③李健吾与福楼拜都追求艺术的"真"与"美"，也都认为创作（翻译）的主体需要有客观、科学的态度等。李健吾是研究者与艺术家型的译者，更与福楼拜有着共同的艺术理念与追求。李健吾的译者意向性与福楼拜的作者意向性高度一致、深度相通，具备了建构翻译文学经典的主体因素。当然，这一案例也并非个别现象，翻译家傅雷就将选择原作比作交朋友，强调译者与作者"一见如故"④的重要性。傅雷与罗曼·罗兰正是"一见如故"的朋友，有着"心灵深处的共鸣"⑤，所以他译出了翻译文学经典作品《约翰·克利斯朵夫》等。译者意向性与作者意向性的高度重合是翻译文学经典建构的译者基础，也是最关键的文本内因素。借此，我们对译者主体作用的认识也在意向性分析中进一步深化。值得一提的是，译者的意向性并非与生俱来、一成不变，其中译者应具备的一些意识，

---

① 曹丹红：《多义性与文学翻译的张力》，《外国语》2014年第2期。

② 于辉、宋学智：《译作经典的生成：以李健吾译〈包法利夫人〉为例》，《学海》2014年第5期。

③ 张新赞：《在艺术化与现实化之间——李健吾的文学批评》，知识产权出版社，2014，第46页。

④ 傅雷：《翻译经验点滴》，罗新璋、陈永年编《翻译论集》，商务印书馆，2009，第693页。

⑤ 宋学智：《翻译文学经典的影响与接受》，上海译文出版社，2006，第243页。

比如求"真"、求"美"的意识与为之付出的努力等,即是在译者踏实进取与严谨负责的精神感召下培养形成。

  李健吾是一位研究家型翻译家,他对翻译对象有着极为深入的把握,因而能够以同福楼拜不相上下的译语得到与原作极为接近的译作;反视之,李译《包法利夫人》的成功,也证明了李健吾对《福楼拜评传》中的作家、作品研究极为深入、恰当。有学者曾写道:"在中国,李健吾算是福楼拜最好的知音了。一部《福楼拜评传》即是明证。"① 我们认为,不仅仅是《福楼拜评传》,也包括李健吾所译《包法利夫人》,一部评论性专著加一部经典的译著,更加证明李健吾是福楼拜及其作品在中国最早也最为杰出的诠释者。李健吾法国文学研究专家与杰出译者的两种身份与成果相得益彰,为中国翻译文学史添上浓墨重彩的一笔。当然,李健吾之于福楼拜其他作品以及莫里哀等作品的翻译也是如此,研究与翻译并行,成为中国文学翻译史与翻译文学史上具有标识性的翻译家。

---

① 魏东:《李健吾——福楼拜的知音》,《中华读书报》2007年7月4日,第13版。

第六章　译者行为的完美呼应：莫里哀喜剧的翻译

在学界，李健吾的文学评论与戏剧创作已得到较为广泛而充分的研究，相关文章以及专著多有刊出，而对于研究家型翻译家李健吾，其福楼拜作品的研究与翻译（比如李译《包法利夫人》）也在翻译研究界引起一定的关注，但对于其戏剧翻译的相关研究仍有待展开与深入。前文中提到，在戏剧方面，李健吾是集研究、翻译、创作以及表演、教学等成果于一身的大家，为我国戏剧事业的发展做出了重要贡献。李健吾译介的外国戏剧作品很多，其中莫里哀喜剧占据了十分重要的位置：他对莫里哀及其喜剧作品有全面、深入、系统的研究，并前后翻译出莫里哀最主要的27部喜剧，成为"莫里哀喜剧的著名翻译家"[①]。除李健吾外，赵少侯、李玉民、肖熹光等知名翻译家均翻译过莫里哀的喜剧，但李健吾的系列译本却被视作"目前我国出版的、最好的莫里哀作品的译本"[②]。作为莫里哀喜剧翻译的主体，李健吾何以"创作"出"最好的"译文，他的莫里哀喜剧研究、戏剧创作以及戏剧表演等行为对其翻译行为产生了何种影响，这些都是值得翻译界深入探究的问题。本章将以李健吾的莫里哀喜剧翻译为切入点，对李健吾莫里哀喜剧翻译的译者行为展开研究。从李健吾的翻译目的、译者能力以及翻译观念等方面对其翻译文本外的

[①] 陈玉刚：《中国翻译文学史稿》，中国对外翻译出版公司，1989，第304页。

[②] 陈惇：《新中国莫里哀戏剧研究60年》，《北京大学学报（哲学社会科学版）》2012年第2期。

努力进行讨论,重点讨论其莫里哀研究、戏剧创作以及表演等译外行为对翻译的促进作用,并以李译《伪君子》《吝啬鬼》《贵人迷》等为例,对其翻译文本的内特征做出分析。

第一节 翻译活动中的译者行为

译者是翻译活动的主体,翻译研究界对此已取得共识,译者研究也引起了众多学者的关注。译者的认知、理解、转换、重读等行为贯穿翻译活动的始终。在上一章中我们对译者的意向性做了论述,了解到译者的意向性会深深影响翻译的结果,即译文的质量。同时,意向性又与译者的生活背景、从事的活动等密不可分。这些看似与翻译活动没有直接关联的事物会深深影响译者的翻译行为。可以说,译者在狭义的翻译过程中,即"理解—转换—表达"的过程中,诸多译外的行为会影响翻译的结果。译者行为研究便是在译者主体性的基础上,对译者研究的深化与拓展,将对译者的研究拓展到翻译之外译者的种种行为。该理论"专注于译者意志性、译者的身份和角色行为之于译文质量的影响,属于翻译内外相结合的、译者行为和译文质量评价相结合的、规定和描写相结合的翻译社会学研究"[①]。可见,在该理论框架下,译者行为可以划分为翻译文本外行为与翻译文本内行为。前者包括译者对翻译对象的选择(其中又蕴含着译者的翻译目的,进而又与译者所处的社会、文化环境等密不可分),译者的翻译能力(对原作、作者的领悟程度,其译入语写作能力,尤其是以译入语写作同类文本的能力等)以及其翻译观念等;后者则是指译者在翻译过程中具体的语言转换活动,当然也包括经过译者"再

---

① 周领顺:《译者行为批评论纲》,《山东外语教学》2014 年第 5 期。

创作"后得到的译文情况。译者的翻译文本外行为与翻译文本内行为相互制约，互为参照，既可体现出翻译活动的社会性与功用价值，也可以为译者的翻译结果——译文提供相应的解释。

在传统的翻译理论研究中，我们特别关注的是狭义的翻译过程，重在研究译者如何完成，或者说如何可以更好地完成理解、转换、表达等步骤。随着翻译研究的文化转向，学者们的眼界也随之打开，将翻译研究置于大的文化、社会背景下进行。译者行为研究便是从社会视角出发，将翻译研究与社会学研究结合，同时"以人为本"，"充分考虑了译者的意志性、翻译的社会性和译文生存空间的复杂性"①。在明确了译者行为之后，译者行为批评就成为译者研究与翻译批评研究不能绕过的话题。周领顺教授曾以译者行为批评为理论框架发表过多篇核心期刊论文，比如《葛浩文乡土风格翻译之论及其行为的倾向性》(《外语教学》，2019年第4期)、《翻译家方重的译者行为批评分析》(《外国语文》2018年第4期)、《杨苡〈呼啸山庄〉译本的译者行为批评分析》(《外语与外语教学》，2017年第6期)等；其他论者的核心期刊论文有《译者行为批评视域下〈肥皂〉中绍兴方言英译策略对比分析》(黄勤、刘晓黎，《解放军外国语学院学报，2019年第4期》)、《译者行为批评视域下19世纪新教传教士英译儒经行为研究》(周宣丰等，《中国翻译》2019年第1期)、《中国文学在日本译介活动中的"译者行为"研究》(鲍同，《外语学刊》，2018年第5期)、《中国文论英译的译者行为批评分析》(戴文静，《解放军外国语学院学报》，2017年第1期)、《译者行为批评与〈孝经〉两译本中评价意义的改变》(张虹、段彦艳，《解放军外国语学院学报》，2016年第4期)，等等。学者们以译者行为批评为理论框架，对不同文本翻译过程中译者的译内行为与译外行为进行分析论述，借而阐述不同译者在翻译中呈现出的不同特征。借助该理论框架，我们可以将译者对译文的处理与其身份、学识、

---

① 周领顺：《译者行为批评的战略性》，《上海翻译》2015年第4期。

能力、社会文化背景、翻译目的、意向等因素结合起来,探讨上述因素之于译者的影响,从而进一步认清译者的主体地位与社会、文化等对翻译结果带来的影响。

许钧在为周领顺专著《译者行为批评:理论框架》所做的序言中,对该理论做出高度评价,认为"译者行为批评是对译者语言性和社会性角色行为之于译文关系的评价,是对于译者在翻译社会化过程中的角色化及其作用于文本的一般性行为规律特征的研究。在社会视域下,从译者及其行为切入所做的研究,对于提升翻译批评的全面性、客观性和公正性,都有着十分重要的理论意义和实践意义"①;南京大学刘云虹教授曾专门撰文就"译者行为批评"与"翻译批评研究"展开讨论,认为译者行为批评是"贯穿翻译过程、结合翻译内外的批评实践"②。文中指出:"传统的翻译批评往往将翻译视为从文本到文本的静态结果,因而把批评的对象局限于静态的翻译结果……这样的翻译批评……无法对翻译文本进行客观、全面的评价,更难以对某些具有特殊意义的翻译现象做出科学、合理的解释。"③而译者行为批评就弥补了上述不足,它以译者为中心,扩大了翻译批评研究的范围,可以对译者的翻译活动进行动态的、客观的且较为全面的剖析,"只有在翻译内外结合的视域下,翻译活动中涉及的各种要素才能可以综合考察,对翻译结果的评价、对翻译现象的解释以及对翻译实践的引导才有可能实现科学性与全面性"④。王宏和沈洁也认为,"译者行为批评"在理论方面"开辟翻译研究新领域,拓展翻译批

---

① 周领顺:《译者行为批评:理论框架》,商务印书馆,2014,序第1页。
② 刘云虹:《译者行为与翻译批评研究——〈译者行为批评:理论框架〉评析》,《中国翻译》2015年第5期。
③ 同上。
④ 同上。

评新视域",在实践方面则"的确为许多翻译研究者打开了思路"①,比如上文中列举的诸多研究成果。

鉴于此,综合前文中李健吾在戏剧领域的成就,本章将以译者行为批评为理论框架,对李健吾莫里哀喜剧翻译的文本外行为与文本内行为,以及两种行为间的关联做出分析研究,并借此探究他的莫里哀翻译成为"目前我国出版的、最好的莫里哀作品的译本"的体现和成因。

第二节 李健吾莫里哀喜剧翻译的文本外行为

李健吾的莫里哀喜剧翻译在国内十分知名。从上文的论述可见,翻译活动中,译者在文本内的翻译行为与其文本外的诸多社会行为密不可分。作为译者,李健吾首先是生活在一定社会文化背景下的人,他的诸多选择(当然包括翻译对象的选择)离不开社会、政治、文化等的影响,同时他的"戏剧行为"(包括对喜剧的理解、创作甚至表演能力等)以及对翻译的理解与翻译能力等翻译文本之外的行为都会对其翻译结果产生直接而重大的影响。本节将从上述几个方面展开李健吾的"译外行为"研究。

一、李健吾对莫里哀喜剧的选择

译者对翻译对象的选择是文本内外多种因素综合作用的结果,总体来看可以分为两大方面:一是译者所处社会、文化、政治等因素的影响,译者会

---

① 王宏、沈洁:《搭建中西译论融通的桥梁——评"译者行为批评"》,《北京第二外国语学院学报》2019年第2期。

在特定环境下为实现特定的目的来选择翻译对象；二是译者自身的因素，自觉的译者会选择与自己意趣相投的作家作品进行翻译。李健吾的莫里哀喜剧译介活动大部分发生于20世纪三四十年代以及建国初期，当时的社会、政治、文化环境及其自身的经历都对其翻译对象的选择产生直接影响。

作家韩石山在《李健吾传》中记载，李健吾从14岁便开始从事戏剧演出。进入大学以后，李健吾亦从事戏剧创作，并成为清华大学戏剧社的社长，他的戏剧演出活动前后持续多年。从译者自身经历来看，李健吾喜爱戏剧，热爱喜剧创作与表演。从当时的社会文化环境来看，他在戏剧创作与表演的过程中，深刻体会到中国戏剧起步较晚，底子很薄，需要向外国学习，于是便开始进行外国戏剧的研究与翻译工作。至于选择莫里哀作品的原因，一方面是由于莫里哀在法国乃至世界戏剧史中的重要地位：他"是古典主义喜剧的创建者，世界喜剧大师之一"①，可以成为我们学习、借鉴的对象；另一方面是因为"莫里哀的创作原则是一个现实主义者的创作原则"②，"他不仅在法国，而且在全欧洲，建立现实主义喜剧的写作和演出传统"③。在20世纪三四十年代以及新中国成立以后，李健吾认为中国需要现实主义，通过译介莫里哀的作品，我们在学习他喜剧创作手法的同时，更可以学习他体现于喜剧中的讽刺与战斗精神："中国在吸收各国的戏剧成就，演出了许多古典的经典的东西，这些东西一定会带来好的影响。尤其是莫里哀的战斗精神，诙谐的手法，描写阶级矛盾题材的创作实践，都是值得我们中国现代人很好学习的。"④也正

---

① 郑克鲁：《法国文学史》，上海外语教育出版社，2003，第190页。

② 李健吾：《莫里哀的喜剧》，李维永编《李健吾文集》（文论卷3），北岳文艺出版社，2016，第264页。

③ ［法］莫里哀：《莫里哀喜剧六种》，李健吾译，上海译文出版社，2008，译本序第20页。

④ ［法］莫里哀：《莫里哀喜剧全集（第四卷）》，李健吾译，湖南文艺出版社，1993，第495页。

因如此，李健吾并未将莫里哀的戏剧作品全部译出，认为未加译介的六部莫里哀喜剧"是歌舞性质，是宫廷玩意，意义不大"①。

由上可见，译者自身的喜爱与译入语环境的需要使李健吾选择了喜剧大师莫里哀的作品进行译介。为实现翻译目的，李健吾会更加注重对原作的了解与研究，全力将原作的特征体现于译作之中，以使译作更加贴合原作。同时，译者的多重身份特征也使他考虑到要将译文用于表演，努力使译文更加符合戏剧语言特征，从而更加适合舞台演出，这样可以使译作在译入语环境中产生更大的影响，更好地实现译者译介活动的目的。

二、李健吾的译者能力

译者对原作的理解乃至研究是影响翻译结果的重要文本外因素。翻译活动十分强调译者领悟原文的重要性，李健吾也曾在《翻译笔谈》中写到，译者要"把心送到原作的每一深奥的角落"，要"像一位学者那样通过字句把应有的问题全部解决"。②李健吾正是这样一位学者，他的翻译活动均建立在对原作的深度把握之上，是研究型翻译家的重要代表之一。在中国的莫里哀及其作品研究学界，李健吾"最为用力"③，也"最负盛名"④。他的莫里哀喜剧研究成果体现于《莫里哀的喜剧》《法国大喜剧家莫里哀》《莫里哀的喜剧艺术》

---

① 李健吾:《我走过的翻译道路》，王寿兰编《当代文学翻译百家谈》，北京大学出版社，1989，第291页。

② 李健吾:《翻译笔谈》，罗新璋、陈应年编《翻译论集》，商务印书馆，2009，第618页。

③ 胡德才:《论李健吾与莫里哀喜剧的精神联系》，《中国比较文学》2013年第3期。

④ 陈惇:《新中国莫里哀戏剧研究60年》，《北京大学学报（哲学社会科学版）》2012年第2期。

等文章以及多部译著的序与跋中。李健吾在其中对莫里哀喜剧进行了介绍、评论、研究，呈现出莫里哀喜剧研究专家的专业精神与严谨态度，而这恰恰也是译者应该具备的品质。在李健吾莫里哀研究的众多成果中，长文《莫里哀的喜剧》从莫里哀喜剧创作的历史背景出发，对这位喜剧大师的喜剧手法、创作特点、喜剧作品（比如《伪君子》《贵人迷》等）等进行了深入的评析。这篇文章"影响极大，后来的莫里哀研究在史料和观点上基本无出其右"①。此外，《关于莫里哀的三个戏剧作品》也是李健吾莫里哀喜剧研究中较有代表性的成果之一，文章由李健吾在中央戏剧学院以及北京人民艺术剧院（针对剧组的讲话）的几次讲稿整理而成，其中也对《伪君子》等剧作做出了研究与分析。上述研究成果为李健吾进行相应作品的翻译打下了坚实的基础。

除却莫里哀喜剧研究专家的身份，李健吾也是著名的剧作家，他创作的喜剧《这不过是春天》等被视作"中国现代戏剧史上的杰作"②。在这一剧本问世之后，李健吾所创作的大部分剧作都是喜剧。韩石山认为李健吾由此"找到了最适合自己心性的戏剧形式，这便是性格喜剧"③。李健吾的喜剧创作早于他的莫里哀喜剧翻译，其喜剧作品"被有的研究者认为是'莫氏喜剧'"④。可见，李健吾不仅对莫里哀喜剧有着深入的研究，更在戏剧创作方面与之心性相通。除了戏剧创作，李健吾也进行戏剧表演，后来又从事戏剧教学，新中国成立后曾任上海戏剧专科学校戏剧文学系的教授和系主任，是戏剧创作乃至表演方面的专家。因而，李健吾不仅具备了以译入语写作同类文本的不俗的能力，也会从适合舞台表演的角度出发"书写"译文。可见，译者李健

---

① 陈惇：《新中国莫里哀戏剧研究60年》，《北京大学学报（哲学社会科学版）》2012年第2期。

② 韩石山：《李健吾传》，人民文学出版社，2017，第127页。

③ 同上书，第130页。

④ 徐欢颜：《莫里哀喜剧与20世纪中国话剧》，北京大学出版社，2014，第82页。

在译前对所译作家和作品都有专业而深入的研究与解读，又在戏剧创作与表演方面经验丰富、能力不凡，这两种翻译文本外行为为其翻译文本内行为打下了深厚的基础。

三、李健吾对戏剧翻译的理解

在翻译文本外行为中，译者对翻译活动的理解会直接投射于译文之中，因而也会对翻译的结果产生直接而重大的影响。在翻译态度方面，如前文所述，李健吾既强调研读原作的重要性，又认为译者应做"有良心的译者"，"以一种更高的负责精神来完成任务"。① 在这种译者责任观的感召下，李健吾于具体的翻译过程中也做到了严谨、负责。在语言能力方面，他强调译者"掌握语言"的重要性，这里的语言尤其指的是译入语，即中文。李健吾认为曹禺翻译的《柔蜜欧与幽丽叶》（笔者注：《罗密欧与朱丽叶》）之所以精彩，是因为"谁都承认他在戏剧语言上的造诣"②，而李健吾本人也拥有与莫里哀可以比肩的戏剧创作能力。在对译文的要求方面，李健吾强调"忠实"与"传神"要"兼而有之"③，特别是对于莫里哀喜剧的翻译，"最忌照字面死译"，但译文也要"紧密贴切原作的风格"，"不能摆脱原作的要求"④，这就对译者的译入语表达能力，也即译者的喜剧创作能力，提出了更高的要求。在译作

---

① 李健吾：《翻译笔谈》，罗新璋、陈应年编《翻译论集》，商务印书馆，2009，第617页。

② 同上书，第620页。

③ 李健吾：《我走过的翻译道路》，王寿兰编《当代文学翻译百家谈》，北京大学出版社，1989，第293页。

④ 同上。

的读者接受方面，李健吾认为译者"有责任要他们和我们一样懂"①，因此要"加强服务性"②，"做好介绍工作"③。李健吾在翻译莫里哀作品之外撰写的多篇研究性、评论性文章既体现出译者对原作至深的把握，又是译者为读者做出的专业而深入的原作解读。

李健吾不仅是喜剧研究与创作领域的专家，更是具有高度责任心、端正翻译观念与明确翻译追求的翻译家。下文中，笔者将以李健吾所译《伪君子》（又译《达尔杜弗》）为例，对李健吾在翻译文本内的努力与结果做出分析。

第三节　李健吾莫里哀喜剧翻译的文本内行为

李健吾"在莫里哀喜剧翻译界享有盛誉"④。我们认为，这种盛誉源自李健吾译作的贴切与灵动。贴切，是从译文与原文的关系角度做出的判断，指译文可以恰当地反映出原文的意义、语言特征以及潜藏在字里行间的人物特征等；灵动则是指译文是译入语中地道的戏剧对白，符合汉语同类表达的诸多特征。

---

① 李健吾：《翻译笔谈》，罗新璋、陈应年编《翻译论集》，商务印书馆，2009，第621页。

② 李健吾：《翻译笔谈》，罗新璋、陈应年编《翻译论集》，商务印书馆，2009，第621页。

③ 同上书，第622页。

④ 徐欢颜：《莫里哀喜剧与20世纪中国话剧》，北京大学出版社，2014，第79页。

一、以贴切的译文深入反映人物的性格特征

《伪君子》是莫里哀喜剧最具代表性的作品之一，是其所有作品中"成就最高的，也是全世界戏剧中成就最高的"①。剧中讲述了宗教骗子达尔杜弗混进富裕的奥尔贡家中，充当其良心导师。奥尔贡给予他无限信任，而达尔杜弗高尚的面具下却隐藏着一颗肮脏的心。李健吾在多篇文章中，对《伪君子》的创作背景、人物特征、情节发展、作品价值等进行了深入的分析与研究，认为莫里哀"把刻画人物性格特征看成他的首要艺术工作"②，"这出喜剧的直接任务是打击宗教骗子，如果宗教骗子的伪君子形象，没有在观众心里建立起来的话，观众对全部工作就会发生怀疑"③，所以，莫里哀"为他的人物挑选最合各自性格的语言"④。原作中，达尔杜弗的性格特征通过他与不同人物的对白得到绝妙的体现：在多数人面前，他将自己伪装成为一名善良、庄重的信徒，而实际上却是一个险恶小人、好色之徒。李健吾分析道：达尔杜弗"工于心计，经验丰富，充满自信，然而当着他要勾引的少妇，却又热情冲动，不能自持"⑤。莫里哀为达尔杜弗挑选了最符合他性格的语言，译者也应在译入语中"挑选"出相应的表达，以实现贴切的传译。

《伪君子》原文第三幕第二场中有如下片段：

---

① 李健吾：《关于莫里哀的三个喜剧作品》，李维永编《李健吾文集》（文论卷3），北岳文艺出版社，2016，第348页。

② 李健吾：《莫里哀的喜剧》，李维永编《李健吾文集》（文论卷3），北岳文艺出版社，2016，第260页。

③ 同上。

④ 同上书，第263页。

⑤ 同上书，第223页。

例（1）：

TARTUFFE. *Il tire un mouchoir de sa poche.*

Ah! mon Dieu, je vous prie,

Avant que de parler prennez-moi ce mouchoir.

DORINE

Comment?

TARTUFFE

Couvrez ce sein que je ne saurais voir :

Par de pareils objets les âmes sont blessées,

Et cela fait venir de coupables pensées.

DORINE

Vous êtes bien tendre à la tentation,

Et la chair sur vos sens fait grande impression?

Certes, je ne sais pas quelle chaleur vous monte :

Mais à convoiter, moi, je ne suis point si prompte,

Et je vous verrais nu du haut jusques en bas,

Que toute votre peau ne me tenterait pas.

TARTUFFE

Mettez dans vos discours un peu de modestie,

Ou je vais sur-le-champ vous quitter la partie.[①]

达尔杜弗见到女仆道丽娜，做出一副正人君子的模样，递出手帕给道丽娜遮挡胸口，但当他遇见奥尔贡年轻貌美的夫人却原形毕露，说出以下露骨的话：

---

① Molière, *Œuvre complète* (II), Paris: GF Flammarion, 2015, p. 305.

TARTUFFE

Ah! pour être dévot, je n'en suis pas moins homme ;

Et lorsqu'on vient à voir vos célestes appas,

Un cœur se laisse prendre, et ne raisonne pas.

Je sais qu'un tel discours de moi paraît étrange ;

Mais, Madame, après tout, je ne suis pas un ange ;

Et si vous condamnez l'aveu que je vous fais,

Vous devez vous en prendre à vos charmants attraits.

Dès que j'en vis briller la splendeur plus qu'humaine,

De mon intérieur vous fûtes souveraine;

De vos regards divins l'ineffable douceur

Força la résistance où s'obstinait mon cœur;

Elle surmonta tout, jeûnes, prières, larmes,

Et tourna tous mes vœux du côté de vos charmes.[①]

李健吾对第三幕第二场选段的译文如下：

达尔杜弗 （从他的衣袋内掏出一条手绢。）啊！我的上帝，我求你了，在说话之前，先给我拿着这条手绢。

道丽娜 干什么？

达尔杜弗 盖上你的胸脯。我看不下去：像这样的情形，败坏人心，引起有罪的思想。

道丽娜 原来您这样经不起诱惑，肉身子对您起这么大的作用？说实话，我不知道您心里热烘烘的，在冒什么东西，可是我呀，简直麻木不仁，我可以从头到脚看您光着，您浑身上下的皮，别想动得了我的心。

---

① Molière, *Œuvre complète* (II), Paris: GF Flammarion, 2015, p. 309.

达尔杜弗 你说话要有一点分寸，不然的话，我马上就走。①

而在见到奥尔贡夫人之后，他却说道："哎呀！我是信士，却也是人；我看见您的仙姿妙容，心荡神驰，不能自持，也就无从检点了。我知道我说这话，未免不伦不类，可是说到最后，夫人，我不是神仙。您要是怪我不该同您谈情说爱，就该责备自己貌美迷人才是。我一看见您这光彩奕奕的绝世仙姿，您就成了我内心的主宰；我未尝不想抗拒，可是您水汪汪的眼睛，投出一道明媚的神光，摧毁抗拒，战胜斋戒、祷告、眼泪、一切我的努力，您的魅力吸去我全部的愿心。"②

在分析上述场景时，李健吾写道：达尔杜弗"发现一个机会，表示自己为人正派""心地简单的观众很有可能让他骗住"，而"听说夫人约他谈话，马上就色迷迷地问：'她这就来？'莫里哀不用多少笔墨，就一针见血，其心若揭"③。具体到李健吾的译文，达尔杜弗在女仆面前，为了表明自己是虔诚的宗教信士，给出手帕让她遮住胸部，说话一板一眼，文言气息较浓，一副"正人君子"做派；而在年轻貌美的夫人面前，各种艳丽、谄媚的辞藻脱口而出。其中李健吾将 célestes appas 译为"仙姿妙容"，将 un cœur se laisse prendre 译为"不能自持"，将 ne raisonne pas 译为"无从检点"，尤其将动词短语 tourna tous mes vœux 译为"吸去我的全部愿心"，既道出原文的意义，又调动出汉语里生动但并不烦琐的表达，将达尔杜弗无耻的嘴脸表现得淋漓尽致，展现出他十足的伪君子面目。另外，对于上述原文中女仆道丽娜的台词处理，李健吾也充分考虑了说话人的身份特征与对达尔杜弗的态度，译文中的"肉身子""热烘烘的""您浑身上下的皮""别想动得了我的心"等通俗

---

① ［法］莫里哀：《莫里哀喜剧六种》，李健吾译，上海译文出版社，2008，第132—133页。

② ［法］莫里哀：《莫里哀喜剧六种》，李健吾译，上海译文出版社，2008，第136页。

③ 李健吾：《莫里哀的喜剧》，李维永编《李健吾文集》（文论卷3），北岳文艺出版社，2016，第261、262页。

表达不仅符合女仆的身份特征，同时也可以表达出道丽娜对伪君子达尔杜弗的不屑和蔑视。上述原文的另一种译文为：看来您也这样经不住诱惑，肉体对您的感官会产生很大的影响？这会煽起您多大欲火，我当然不得而知。然而我，绝不会看到什么就立刻想入非非，即使看到您从头到脚赤条条，看到您全身的皮肉，也诱惑不了我。① 这一译文通顺流畅，但总体表达较为书面，比如"肉体""感官""欲火""诱惑"等，而且四字成语"不得而知""想入非非"的使用与说话者的身份不太相符，也会影响舞台演出时的台词展示。

《吝啬鬼》（*L'Avare*）是莫里哀喜剧中的另一部很有代表性的作品，其中成功塑造的阿尔巴贡（Harpagon）的形象，成为世界闻名的"四大吝啬鬼"之一。在莫里哀的原作中，莫里哀从喜剧情节、人物台词等方面来表现主人公的吝啬、贪婪、自私和无情，凸显他以金钱为理想的生活追求。除却阿尔巴贡，剧中的其他人物，比如阿尔巴贡的儿子克莱昂特、女儿艾莉丝、仆人雅克师傅、媒婆福洛席娜等，也都是生动且栩栩如生的角色。毋庸讳言，该剧的译文也应尽力贴近原文，积极展现人物的性格和身份特征。

《吝啬鬼》原文中，阿尔巴贡的吝啬不仅展现在对子女、仆人的苛刻，对家中的牲畜更是有过之而无不及。他不允许给牲畜吃饱，认为那是一种浪费。家里的马匹饿得站也站不起来，而临到他要用马车了，方才从车夫雅克师傅口中得知了这一状况。雅克的台词如下：

例（2）：

MAITRE JACQUES. — Vos chevaux, Monsieur? Ma foi, ils ne sont point du tout en état de marcher. Je ne vous dirai point qu'ils sont sur la litière, les pauvres bêtes n'en ont point, et ce serait fort mal parler; mais vous leur faites observer des

---

① ［法］莫里哀等：《法国戏剧经典》，李玉民译，浙江大学出版社，2011，第43页。

jeûnes si austères que ce ne sont plus rien que des idées ou des fantômes, des façons de chevaux.

HARPAGON. — Les voilà bien malades : ils ne font rien.

MAITRE JACQUES.— Et pour ne faire rien, Monsieur, est-ce qu'il ne faut rien manger? Il leur vaudrait bien mieux, les pauvres animaux, de travailler beaucoup, de manger de même. Cela me fend le cœur de les voir ainsi exténués; car enfin j'ai une tendresse pour mes chevaux, qu'il me semble que c'est moi-même quand je les vois pâtir; je m'ôte tous les jours pour eux les choses de la bouche; et c'est être, Monsieur, d'un naturel trop dur que de n'avoir nulle pitié de son prochain.

HARPAGON. — Le travail ne sera pas grand d'aller jusqu'à la foire.①

李健吾译文如下：

  雅克师傅 老爷，您那些马呀？说真的，一步都走不动啦。我不是说，它们累坏了，躺在槽头站不起来，可怜的牲口不是累坏了，那么说，不合实情。毛病出在您老叫它们挨饿，饿到后来，也就只有皮包骨头，马架子、马影子、马样子了。

  阿尔巴贡 什么活儿也不干，说病就病。

  雅克师傅 老爷，什么活儿也不干，就该挨饿吗？可怜的牲口，多干活儿，可是有的吃，对它们好多了。看见它们就剩下一口气了，我打心里难过；因为说到临了，我对我那些马有感情，看见它们受罪，就像自己也在受罪一样，我每天省下自己的口粮来喂它们。老爷，对生灵没有一点点怜惜，未免心肠也太狠了点儿。

  阿尔巴贡 赶一趟集，又不是什么重活儿。②

---

① Molière, *Œuvre complète* (III), Paris: GF Flammarion, 2015, p. 354-355.

② [法] 莫里哀：《莫里哀喜剧六种》，李健吾译，上海译文出版社，2008，第212页。

如前文所述，雅克是阿尔巴贡的马夫，负责管理家里的马匹，属于仆人，他的言语应该是朴实的，更口语化的。而从本段台词原文的内容可以看到，雅克对马儿们也有着深厚的感情，他看不惯"老爷"的铁公鸡行径，直言声讨，言辞恳切。他的"深情厚谊"正映衬出阿尔巴贡的冷漠和无动于衷，后者用极为"精简"而无情的言语回复了他。其中说到马儿的惨状，原文用 idées、fantômes 和 façons，李健吾将这一句译为"只有皮包骨头，马架子、马影子、马样子了"，译文虽然与原文有些出入，但符合汉语的表达特征，也符合说话人的身份，易于译文读者的接受；后一段台词译文中的"挨饿""打心里难过""心肠也太狠了点儿"等则既传译出原文的意义，又符合说话人身份的表达。同时，李健吾对雅克的台词的翻译，句子结构比较简短、精练，不拖泥带水，适合舞台表演。在另外一种译文里，译者将 idées 一句译为"您也太苛刻了，总让马饿着肚子，结果它们变得有名无实，成为马的幽灵，只剩下空架子了"[①] 这一较为书面的表达。应该承认的是，上述译文意义完整、语言通顺，非一般译者所能及，但其中的"苛刻""有名无实""马的幽灵"以及后一段的译文中出现的"受饥饿之苦""毫无怜悯之心"[②] 等表达与说话人的身份并不十分相符，没有很好地传递出说话人的身份特征。最后，与雅克的"喋喋不休"相比，阿尔巴贡的应答却十分简单，并没有表示对自家"生灵"的丝毫关爱，李健吾的译文恰恰体现出这一点，很好地反映出吝啬鬼的冷漠和人性缺失，因为作为原作者与原作的研究专家，他可以深刻地体会到莫里哀"用一切来完成性格的完整：吝啬"[③] 的含义。

阿尔巴贡吝啬、自私，同时好色无耻，年过六十的他欲赢取年轻美丽的

---

① ［法］莫里哀等：《法国戏剧经典》，李玉民译，浙江大学出版社，2011，第271页。

② 同上。

③ 李健吾：《莫里哀的喜剧》，李维永编《李健吾文集》（文论卷3），北岳文艺出版社，2016，第239页。

玛丽雅娜的芳心,而后者却与他的儿子克莱昂特相爱。阿尔巴贡为套出儿子的实话,假装要成全克莱昂特:

例(3):

HARPAGON. — J'en suis fâché; car cela rompt une pensée qui m'était venue dans l'esprit. J'ai fait, en la voyant ici, réflexion sur mon âge; et j'ai songé qu'on pourra trouver à redire de me voir marier à une si jeune personne. Cette considération m'en faisait quitter le dessein; et comme je l'ai fait demander, et que je suis pour elle engagé de parole, je te l'aurais donnée, sans l'aversion que tu témoignes.①

而在知晓克莱昂特与玛丽雅娜真心相爱而且为时已久时,他无耻地说道:

HARPAGON. — Je suis bien aise d'avoir appris un tel secret; et voilà justement ce que je demandais. Oh sus! mon fils, savez-vous ce qu'ilya? c'est ce qu'il faut songer, s'il vous plaît, à vous défaire de votre amour; à cesser toutes vos poursuites auprès d'une personne que je prétends pour moi; et à vous marier dans peu avec celle qu'on vous destine.②

李健吾译文:

  阿尔巴贡 这就可惜啦。我有一个念头,现在只好随它去啦。我方才这么一看她,想到自己的年龄,又想到外人见我娶这么一个年轻姑娘,也许说短道长,闲言闲语。经过这番考虑,我起了放弃这个计划的意思。不过我既然遣媒求亲,有言在前,就不该失信才是,所以如果不是你表示厌恶的话,我就把她让给你了。

  阿尔巴贡 听到这样一桩秘密,我很开心,这正是我想知道的

---

① Molière, *Œuvre complète* (III), Paris: GF Flammarion, 2015, p. 368.

② Ibid., p. 369.

事（脚注：旁白）。好嘛！孩子，你知道你该怎么做吗？你爱她的这番心思，请你还是想着收起来吧。我自己要娶这个姑娘，你想着别再跟她纠缠下去了。过不了几天，你就要娶我给你说的那个女人。①

《吝啬鬼》属于性格喜剧，一切都为凸显主角的性格服务。阿尔巴贡这两段台词对比鲜明，正是他贪婪、自私、无耻的真实写照，因此译文也应着力体现这几个方面。前一段台词中，李健吾以"这就可惜啦""只好随它去啦""有言在前""就不该失信才是"等汉语表达解读原文，生动地体现出说话人矫饰做作的一面，而以"我就把她让给你了"译 je te l'aurais donnée，生动地体现出他的无耻，因为正常来看，父子之间原本不该有这样的对话。后一段台词中，阿尔巴贡探知儿子的秘密之后，态度大变，阴险无耻的嘴脸暴露无遗。对照原文，李健吾的"你爱她的这番心思，请你还是想着收起来吧。我自己要娶这个姑娘，你想着别再跟她纠缠下去了"应该比"你必须想法儿放弃自己的爱情，绝不再追求我打算娶的人"②更灵动、更口语化，也更能表现出阿尔巴贡的寡廉鲜耻。

《贵人迷》（*Le Bourgeois Gentilhomme*）是莫里哀另一部很具代表性的作品。剧中描述了商人出身的汝尔丹（Jourdain）不满足于自己的现状，试图跻身贵族行列，并为此做出种种可笑又可恨的行径。初译时，李健吾考虑到标题中 bourgeois（资产者）一词指主人公的真正身份，而 gentilhomme（贵族）是他追逐的身份，也就是当时仍然占统治地位且身处上流社会的阶级，他们的身份大大高于资产者，于是将该出喜剧的标题译为《老板上流人》。这种译法虽然将标题中的两个主要词语都表现出来，但并不生动，也表达不出

---

① ［法］莫里哀：《莫里哀喜剧六种》，李健吾译，上海译文出版社，2008，第228、229页。

② ［法］莫里哀等：《法国戏剧经典》，李玉民译，浙江大学出版社，2011，第287页。

主人公的个性与特征，于是在第一次出版时，李健吾将标题定为《向贵人看齐》(1949年6月开明书店)。而在20世纪80年代《莫里哀喜剧全集》出版时，李健吾又将标题进一步修改为《贵人迷》。这种译法中，虽然表面上看bourgeois一词并未被译出，但却隐含在"贵人迷"三个字中，对"贵人"着迷的人，显然不是"贵人"本身，而是贵族阶级之外的人；而"迷"这一个字更是传神且简洁的选择，十分符合主人公的性格特征。通过修改，李健吾最终选择了一种生动、传神的译法，体现出他作为译者精益求精的态度。而其他译者在翻译这出喜剧的标题时，选择直接使用李健吾的译名（比如李玉民译本等），可见这种贴切的译法得到肯定与发扬。

从以上几组译例可见，在深入研究作者戏剧创作特点以及原作人物性格特征的基础上，李健吾得出了可以深度反映原文内容与精神的译文，译出了原文的精髓，为我们呈现出研究型译者的优势所在，他的莫里哀研究专家的译外角色与行为为他的翻译内行为提供了更好的保障。

二、以灵动的译语译出戏剧语言之特征

戏剧与小说等其他类型文学作品的主要区别之一就在于，前者绝大部分文字都是人物的台词。台词既要展现故事情节、呈现人物特征，又要"说得出口"，即口语化、适合舞台表演。因为观众无法像小说的读者那样有较为充裕的时间进行思考，而是"必须在演员表演的当下立即理解台词的意义，理解角色的情绪，否则会影响对整个剧情进展的领会，从而失去观看的兴趣"[①]，所以译者必须在戏剧翻译中重视戏剧语言的这一特征。

《伪君子》中的奥尔贡轻信、冲动且固执，引狼入室，将达尔杜弗奉为良心导师。第二幕第二场中，女仆道丽娜劝说奥尔贡不要轻信达尔杜弗，更不

---

① 张香筠：《试论戏剧翻译的特色》，《中国翻译》2012年第3期。

要将女儿嫁给他。奥尔贡固执己见,对她说道:

例(1):

Taisez-vous. S'il n'a rien,

Sachez que c'est par là qu'il faut qu'on le révère.

Sa misère est sans doute une honnête misère ;

Au-dessus des grandeurs elle doit l'élever,

Puisqu'enfin de son bien il s'est laissé priver

Par son trop peu de soin des choses temporelles,

Et sa puissante attache aux choses éternelles.

Mais mon secours pourra lui donner les moyens

De sortir d'embarras et rentrer dans ses biens :

Ce sont fiefs qu'à bon titre au pays on renomme ;

Et tel que l'on le voit, il est bien gentilhomme.[①]

李健吾的译文如下:

住口。他什么也没有,可是你要知道,这正是应当尊敬他的地方。他的贫困不但确实于心无愧,而且也决不是世俗的名位所能衡量的,因为说到最后,他是由于热爱圣业,太不留意俗事,才把财产丧失了的。不过有我的协助,他就可以摆脱困境,重建家业:他受封的土地,家乡人谈起来,也有凭有据,证明他确实是一位贵人。[②]

[①] Molière, Œuvre complète (II), Paris: GF Flammarion, 2015, p. 287.

[②] [法]莫里哀:《莫里哀喜剧六种》,李健吾译,上海译文出版社,2008,第118页。

第六章 译者行为的完美呼应：莫里哀喜剧的翻译

通过对比可见，李健吾的译文不仅完整地传递出原文的意义，更是译入语中非常口语化的表达，比如将原文里 si 引导的状语从句译为"他什么也没有，可是你要知道，这正是应当尊敬他的地方"，就比"如果说他一无所有，要明白，这正是他值得人尊敬的地方"①更符合汉语口语的特征，因而更适合演员在舞台上的口头表达。后一种译文中的"如果说"虽然与 si 相对应，但在译文中体现出来，会显得比较拖沓，因为汉语是"意合"的语言，分句之间的逻辑关系多"隐藏"在字里行间。此外，在个别词语的翻译上，李健吾没有用"您要知道"译原文中由 vous 变位来的 sachez，而直接译为"你要知道"，这更切合译入语同类场景的口头表达特征，译文一旦用于舞台表演，不会令舞台下的观众感到突兀；以"贵人"对应 gentilhomme，既传达出原文的意义，又体现出奥尔贡对达尔杜弗的盲目崇拜，更符合译入语口语的表达习惯，是一处妙译。

再如，奥尔贡家中只有他的母亲白尔奈耳太太支持他推崇达尔杜弗，这是一位守旧、挑剔的老太太，"比时代还古老，比儿子还顽固"②。在第一幕第一场中，她对奥尔贡的续弦太太、自己的儿媳妇横加指责：

例（2）：
Ma bru, qu'il ne vous en déplaise,
Votre conduite en tout est tout à fait mauvaise ;
Vous devriez leur mettre un bon exemple aux yeux,
Et leur défunte mère en usait beaucoup mieux.
Vous êtes dépensière ; et cet état me blesse,

---

① ［法］莫里哀等：《法国戏剧经典》，李玉民译，浙江大学出版社，2011，第29页。
② 李健吾：《关于莫里哀的三个喜剧》，李维永编《李健吾文集》（文论卷3），北岳文艺出版社，2016，第354页。

Que vous alliez vêtue ainsi qu'une princesse.
Quiconque à son mari veut plaire seulement,
Ma bru, n'a pas besoin de tant d'ajustement.①

李健吾译道：

我的儿媳妇，不是我说你，你的一举一动，也确实不成体统；你应当给他们作一个好榜样才是。他们死去的母亲，在这上头，比你好多了。你花钱就像流水一样，还有这身打扮，穿的就像一位王妃，我不喜欢。单想着讨丈夫的欢心呀，我的儿媳妇，就用不着拼命打扮。②

另一种译文如下：

我的儿媳，不怕您不高兴，您的行为举止完全不成体统；您在他们面前就应该做个好榜样，他们过世的母亲在这方面远比您强。您花钱如流水，衣着打扮赛似王妃，看这样子我就生气。我的儿媳，一个女人只想讨丈夫的喜欢，何必打扮得这样花枝招展。③

对照可见，两种译文都传递出原文的意义，但在具体的遣词用句方面却存有差异。相比之下，李健吾的译文更加口语化，也更加符合婆婆训斥儿媳的口吻：比如在译入语环境中，几乎没有婆婆用"您"来称呼儿媳妇；而"您的行为举止完全不成体统""他们过世的母亲在这方面远比您强"等译文

---

① Molière, *Œuvre complète* (II), Paris: GF Flammarion, 2015, p. 270.
② ［法］莫里哀：《莫里哀喜剧六种》，李健吾译，上海译文出版社，2008，第104页。
③ ［法］莫里哀等：《法国戏剧经典》，李玉民译，浙江大学出版社，2011，第16页。

较之"你的一举一动,也确实不成体统""他们死去的母亲,在这上头,比你好多了",就更显得文绉绉一些,不如后者生动与口语化。

又如,《吝啬鬼》中的吝啬鬼阿尔巴贡,对他的台词处理既要生动地体现其突出的性格特征,又要使其译文适合舞台表演。当然,这样的要求几乎适用于对每一个戏剧角色的诠释,但在《吝啬鬼》这种性格喜剧中尤为重要,因为台词的译文在很大程度上决定了演员是否能够更好地刻画阿尔巴贡鲜明的性格。原文中有这样一个场景:阿尔巴贡见到了美丽的玛丽雅娜,一反平时对儿女以及仆人的冷漠之情,极尽谄媚之能事,原文如下:

例(3):

Ne vous offensez pas, ma belle, si je viens à vous avec des lunettes. Je sais que vos appas frappent assez les yeux, sont assez visibles d'eux-mêmes, et qu'il n'est pas besoin de lunettes pour les apercevoir: mais enfin c'est avec des lunettes qu'on observe les astres; et je maintiens et garantis que vous êtes un astre, mais un astre le plus bel astre qui soit dans le pays des astres.①

李健吾译道:

美人儿,我戴了眼镜来迎你,你不要见怪。我知道你仙姿绰约,光彩夺目,美貌天成,不戴眼镜就看得清。可是观看星星,又非戴眼镜不可。我不但坚持,并且保证你是一颗星星,而且是星空中最美的星星。②

另一种译文如下:

---

① Molière, *Œuvre complète* (III), Paris: GF Flammarion, 2015, p. 359.
② [法]莫里哀:《莫里哀喜剧六种》,李健吾译,上海译文出版社,2008,第217—218页。

> 我的美人儿，我带着眼镜来接待您，请不要见怪。我知道，您的容貌十分醒目，直接用眼睛也看得见，无需戴上眼镜观赏。不过，我们既然用望远镜观察星辰，那么我坚持认为，而且可以保证，您就是一颗明星，还是星空中最璀璨的一颗。①

两种译文都完整地传递出原文的意义，也均可以体现出阿尔巴贡好色又谄媚的嘴脸，但程度却有所不同，口语化程度也有所区别。一方面，从整体来看，李健吾的译文字数偏少，句子更短，更加口语化。另一方面，从具体词句的翻译来看，李健吾连用三个四字短语来翻译 vos appas frappent assez les yeux, sont assez visibles d'eux-mêmes，虽然字面上有些脱离，但文字结构整齐，意义的内核也没有发生大的变化，如果在舞台上这几个词语脱口而出，会比单独一个"醒目"产生更强烈的喜剧效果；至于 et qu'il n'est pas besoin de lunettes pour les apercevoir 一句，李健吾的"不戴眼镜就看得清"比"直接用眼睛也看得见，无需戴上眼镜观赏"意义更突出，语言更加简洁也更口语化；另外，第二种译文中的"望远镜"虽然比较符合实际，但在这里的上下文中比较突兀（而且吝啬鬼在夸美女的时候不会太有逻辑），没有同前文的"眼镜"衔接。

徐欢颜在其著作《莫里哀喜剧与20世纪中国话剧》中提到，20世纪60年代，李健吾于舞台表演中发现《伪君子》译文的问题并对之做出修改，"使译文的语言更加口语化"②。这种口语化、通俗化的处理会使译文更能满足舞台演出的要求。从以上几处译例也可以看出，李健吾确实是从舞台实践的角度进行翻译，"能够从舞台实践的角度发掘莫里哀喜剧的一些独到之处"③。他

---

① ［法］莫里哀等：《法国戏剧经典》，李玉民译，浙江大学出版社，2011 第 276 页。
② 徐欢颜：《莫里哀喜剧与20世纪中国话剧》，北京大学出版社，2014，第 112 页。
③ 陈惇：《新中国莫里哀戏剧研究60年》，《北京大学学报（哲学社会科学版）》2012 年第 2 期。

的译文在总体上句子较短，简洁精练，生动流畅，节奏较为明快，表现力强，不拖泥带水，既可以表现出人物的身份与性格特征，又适合演员在舞台上的台词展现，译文也就更加灵动。

第四节　李健吾莫里哀喜剧翻译的译者行为特征

前文中，笔者对李健吾莫里哀喜剧翻译的文本外与文本内行为进行了分析，由此可以看到李健吾作为译者于翻译文本内外所做的努力。翻译活动中，译者是原文与译文的联结者与"中转站"，但译者又生活在一定社会环境中，译者行为的施动范围又不仅限于语言转换的过程："译者是源语文本（原文）意义的转换者，彰显的是其语言性……译者是目的语文本（译文）的调适者，彰显的是其社会性。"[①] 译者拥有语言性和社会性双重角色。语言性角色多为文本内的角色，社会性角色则多为文本之外的角色。文本内角色相对静止，文本外角色则多有变化，因为在翻译文本之外，译者会在不同情况下承担不同的角色，比如李健吾既是莫里哀喜剧的研究专家，也是戏剧的创作者、表演者乃至教学者。译者行为批评理论便是"外部与内部，人本与文本相结合、动态与静态相结合……的多维方法论"[②]，它将译者的社会性角色和语言性角色结合起来考察，使译者研究与译文研究更为全面与客观。

译者承担着一定的社会性角色，就必然"有其自身的实践逻辑和理性或非

---

① 周领顺：《译者行为批评——翻译批评新聚焦》，《外语教学》2012年第3期。
② 周领顺：《译者行为研究十周年：回顾与前瞻》，《北京第二外国语学院学报》2019年第2期。

理性诉求"①。这决定了译者翻译活动的意向性与目的性，会影响其语言性角色作用的发挥，并对译文产生影响。从前文可见，在李健吾的莫里哀喜剧翻译活动中，在翻译的文本之外，李健吾承担着不同的但与戏剧相关的社会角色，有其独特的社会实践经历与诉求。李健吾是译者与上述角色的统一体，这些角色也一定会介入他的翻译活动，影响他对翻译对象的选择与具体的翻译转换行为。具体来说，第一，李健吾作为译入语环境中的戏剧专家，深刻体会到我国戏剧的发展离不开对国外戏剧的学习，同时也考虑到彼时国内的社会、文化乃至政治需求，即对现实主义作品的需要，于是选择莫里哀作为自己研究与翻译的对象；第二，作为莫里哀研究专家与著名戏剧家，李健吾既对原作有着更为深入的研究与体验，也有着其他译者无法企及的喜剧创作与表演经验，而这些都会对译作具有十分有益的影响；第三，作为翻译家，李健吾对翻译有着深入的思考与端正的态度。总之，从翻译的选择阶段开始，译者的社会性角色便发挥作用，使李健吾选择了莫里哀及其作品进行译介，后又在具体的翻译过程中选择与自身社会性角色相呼应的词句翻译原文。

在翻译的文本之内，李健吾"贴切"与"灵动"的译文可被视作"求真"与"务实"的统一体。"'求真'是面对原文的，'务实'是面对读者/社会的，前者看求真度，后者看务实度，而理性的译者处于原文要素和读者要素之间，其埋性程度与文本平衡度决定着他行为的合理度。"②通过前文中原文与译文的对比可见，李健吾是行为"合理度"较强的译者，他对原文做出"求真"度极高的阐释；与此同时，他又对译文与原文、译文与读者（包括从事戏剧演出的演员）的关系做出综合考虑，体现出其译文"务实"的一面。"贴切"与"灵动"，或曰"求真"与"务实"成为李健吾莫里哀喜剧翻译鲜明

---

① 傅敬民：《译者行为的自主性和规范化》，《北京第二外国语学院学报》2019 年第 2 期。

② 周领顺：《译者行为批评：理论框架》，商务印书馆，2014，第 249 页。

的、不可分割的特征,这与他剧作家、戏剧教授者的角色密不可分。李健吾的多重社会性角色与其语言性角色相互交融,对译文质量的提升起到了积极的作用。

在李健吾的莫里哀喜剧翻译中,无论在翻译的文本外还是在翻译的文本内,李健吾的多重角色都影响了他对原作的选择、研究、语言转换、译文修改等翻译过程的各个环节,贯穿他翻译活动的始终,其译外行为是其文本内翻译取得成功的基础和保障。通过本章中对李健吾译莫里哀喜剧具体译例的剖析与李健吾译者行为特征的理论分析与译例举证,可以看到,李健吾的莫里哀喜剧翻译以译者的译入语掌控能力与端正的翻译观念为前提,以他对原作深入的研究为基础,以其自身的戏剧创作、演出经验为保障,其翻译文本内的成功离不开他于翻译文本外做出的努力与取得的成就。李健吾对莫里哀喜剧的译介开拓了中国读者的眼界,促进了我国戏剧艺术的发展,而李健吾"研究—翻译—创作"的译者行为模式,既是其译外行为与译内行为完美呼应的体现,更是我国翻译史乃至戏剧发展史中一道亮丽的风景线。而所有这些因素中都蕴含着李健吾严谨、刻苦、肯于钻研的学术精神与灵活运用译入语的能力。这对于当前学术界与翻译领域的研究者、实践者均具有重要的借鉴意义。

第七章　李健吾译事活动与翻译思想的当代启发

李健吾对外国文学的译介，尤其是对法国文学的译介贡献卓著，其研究与翻译的成果也给我国的外国文学研究、翻译与文学发展等带来积极而重要的影响。但这些在现有的文学翻译史、翻译文学史、译介史以及翻译家研究等方面得到的笔墨却并不多见。可喜的是，这一状况正在改变。《李健吾文集》与《李健吾译文集》的出版正是文化界与学界进一步认识到李健吾上述成就和意义的开端。本章中，我们将对李健吾法国文学译介的意义展开分析，探讨其对在我国的外国文学研究、文学翻译史、翻译文学史、翻译研究与实践等方面的意义、影响与当代启发。

第一节　李健吾法国文学研究的意义

作为法国文学研究专家的李健吾，在自己的专业领域成绩斐然。作为早期从事外国文学研究的专家之一，其研究又有着较为鲜明的特征。在这些成绩与特征之下，是其研究活动与研究成果给我国及其本人在相关领域带来的影响与产生的意义，尤其是其对于翻译家李健吾以及他人翻译活动的作用与影响，更是值得当下的译者去思考与学习。

第一，李健吾的法国文学研究活动与研究成果在中国的外国文学研究史中具有开拓性意义。法国拥有深厚的文学传统和丰富的文学成果，在世界文学中占有重要的位置，而出于历史方面的原因，我国对法国文学的研究同对其他国别文学的研究一样，起步较晚，但在这晚来的历史潮流之中，李健吾以他实实在在且优秀的成果，为国人打开了一片新的世界。自李健吾赴法留学研究福楼拜始，他的这一活动就拥有了开拓性意义，加之归国之后在20世纪30年代就出版了学术力作《福楼拜评传》，并对法国其他作家及作品纷纷展开品评与研究，同时写作相关研究成果，为相关领域的研究提供了重要的参考。虽然在当时，鉴于内忧外患的国内环境，他的研究只引起了为数不多的文化名人（比如郑振铎、林徽因、周作人等）的关注，但在新中国成立之后直至21世纪的今天，他的法国文学研究成果都是独具影响力的，且依旧受到重视，可为后来人提供借鉴与思考，拥有十分重要的价值。李健吾本人也仍被视作我国独一无二的福楼拜与莫里哀研究专家和翻译家，是法国文学研究的重要先驱者与代表人物。

第二，《福楼拜评传》是中国外国文学研究史中的典范与力作。不只在中国的法国文学研究领域，即便在整个的外国文学研究领域，《福楼拜评传》都是几十年中难得一见的精品。2014年，中法建交50周年之际，在法国大使馆举办的中法文化交流纪念展上，《福楼拜评传》就是展品之一，被摆放于显眼的位置上。可见在原作的国度，这也是中法文化交流中一部十分具有代表性的作品。一方面，它成书较早，是早期少有的外国文学研究中对某位外国作家及其作品完整且深入的研究；另一方面，它的生命力极强，在成书近百年后的今天仍拥有很强的可读性与参考价值。李健吾于《福楼拜评传》中对福楼拜艺术理念与作品特征的深入解读，正是他可以"创作"出翻译文学经典《包法利夫人》《情感教育》等的基础与前提。当然，李健吾的福楼拜研究更为我国其他研究者与译者的相关活动提供了坚实的基础与可靠的参考。

第三，李健吾是莫里哀喜剧研究专家，其研究成果在推动我国的戏剧研究、翻译、教学与创作等方面意义重大。据韩石山在《李健吾传》中记载，20世纪50年代，在外国专家表示"中国没有一个人懂得莫里哀和莎士比亚"①的情况下，文化部当即点名李健吾赴上海戏剧学院专讲莫里哀。李健吾的莫氏喜剧课十分生动："他是这方面的权威，具有丰富的知识，边讲边示范表演，如对《答尔丢夫》（即《伪君子》）的讲解，简直像演出一出戏，显示了他对莫里哀剧作的精通和表演才华，把同学都着迷了……"②另外，从前文中我们对李健吾所论译介莫里哀的原因及基本状况可见，他将莫里哀作品列为现实主义一类，其莫里哀喜剧译介"表现出古典主义文学现实化阐释的鲜明特色"③。这种阐释顺应了彼时国内的文学潮流，使译介对象可以在国内的大环境下得到普遍的接受。李健吾对莫氏喜剧的了解不仅限于"纸上谈兵"，在表演、创作等方面都可以给国内的戏剧学习者以深刻的启示。当然，他对莫氏喜剧的精通、对戏剧艺术的全面把握以及对接受环境接受特征的准确把握，也推动了他个人的莫氏喜剧翻译与相关的教学、创作等活动。以上种种均为中国戏剧的进步、翻译事业的发展等都做出了不可磨灭的贡献。

第四，李健吾对法国其他作家及作品的研究无论对他本人的创作和翻译，还是对于我国的外国文学研究、翻译等，均提供了有力的借鉴或依据。除却福楼拜与莫里哀，李健吾对巴尔扎克、司汤达的研究最成系统，研究成果也最为丰富和深入。为做到研究的科学与客观，李健吾翻译了两位现实主义大师众多的文论与作品，对他们做出科学的评判与客观的引介，这可以满足20世纪三四十年代中国的需求，也顺应五六十年代的社会文化潮流。而对于其他法国作家及作品，李健吾不仅是简单的介绍，更多有深入的研究，他写作"法国文学史"的愿望虽然没有实现，却为同时代甚至后来的研究者、读者梳理出法国文学的脉络，以及有代表性的作家作品，为我们呈现出一个丰富多

---

① 韩石山：《李健吾传》，人民文学出版社，2017，第333页。
② 魏照风：《怀念李健吾同志》，《上海戏剧》1983年第2期。
③ 徐欢颜：《莫里哀喜剧与20世纪中国话剧》，北京大学出版社，2014，第60页。

彩的法兰西文学世界。对于李健吾本人，这些作家作品则成为他文学评论等创作作品中的"常客"。作为文学评论家，李健吾的《咀华集》与《咀华二集》都是对中国文学作品的品评，但其中却对法国甚至其他西方文学中的元素信手拈来，用作他立论的依据或比照的对象。以比较立论，可以使他文学评论的内容更加丰富，观点更具说服力，也丰富了读者的认知，更彰显出作者的才情。在李健吾的研究成果对他人的外国文学研究与翻译的影响方面，已经有研究者做过较为深入的研究，比如前文提及的管新福的《民国文献对斯丹达尔及其〈红与黑〉的译评》一文，就对李健吾早期的司汤达（即斯丹达尔）研究做出客观的评价，并指出其研究对首个《红与黑》译本的影响；再如蒋芳在其专著《巴尔扎克在中国》中，专辟一章对李健吾的巴尔扎克研究与翻译做出了专门的研究，并指出李健吾"对巴尔扎克关照较早，关注时间持续最长，是我国少见的巴尔扎克接受者和传播者"[①]，而且"迄今为止，在我国接受与传播巴尔扎克的重要学者中，能够从文学阅读、文学翻译、文学研究、文学评论、文学创作诸方面倾注足够热情的，李健吾是唯一的一个，也是令人难忘的一个"[②]。

  从以上论述可见，在我国的法国文学研究中，李健吾对法国文学研究的深度与广度不仅具有开拓性意义，同时也是我国法国文学研究乃至外国文学研究中最重要的组成部分之一。李健吾兼具科学性与艺术性或曰"真"与"美"的学术研究成果，为我们的外国文学研究留下了一道亮丽且与众不同的风景线，其法国文学研究的特征也在他的翻译活动中得到延续和展现，并使翻译家李健吾的译作可以更为深入、贴切地反映原作。这成为他法国文学研究活动之于自身翻译实践乃至国内相关领域活动的重要作用与意义所在，也为当前学人树立了榜样。

---

① 蒋芳：《巴尔扎克在中国》，中国社会科学出版社，2009，第241页。
② 同上书，第256页。

第二节　文学翻译史与翻译文学史中的
　　　　　李健吾法国文学翻译

　　作为翻译家，李健吾在翻译史以及中法文化交流史中都拥有重要且不可替代的位置。同时，翻译家李健吾勤学进取的治学态度与责任感等，也都会给当前的译事、译者等以新的启发。本节里，我们将对李健吾的翻译活动与翻译成就在文学翻译史、翻译文学史中的地位与意义展开分析，进而探求其翻译活动、翻译成果、译者行为、翻译思想等带给我们的启示。

　　在很长的一段时期内，翻译研究界并没有很好地界定与区分"文学翻译史"与"翻译文学史"，以致相关概念与在这些概念下的研究并不十分清晰。在查明建、谢天振的专著《中国20世纪外国文学翻译史》中，作者在"前言"里为我们阐释了上述两个概念的区别。首先，作者区分了"文学翻译"与"翻译文学"，认为前者"指的是翻译行为和事件"，而后者指的是"文学翻译的结果——翻译作品"。① 在这一概念区分的基础上，作者对"文学翻译史"与"翻译文学史"做出界定："文学翻译史，顾名思义，其重点是描述和分析不同时期的翻译状况、翻译选择特定等。它以翻译事件为核心，关注的是翻译事件和文学翻译的历时性发展线索，阐释各个时期文学翻译的不同特征及其文化、文学原因。它是翻译文学史撰写的基础，为翻译文学史的撰写提供基本的史料和发展线索，在文学翻译事实的基础上，展开文学关系、文学影响、翻译文学意义等方面的讨论"；"翻译文学史将翻译文学纳入特定时代的文化时空中进行考察，阐释文学翻译的文化目的、翻译形态、为达到某

---

①　查明建、谢天振：《中国20世纪外国文学翻译史》，湖北教育出版社，2007，第13页。

种文化目的而对文本的操纵以及翻译的效果等,探讨翻译文学与民族文学在特定时代的关系和意义。"① 从以上界定可见,文学翻译史是一定译入语环境内对外国文学进行翻译的事件的历史,它关注的是不同时期的"翻译事件"及其相关因素;翻译文学史则关注一定时期下某部翻译文学作品及其相关因素,但上述概念没有提及译者及其行为、理念等对其"创作"翻译文学作品的影响,缺少对人与作品以及二者间关系的分析。所以,本节中,我们一方面借鉴查明建、谢天振对文学翻译史的界定,来讨论李健吾的法国文学翻译在我国的外国文学翻译史的意义;另一方面也对翻译文学史的所指做出些许调整,进而在这一范畴内讨论李健吾"所作"优秀乃至经典的翻译文学作品之于我国翻译文学史的意义。

一、文学翻译史中的李健吾法国文学翻译

在《中国20世纪外国文学翻译史》中,查明建、谢天振将20世纪中国的外国文学翻译史分为六个时期,即"外国文学翻译的发轫期(1898—1916)、外国文学的繁荣期(1917—1937)、抗日战争及40年代的外国文学翻译(1938—1949)、五六十年代的外国文学翻译(1949—1966)、"文化大革命"时期的外国文学翻译(1966—1976)、八九十年代的外国文学翻译(1977—2000)"②。从上述分期并结合第二章的论述来看,李健吾的法国文学翻译活动贯穿后五个时期(除受大环境影响的"文化大革命"时期之外),翻译活动跨越时间长,翻译成果丰富,是我国法国文学翻译领域与文学翻译史中不可忽略的重要人物。

---

① 查明建、谢天振:《中国20世纪外国文学翻译史》,湖北教育出版社,2007,第14页。

② 同上书,第19页。

第一,"外国文学的繁荣期(1917—1937)"是李健吾法国文学翻译的积淀期与法国文学研究的发轫期。在这一时期,李健吾同其他同时期具有开拓精神的翻译家一道,为法国文学翻译铺陈开一片广阔的天地,并逐渐成为中国翻译法国文学的中坚力量之一。在这一时期,俄、美、英、法、德等国家的文学作品纷纷通过翻译的形式登陆中国,涌现出多位知名的法国文学研究者与翻译家,比如鲁迅、李劼人、李青崖、穆木天等,也包括李健吾的好友郑振铎、巴金等。此时尚为年轻人的李健吾在赴法留学之后,翻译了福楼拜、莫里哀、司汤达等法国文学名家的作品。有论者认为这一时期他的司汤达作品翻译"成绩卓著"①。虽然此时李健吾对福楼拜、莫里哀等人作品的翻译并不全面,或者说刚刚开始,但他对二者的研究已经为他后来的翻译工作打下了深厚的基础,尤其是1935年《福楼拜评传》的出版,为他后来成就译作《包法利夫人》与成为研究家型翻译家打下了坚实的基础。值得一提的是,在这一阶段,福楼拜的代表作《包法利夫人》已有两个版本的译文,分别是1925年出版的李劼人译本(中华书局)和1927出版的李青崖译本(商务印书馆),且这两种译本在20世纪30年代均被重印再版,可见这部小说及其作者在当时的中国是非常受重视的。

第二,在"抗日战争及40年代(1938—1949)"时期,李健吾译出《包法利夫人》等经典译作,他在翻译实践中追求"真"与"美"的精神与为之付出的努力在战火纷飞的年代也不曾削减,进而成就出翻译文学作品中的经典之作。在这一阶段,法国文学中的现实主义、自然主义在中国备受青睐,被翻译得也更多。此时身处上海的李健吾,受到时局的影响,在这一阶段的初期并没有特别突出的文学翻译作品,但却在上海"孤岛"时期与沦陷期进行了法国戏剧的改编工作,并将之搬上舞台,在祖国危难之时发出声声呐喊。当然,也

---

① 查明建、谢天振:《中国20世纪外国文学翻译史》,湖北教育出版社,2007,第202页。

是在这一时期，李健吾也完成了他最具代表性的译作《包法利夫人》，"创作"出我国翻译文学史中的经典译作。在李健吾译《包法利夫人》出版之前，李劼人的译本《马丹波娃力》与李青崖所译《波华荔夫人传》均曾再版过两至三次，但自 1948 年李健吾译本问世，直到 20 世纪 90 年代，该书的汉译本中只有李健吾译本被多次再版发行。也是在这个阶段，李健吾翻译出十七出莫里哀喜剧，他的多篇译序成为莫里哀研究的重要文献，也为新中国成立后他的莫氏研究与教学奠定了基础。李健吾的坚持与努力使福楼拜、莫里哀等法国文学大家的作品在这个动荡的年代依旧得到译介，其意义不仅仅在于为我们留下了经典的译作，更留下了在苦难与动荡中的抵抗精神和坚韧的品格。

第三，在"五六十年代（1949—1966）"时期，李健吾顺应环境的需求，主要进行巴尔扎克、莫里哀、司汤达等现实主义作家及作品的翻译与研究工作，为我国的法国现实主义文学译介与莫氏喜剧研究乃至喜剧创作、教学等做出了重要贡献。在这一时期，李健吾翻译了巴尔扎克的十几篇文论，也陆续翻译了莫里哀的几出喜剧。虽然李健吾不曾翻译过巴氏的小说作品，但他对其作品的研究以及其文论的翻译前后持续四十余年，成为中国最重要的巴尔扎克译介者之一。他的巴尔扎克研究与文论翻译同傅雷等翻译家的翻译成果以及其他学者的研究一道，构筑起巴氏在中国的完整译介体系。而对于人类戏剧大师莫里哀，李健吾确是研、译等身的大家。在莫氏喜剧翻译方面，基于其深厚的研究基础与对戏剧创作、表演等的熟稔，李健吾成为中国最为著名也最好的莫里哀喜剧翻译家。也是在这一时期，李健吾译于 20 世纪 40 年代的《包法利夫人》由人民文学出版社多次再版发行，可见这一译本的价值。对出于戏剧教学需要而研译的莫里哀，也是"顺应时代潮流，对莫里哀的古典主义喜剧进行现实主义的阐释，使得莫里哀喜剧被中国学界广泛接受，进而使法国古典主义文学在中国文学现实中发挥作用"[1]。

---

[1] 徐欢颜：《莫里哀喜剧与20世纪中国话剧》，北京大学出版社，2014，第161页。

第四，在"八九十年代的外国文学翻译（1977—2000）"时期，晚年李健吾继续进行法国文学的翻译工作，并且有新译作问世，同时为我国的莫里哀翻译贡献出"最全、最好"的译作。这一阶段李健吾的法国文学翻译成果中既有法国作家的文论（比如司汤达的四篇文论以及圣西门的论文等），也有相关的文学作品，即 1982 年出版的司汤达短篇小说集《意大利遗事》（这部译作至今仍在出版发行）。在李健吾生命的最后一年，湖南文艺出版社将他翻译的二十七部莫里哀喜剧结集成册，出版了《莫里哀喜剧全集》，并于 1992 年进行再版。而他所译福楼拜系列作品更是在这一时期多次再版，直至今日，成为喜爱法国文学的中国读者必读作品的一部分。可以说，李健吾的一生都在坚持进行法国文学翻译，他为自己热爱的事业坚持终生、身体力行的精神是后辈学习的榜样。

从以上论述可见，在 20 世纪这个文学翻译逐渐兴盛的时代，李健吾的法国文学翻译活动亦与时代同步，持续六七十年之久，即便是在他去世四十余年后的今天，其法国文学翻译的成果及其影响依旧重大。从翻译活动本身来看，李健吾是现当代中国文学翻译史的重要参与者，他的法国文学翻译活动是中国现当代文学翻译史的重要组成部分；从翻译成就来看，在我国 20 世纪文学翻译史的发展过程中，李健吾"创作"出多部优秀的翻译文学作品，甚至成为我国翻译文学史中的经典，在我国的翻译文学史中占有重要位置，也为世界文学的发展贡献了力量。

二、翻译文学史中的李健吾法国文学翻译

本节的开篇部分对"文学翻译史"和"翻译文学史"两个概念做出定义。在明确二者的区别和联系之后，需要进一步了解"翻译文学"这一概念之所指，以便从"史"的角度对之展开研究。杨武能从翻译作品的性质、水准、价值等方面对"翻译文学"做出解读："翻译文学与文学翻译关系密切，常易混

为一谈,却并非同一概念:文学翻译定性于原著的性质,与之对照的是其他门类的翻译,如科技翻译、军事翻译,等等;翻译文学定性于译著的质地和水准,即本身仍旧是文学。……优秀的翻译文学,意义和价值不下于创作,是世界文学和民族文学的重要组成部分。"① 佘协斌则认为"翻译文学则是文学的一种存在形式,定性于译品的质量、水平与影响",它"强调的是再现、再创原作的文学品质、文学性及美学价值,从而使外国文学作品成为我国的翻译文学作品,其意义与价值有时并不下于创作,甚至可以与原作媲美而同时并存"。② 以色列著名文化理论家埃文·佐哈尔认为,"翻译文学可能拥有自己的文学形式库,在某种程度上这一形式库甚至是专属于翻译的"。③ 可见,"对'翻译文学'的研究,其重点主要在译作、读者以及译作的接受环境等,侧重对作品的文学性(包括如何能拥有文学性)与影响做出描述与批评,但不能脱离翻译这个大的框架"④。进而,在翻译文学史的框架下,可以有以下研究内容:① 相关概念研究,比如"文学翻译""翻译文学""翻译文学经典",以及"翻译文学"的归属研究等;② 对翻译文学作品的本体研究,可以包括译文与原文的比较研究、同一原文的不同译文间的比较研究、译作的文学性研究等;③ 翻译文学作品的"作者"(即译者)研究,可以包括译者主体性研究、译者意向性研究、译者行为研究、译者惯习研究等;④ 翻译文学作品(译作)的价值与影响研究;⑤ 与上述研究相关的理论研究;等等。其中中间三项内容构成了翻译文学经典建构的因素,它们分别从译作文本之内与译作文本之外探讨翻译文学经典的成因。下文中,我们将从以上几个方面出发,来讨论翻译文学史

---

① 林煌天:《中国译学词典》,湖北教育出版社,1997,第186页。

② 佘协斌:《澄清文学翻译和翻译文学中的几个概念》,《外语与外语教学》2001年第2期。

③ 谢天振:《当代国外翻译理论导读》,南开大学出版社,2008,第221页。

④ 于辉:《翻译文学经典的经典化与经典型——李健吾译〈包法利夫人〉研究》,辽宁大学出版社,2017,第164页。

中李健吾译作的地位与意义。

第一，李译作为翻译文学经典的影响。李健吾是多位法国作家及作品的杰出译介者，是各个时期文学翻译活动的重要参与者。在这一过程中，李健吾"创作"出翻译文学史中多部优秀甚至经典的翻译文学作品，比如前文论及的李译《包法利夫人》和莫里哀喜剧等。这些译作历经时光的考验，拥有长久的生命力，在长时期内一直得到读者的认可与好评，也成为法国文学汉译中的经典，即翻译文学经典。笔者在专著《翻译文学经典的经典化与经典性》中，曾对"翻译文学经典"的定义、性质、特征等做出过较为深入的探讨。李健吾的多部译作具备了翻译文学经典的"文学经典性"（比如文学性、审美性、"跨年代"性等）、"翻译经典性"（是原作的经典传译、翻译研究者的"经典"研究对象）、高度的互文性（译者主体间的互文性、译作与原作的互文性、译作与译入语环境中各类文本的互文）等，是后来者翻译实践与翻译研究的对象与榜样，甚至"在译入语语言的转型期，翻译文学会对其语言发展产生重要的推动作用"，成为"译入语环境中文学创作的重要参考对象"，"在译入语环境的文化发展中产生价值，为其带来新的养分"[1]，等等。鉴于此，加之本研究中"'艺术'地书写译文"与"以灵动的译语译出戏剧语言之特征"等处的论证，李健吾的多部译作都可以被视作我国翻译文学史中的翻译文学经典之作。这些作品"精彩地发掘出译入语语言的表达潜能，大大丰富了译入语文学的表现手法，扩大并提高了译入语文化的视界"，"向我们打开了世界文学及其经典的大门"[2]，为各个时期的各类读者了解法国文学、挖掘汉语中更为丰富的表现手法、推动汉语文学的发展等提供了助力。

第二，李译经典译文对翻译实践的经典示范作用。对于翻译文学作品

---

[1] 于辉：《翻译文学经典的经典化与经典型——李健吾译〈包法利夫人〉研究》，辽宁大学出版社，2017，第171—189页。

[2] 宋学智：《何谓翻译文学经典？》，《中国翻译》2015年第1期。

本身来看，通过译文与原文的横向对比分析以及同一原文不同译文间的纵向比照，可以发掘李健吾译文的经典之处，让我们学习到翻译家很多具体而微的、经典的翻译处理方式，为我们今后的翻译实践、翻译研究、翻译教学等提供帮助。比如我们在第五、六章中做过的研究。另外，从翻译的性质来看，译无定本，译文中存有个别不足在所难免。这种研究也可以发现译文中的不足，进而不断地完善译文。比如在《译作经典的生成——以李健吾译〈包法利夫人〉为例》一文中，笔者就指出，"福楼拜描写卢昂方向天边景色的一段，李健吾就漏译了原文中'金箭'的补语 d'un trophée suspendu（高悬的铠、胄）"。周克希先生也曾指出李健吾"将 elle s'enflammait à l'idée de cette taille si robuste et si élégante 一句中的 s'enflammait（振奋，激动）译为'淫心荡漾'，融入了译者本人的情感因素，没有做到福楼拜式的客观"①。所以，这也让我们看到"经典译作不等于完美的译作，更何况翻译中也没有完美，翻译文学经典有其整体性；经典也不意味着没有后来居上，因为翻译文学经典也有其历史性"，因为"时代在发展，语言表达习惯与读者的品位在不断改变，当前的'经典'也许会成为未来的历史"。②但无论如何，"在健吾老师的身上，我们可以见到一个毫无争议的事实是：经历了大半个世纪，甚至更长的时间，他的译文仍然不失其趣味，也仍然拥有众多的读者，能与半个世纪之后的其他译文并立，能以一己之力撑起汉译法国文学的一块天地"③。这就是他的译作堪称经典的力证，也是值得我们学习的因由所在。即便从将来的某一时刻起，翻译文学经典真的成为"历史上的经典"，"其艺术价值和其中蕴涵的成就经

---

① 于辉、宋学智：《译作经典的生成：以李健吾译〈包法利夫人〉为例》，《学海》2014 年第 5 期。
② 同上。
③ 袁筱一：《文学翻译的真谛》，《光明日报》2020 年 7 月 18 日，第 9 版。

典的因素却是永恒的，也是值得我们研究与学习的"①。

第三，李译的读者影响力。李健吾的翻译文学作品，包括福楼拜系列作品的李译本、莫里哀喜剧的李译本以及李译《生与死的搏斗》等，在我国翻译实践与翻译研究之外的相关领域中，不仅在数量更多的读者中间产生了影响，更一度激励起沦陷区广大读者（观者）的抗日激情。读者反应论认为："读者的活动本身就成为一切文学价值的源泉""文学的价值就依赖于阅读过程的价值。"② "读者"不仅仅包括懂得源语的翻译实践者与研究者，更包括数量更为庞大的相关领域的从业者（比如文学创作者、文学研究者、戏剧作家、戏剧教授者甚至演员等）以及广大普通读者。以李译《包法利夫人》为例，笔者曾从翻译批评与翻译研究中的李健吾译本、翻译研究与文学研究对李健吾译本的引用与传播，以及普通读者的接受等角度，对各类读者对这一译本的接受情况进行调查与评述。结果显示，李译《包法利夫人》在上述读者群体中得到较为广泛的认可，他们对福楼拜、对《包法利夫人》的了解、引用甚至评述、研究，以及对中国文学创作者的影响，都成为该部译作成为"经典"的佐证或曰建构因素。同理，李健吾所译莫里哀系列作品也是如此，在本研究之前的章节中，我们引证过翻译研究者、戏剧研究者对李译本身的评价，其译文不仅仅忠实原作，更是生动、地道的译入语表达，也更适合演员的舞台表演，可以直接用作演员的台词，是难得的精品；同时，我们也论证过李健吾因为对莫里哀的翻译与研究，对自身的戏剧教学、创作等产生了重大的影响。他在译介莫氏喜剧的过程中，认识到彼时中国文学的问题在于缺少对人物性格、冲突等的塑造，而这也正是莫氏喜剧所擅长的，所以李健吾就从莫氏喜剧中得到启发，进而创作了《以身作则》《新学究》等性格喜剧，

---

① 于辉、宋学智：《译作经典的生成：以李健吾译〈包法利夫人〉为例》，《学海》2014 年第 5 期。

② 金元浦：《接受反应文论》，山东教育出版社，2002，第 210 页。

丰富了中国戏剧创作的内容,并为其发展带来了新鲜的元素。

第四,李译形成过程的示范作用。李健吾翻译文学作品的"创作"历程与"创作"特征为我们提供了研究与学习的典型对象和案例。在第五章中,我们以"意向性"及其相关理论为框架,对李健吾的福楼拜研究与翻译展开讨论,不仅探寻到李译福楼拜作品成功的奥秘,更进一步懂得选择对象的重要性:"翻译过程的起源是翻译选择,选什么样的东西来翻译,本质上决定了一个'翻译人'的家国情怀,乃至他/她未来人生之路的宽度。"① 对于李健吾,选择福楼拜一方面在于他与福氏艺术意向性的一致,另一方面也在于当时的中国需要现实主义作品以警醒世人。从这样的选择中,我们看到了李健吾的家国情怀与"自知之明"。当然,这一选择也成就他无可取代的甚至至今仍是独一无二的福楼拜研究与翻译专家的地位,决定了他"未来人生之路的宽度"。所以,我们在选择翻译作品时,要尽量选择与自身兴趣、意向一致的作品来翻译,更要考虑作品之于译入语读者、社会、国家的影响,时刻不可忘记翻译人的家国情怀与担当。当然,李健吾译介福楼拜作品的一系列优秀成果,并不单凭他与福氏高度一致的意向性得来,翻译家本人勤奋、刻苦、客观的治学精神也必不可少。同时,在第六章对李健吾译介莫里哀及其作品的分析中,我们借用了"中国自己的译学理论",即周领顺教授的译者行为理论。在这一理论框架下,我们将李健吾莫里哀喜剧译者的身份作为研究的中心点。李健吾的其他身份,比如莫里哀研究专家、剧作家、戏剧教授者、表演者、组织者等均成为其译者行为中的一环。进而,我们看到,李健吾所译莫氏作品之所以成为"目前我国出版的、最好的莫里哀作品的译本",就在于其在翻译之外的多重社会性角色,这些角色共同帮助他成为莫里哀喜剧的最好的译者。这就提示我们,好的译者需要是原作所属领域的专家、通晓相关

---

① 杜磊、许钧:《翻译教学与翻译人才培养——许钧教授访谈录》,《外语教学》2021年第3期。

领域的各方面知识，只通晓两种语言的译者无法拿出合格的译作，遑论成就优秀的、经典的翻译文学作品。

第五，关于李译研究中研究框架的使用。在对翻译文学史中李译经典的相关研究中，可以对相关翻译理论在某一特定翻译事实中的恰当性、实用性等做出考察，进而为翻译研究中选取更合乎事宜、时宜的理论框架提供支持。在对本研究中与翻译文学相关的研究中，我们深刻体会到恰当取舍中外译论的重要性。本研究以"翻译家李健吾研究"为题，主要包括对李健吾法国文学研究与法国文学翻译的研究，其中既有历时、纵向的分析，也有共时、横向层面的探讨；既有对文学翻译史中李健吾译介活动的描述性研究，也有翻译文学史框架下对李健吾代表性译介成果的描述、对比等研究。在隶属翻译文学史研究中对翻译文学作品的探讨里，我们着重对李健吾的福楼拜与莫里哀译介进行了讨论，但在分析中分别使用了不同的理论框架，即源自西方的意向性理论与我国自有的且近些年发展较好的译者行为理论。在翻译研究中，借助恰当的理论框架与对翻译事实、翻译现象、翻译成果等进行相应的理论分析，可以使相关分析更深入、更系统、更理性，也更有科学的依据。正是因为如此，自改革开放以来，相当多的源自国外的有关语言学、文学、社会学、哲学等相关理论涌入国内，很多理论被翻译研究者借来用于翻译研究，一时间借助理论或者说借助西方理论进行翻译研究蔚然成风。在这种趋势之下，甚至出现了"为了使用理论而使用理论"的现象。有些对理论的套用忽略了理论与实践的贴合性、统一性，"给人以玄而又玄感觉，甚至与翻译实践大大脱节，成为'自娱自乐的理论的高难度表演'。所以，我们有必要在认清翻译界现状的前提下，端正态度，以从翻译实践出发、为翻译实践服务的宗旨进行翻译研究"[①]。这并不代表要忽略理论甚至在研究中不使用理论，而

---

① 于辉：《翻译文学经典的经典化与经典型——李健吾译〈包法利夫人〉研究》，辽宁大学出版社，2017，第4页。

是要选取恰当的、确实可以阐明问题的理论来辅佐我们的翻译研究。本研究的主要对象是李健吾对法国文学的译介，李健吾本人的相关理念、身份行为等也成为研究内容中必不可少的部分。从李健吾的成长经历、创作特征、艺术理念等角度来看，他首先选择福楼拜作为留学法国的研究对象，主要在于他对自身上述特点的清醒认知与对译入语环境文学需求的正确认识。随着相关译介成果的问世，李健吾成为福楼拜作品的经典研究者与翻译家，则更多的在于李健吾与福楼拜艺术意向性的高度一致，以及他勤勉、扎实的工作态度。在笔者的专著《翻译文学经典的经典化与经典性》中，曾以互文性理论为依托，将翻译文学经典的译者与原作作者的艺术理念、身份背景等视作二者的"先在文本"，并认为翻译文学经典诞生的前提与基础正是他们"先在文本"的高度互文。这一论述过程借用了源自保加利亚裔、法国籍文学理论家克里斯蒂娃（Kristeva）的互文性理论，但由于我们在后续的研究中发现这种对"文本"概念的更宽泛的定义，并不十分严谨，所以在本研究中暂时放弃使用，争取在今后的研究中不断完善相关论证，以更好地也更合理地将互文性理论应用于翻译研究。至于李健吾对莫里哀喜剧的研究与翻译，其选择的原因之一当然也在于他对戏剧的喜爱，但也正是出于喜爱，李健吾方开始进行戏剧演出、创作甚至教学，而所有这些社会行为，使其具备了戏剧作家、戏剧教师、演员、戏剧研究者的多重社会身份与角色。这一特征在他的莫里哀研究与翻译中最为突出，所以他能够既忠实于原作又生动、灵活地"写作"译作，得到优秀的甚至截至目前最好的莫氏喜剧中译本，李译莫里哀喜剧进而也成为我国翻译文学史中的经典。我们上文曾通过周领顺教授的译者行为批评理论对上述研究做出系统的分析、理解与评价。由以上可见，在翻译研究过程中，我们当然可以选择国外的相关理论作为理论框架或者研究依据，但要恰当合理，并且应与翻译事实紧密相关；同时要重视并相信中国自有的翻译理论，仔细研读、深入发掘，将之合理地应用于相应的研究之中。以中国的理论阐释中国的翻译事实，可以更好地说理与论证，同时也能逐步丰富与完善相关的理论。

作为活跃于 20 世纪的法国文学翻译家，李健吾于文学翻译史与翻译文学史中呈现出的翻译活动、翻译过程、翻译成果、翻译思想与态度等，以及我们在进行上述研究中所借用的理论、运用的方法、论述的过程等，均可以为我们今后的翻译实践活动与翻译家研究、译介研究以及翻译理论研究等提供借鉴，这也是李健吾译事活动与翻译思想的当下性所在。

第三节　翻译家李健吾的家国情怀与艺术人生

前文中，我们曾以"意向性"理论为框架，对李健吾成为福楼拜经典的研究专家与翻译家，并"创作"出翻译文学经典作品的关键原因做出研究，认为其关键原因在于李健吾与福楼拜艺术意向性的一致；同时，在通过对李健吾法国文学译介特征做出的分析，我们认为他选择福楼拜、莫里哀等作家及作品进行译介的原因在于他看到彼时中国对文学的需求，那就是现实主义，所以他选择上述法国作家进行研究与翻译。上述两种解读之间似乎存在一定的矛盾，但却恰好反映出在李健吾一生中，无论在从事法国文学译介，还是进行文学创作、文学评论，都始终饱含家国情怀与艺术追求。本章中，我们将对李健吾的家国情怀与艺术人生进行更进一步的探讨，其原因就在于上述两个方面是他诸多选择的起点，也是他译介活动的重要依据，更是他优秀品格的表现。正是有了这些选择、实践活动与优秀的品格，加之李健吾本人的努力耕耘，方可能在各个领域做出杰出的成就并产生相应的影响。

不可否认，李健吾是向往艺术的，也在为成就艺术而努力，这是艺术家的天性："什么是我所崇拜的，如若不是艺术？这也许是一个日将就暮的犄角，做成我避难的蚌壳。然而那真正的公道在人世无处可觅，未尝不在艺的国度保存下来。我挣扎于富有意义的人生的极境。我接受唯有艺术可以完成精神的胜利。我用艺术和人生的参差，苦自揉搓我渺微的心灵。作品应该建在一个深广的人性上面，富有地方色彩，然而传达人类普遍的情绪。"① 这段话中体现的艺术之于作者的意义同福楼拜的"艺术永在，挂在热情当中，头上戴着他上帝的华冠……"② 不可谓不相似，但我们从中又可以看到"然而那真正的公道在人世无处可觅"，"我挣扎于富有意义的人生的极境"，"作品应该建在一个深广的人性上面，富有地方色彩，然而传达人类普遍的情绪"等认为艺术须与现实紧密贴合的表达。在《小说集〈使命〉跋》中他进一步写道："一般人笑骂我是'为艺术而艺术'，我向例一笑置之。不是骄傲，而是我相信，艺术不容我多嘴。人人可以体会，这不是什么独得之秘。它近在眼前，远在千里，并不扑朔迷离，然而需要钻研体会。……'为艺术而艺术'的流弊是幻术、戏法。然而，那不是艺术。因为形体不是盒子、包袱，而是它的一部分，那表里一致的内在的涌现。……让我声明一句：一切是工具，人生是目的，艺术是理想化的人生。"③ 李健吾崇拜艺术，但更认为艺术是为人生服务的，是人人可以触及与体会到的，所以需要我们去刻苦学习与体会。这就与福楼拜创作"艺术"的目的有了根本的不同：福氏是纯粹的"为艺术而艺术"，李健吾是"为人生而艺术"。他们都在追求艺术，追求艺术的丰富的表现手法，但最终的目标却并不相同，李健吾的最终目标还是现实。李健吾追求艺术，所以他能够体会福楼拜对于艺术的执着，体会他对艺术表现的创新，进而在研究与翻译中对之进行准确的解读。但另一方面，福楼拜也被国内外很多的作家、评论家视作现实主义作家，而且是开创小说新的创作手

---

① 李健吾：《〈以身作则〉后记》，李维永编《李健吾文集》（戏剧卷1），北岳文艺出版社，2016，第490页。

② 李健吾：《福楼拜评传》，广西师范大学出版社，2007，第277页。

③ 李健吾：《小说集〈使命〉跋》，李维永编《李健吾文集》（小说卷），北岳文艺出版社，2016，第326—327页。

法的现实主义作家，所以在中国最需要现实主义的年代，福楼拜是李健吾再好不过的选择。

同时，生于1906年的李健吾注定要同祖国一起经历多舛的命运，并为祖国发出深情的呐喊。所以，他也为国家、为社会、为现实而艺术，用自己的家国情怀和艺术作品去唤醒同胞的共鸣。在法国留学期间，"九·一八事变"爆发，李健吾激愤之下创作了戏剧《火线之内》，并为之编写歌词《出征歌》。《火线之内》于1933年在《申报》发表。此处节选《出征歌》片段如下："今日何日？强虏犯疆。人道扫地，正义不昌。我乃奋起，展翅龙江。热情汹涌如龙江。救我祖国！救我祖国！赴汤蹈火——救祖国！救我祖国！救我祖国！赴汤蹈火救祖国！"①作者对侵略者的愤怒，对家国命运的忧灼以及唤起同胞奋起救国的激情溢于言表。这又何谈"只为艺术"？

此外，对于热爱戏剧的李健吾，莫里哀更是他的不二选择。莫里哀是世界范围内的喜剧大师，法语更是被称作"莫里哀的语言"，可见他在创作手法、语言表达方面的造诣。同时，莫里哀于作品中表现出的对社会现实的辛辣讽刺，也是李健吾想要传递给中国读者的要义之一。在戏剧方面，如前文所述，李健吾不仅翻译、研究莫里哀，更结合中国实际，改编多部法国戏剧，并将之搬上舞台。这一实践活动多发生在上海沦陷期，改编戏剧并组织演出，也是他谋生的一种方式。彼时的李健吾生活有些窘迫，但他拒绝了在日伪政府担任要职的周作人的邀请，宁愿留在上海"做李龟年"②。由于李健吾的改编剧《金小玉》揭露出日本侵略者的残忍暴虐，他终被日本宪兵逮捕。在法国文学译介对象的选择中，李健吾兼顾现实与艺术，但总是以现实为先，以译入语环境——自己的祖国——的需求为先，同时不放弃对艺术的追求，"创

---

① 转引自李维音编《李健吾画传》，北岳文艺出版社，2019，第27页。
② 李健吾：《与友人书》，李维永编《李健吾文集》（散文卷），北岳文艺出版社，2016，第216页。

作"出诸多既易于读者接受又极具艺术水准的作品。由以上种种可见，李健吾拥有深沉的爱国情怀，祖国的需求总是他选择的依据，无论是翻译、研究的选择，还是创作方面的选择，但在这个过程中，他也从未放弃对艺术的追求。李健吾是满怀家国情怀，扎根于现实之中的艺术家、翻译家和学者，他的一生是为艺术的一生，更是为现实的一生。

结 语

本研究对翻译家李健吾法国文学翻译活动的背景、基本状况、重点对象以及翻译家李健吾多重身份间的关联、其翻译活动的特征，其中蕴含的思想、产生的意义等进行了较为系统的探讨。在研究过程中，我们对中国现当代在文学、翻译等领域均取得卓越成就的大师级人物李健吾有了更多更深入的了解，对他与法国文学间深厚的"情谊"有了更深刻的体会。现将本研究所取得的主要成果做出总结。

第一，李健吾的法国文学翻译活动持续半个多世纪，历经现当代中国特征鲜明的各个时期，在不同的时期，他对主要译介对象的选择、对之的解读以及翻译等，都与译介者身处的政治、文化、社会等背景密不可分。这是由外国文学译介活动本身的特征决定的，同时也是外国文学研究、翻译者自觉选择的结果。所以，虽然多有论者认为李健吾属于"为艺术而艺术"的一派，但他在外国文学的翻译与研究方面，尤其在译介对象的选择方面，是与现实紧密联系的。在对法国文学的翻译和研究中，李健吾做到了将现实和艺术相结合，并努力为现实服务。

第二，李健吾研究专家与翻译家的双重身份得以良性互动，而他在这种互动过程中的勤勉、坚持以及科学的精神，也是他在多个领域取得杰出成就的必要条件。通过对研究家型翻译家李健吾及其相关成果的研究，我们发现作为译者，李健吾对翻译对象（作者、作品等）有着极为深入、细致、科学的了解。这种对原作的深入探究必然大大有益于他的翻译活动，而其对相关作品极具责任感的翻译，更会加深他对作品的体悟。

第三，在对作家型翻译家李健吾的身份探寻中，我们看到他非凡的以译入语进行各类体裁文学创作的能力，其文学追求或理念中既深藏中国传统的浸润，又体现出法国文学的影响，而这种影响又来自他对法国文学的翻译与研究。李健吾在文学评论、小说、戏剧等创作作品中大量引介法国文学，其中既有对相关作家、评论家等观点、作品的引用，也有对作家作品创作方式、手法等的借鉴。这也是李健吾译介法国文学的一种特殊的方式，更可以从中看到他对法国文学的精通和熟稔；反视之，这也是外国文学译介影响接受环境文学、文化等发展的体现。李健吾的文学创作在相当程度上得益于法国文学的引入，而他的中文创作能力，更大大有益于自身的法国文学翻译。

第四，在对李健吾法国文学翻译的实践特征、翻译思想与翻译精神的探析中，我们看到一位对祖国饱含深情，对翻译事业锲而不舍、刻苦钻研、积极勤勉的法国文学翻译家形象。李健吾的翻译活动，他选择翻译对象的角度（接受环境需要、自身喜爱、艺术意向性相契合、对相关领域有深入的了解等）、端正的翻译态度、对翻译活动深入的思考、严谨负责的翻译态度等，都是非常值得我们学习与借鉴的。

第五，在对李健吾所译福楼拜作品的分析中，我们更为具体地体会到李健吾对艺术与现实的向往与追求。李健吾之所以可以在福楼拜的研究与翻译方面取得经典成果（其中《福楼拜评传》和李译《包法利夫人》最具代表性），关键性因素就是李健吾与福楼拜艺术意向性的一致，必要性因素则分析李健吾在翻译与研究中秉持的科学、客观的态度与勤勉、踏实的精神。

第六，在对莫里哀作品翻译的讨论中，我们看到翻译主体（即译者）对翻译对象的喜爱、对相关领域的深入了解甚至研究对于翻译结果的影响。我们以译者行为批评理论为分析框架，认为李译莫里哀作品取得成功的最重要原因在于其译者行为的完美循环（戏剧表演—创作—研究—翻译—创作—教学）。这种在戏剧领域的全方位参与行为使李健吾可以对翻译对象做出更贴切、更实际、更生动的阐释（包括研究与翻译）。

第七，在对李健吾译事活动与翻译思想的当代启发的探讨中，我们对李健吾法国文学研究的特征与意义做出总结，对他法国文学翻译活动及成果在我国的文学翻译史与翻译文学史中的地位、影响等做出判断。在此之前，学界对李健吾法国文学研究的评价很高，但对其文学翻译活动却少有论及，这与他在翻译领域的成就与地位不甚相符。李健吾的法国文学研究及其成果在彼时的中国具有开拓性意义，他的法国文学翻译也极具代表性地位。李健吾的法国文学翻译与研究活动及成果，他在从事相关活动中秉持的态度、方法、思想，以及他的为人处世等，皆具有重要的影响和价值，是我辈学人的榜样。

在进行上述研究的过程中，尤其在对李译福楼拜作品与莫里哀作品进行分析时，本研究使用了不同的理论框架。其原因就在于，我们认为，理论框架的应用与研究对象及其特征密不可分，而本研究的主要目的在于借助相关理论来探寻翻译活动中译者的关键作用，以及这种作用发挥的途径、方式等。福楼拜作品翻译与莫里哀喜剧翻译是李健吾最主要的翻译成果。在对福氏小说与莫氏喜剧的翻译过程中，译者李健吾的意向性选择（包括翻译对象的选择与译文中具体词句的选择等）与其不同的社会性角色都发挥了重要的作用。比如在福楼拜作品的翻译中，李健吾是译者，也是原作与原作者的经典研究者；在莫里哀喜剧的翻译中，译者李健吾更是兼具戏剧创作者、表演者、教授者、研究者等更为丰富的社会角色。李健吾于研究、创作、文学评论中体现出的艺术意向性与福楼拜高度一致，这是他翻译福氏作品可以取得成功的关键，而在戏剧领域的多重身份则是其莫氏喜剧翻译至今无人超越的主要原因。所以，我们分别以意向性理论与译者行为理论来分析李健吾对上述两位大家作品的翻译。"意向性"源自国外的经院哲学，国内多位学者将之与翻译研究联系起来，用以解决相关的翻译问题；"译者行为批评"理论是始自我国著名翻译研究者周领顺教授的本土翻译理论，近些年得到众多翻译学习者与研究者的认可与应用。我们认为，在翻译研究中，善于发掘国内外相关的理论观点,并将之与契合的实际问题相联系,是值得提倡的。在这个过程中,要避免理论与实际问题或研究对象"两张皮"的现象出现,避免为了使用理论而使用理论。当然,多年来,较之我国自己的相关理论,国外的翻译理论或可以与翻译研究相联系的文学、文化学、社会学、哲学等相关理论更为丰富和系统化,但我们的学者并未停止过探寻的脚步,"译者行为批评"理论便是很好的一例证明。相信在未来,会产生更多、更丰富、更系统,也更适合中国译境的翻译理论。

综合以上所述,我们完成对本研究理论意义的总结。从实践方面看,通过对李健吾法国文学译介活动总体状况、代表性作品以及译介者李健吾的翻译态度、翻译观念、家国情怀等的深入解读,我们应学习他科学、客观、勤勉、踏实与严谨、负责的治学精神和翻译精神,避免研究、翻译、学习中的心浮气躁、盲目求利等行为;深入激发与挖掘自身作为研究者与译者的主体性与能动性,深入研读原作,努力打造翻译与研究的精品。当前科技发展日新月异,人工智能异军突起,译者的"地位"似乎受到挑战。在这种背景下,译者主观能动性的发挥尤为重要。人工智能无法替代人工进行细致的校对,更无法进行表现手段丰富、情感描摹细致的文学作品的翻译,但其工作效率是人工无法比拟的。鉴于此,译者更应充分发挥自身优势。这种优势尤其在于译者释放于翻译活动中的主体性、创造性与相关的文化、艺术能力。

通过对整个研究过程的回顾与对研究结果的总结,我们认为对李健吾法国文学译介状况,尤其是李健吾法国文学翻译的各个方面,可以在多个方面对我们产生影响并带来启示。

(1)"恒心恒力的研究家型翻译家"[①]带来的影响与启示。李健吾对法国文学的研究与翻译持续半个世纪之久,深入的研究与生动的译笔相互辉映,且持久不衰,为我们树立起一个在翻译与研究领域"恒心"与"恒力"的典范。

---

① 袁筱一:《文学翻译的真谛》,《光明日报》2020年7月18日,第9版。

袁筱一曾以李译《包法利夫人》译序为例,指出在1948年、1958年、1979年三次出版的译作中,李健吾分别对译序做出修订甚至重写,并在序言之外对小说做出"全套"①的介绍与解读。在李译《包法利夫人》初版之前,李健吾已经是我国福楼拜及其作品的独一无二的研究专家,但他没有止步于已有的成果,而是不断对之进行完善。这正是李健吾对研究、对翻译持有科学、严谨的态度的一个缩影,也是他能够在翻译方面同样取得杰出成就的重要原因之一。

(2)翻译家李健吾研究对翻译理论研究和翻译实践的影响和启示。通过第四章的论述可见,从翻译文本之外的翻译功能、翻译性质、译语读者到翻译文本内的字句处理和译者素质,从宏观到微观,李健吾都有过精辟的论述,而他的"传神说"的提出甚至早于傅雷的"神似说"。以上种种对于我们理解翻译、做好翻译等都具有重要的意义。另外,李健吾对待翻译的态度、对原作的深入研究以及他生动、传神的译笔等,是我们做好翻译实践的好榜样。在诸多有关法汉翻译的教材中,都有李健吾的译文做例,比如出版于20世纪80年代的《法汉翻译教程》(陈宗宝编著,1984年),以及新世纪以后的《法汉翻译教程》(许钧主编,2007年)等。李健吾对译文灵活、贴切的处理方式,值得法语学习者与翻译学习者的效仿与学习。

(3)法国文学翻译家与研究专家身份之外的影响。《李健吾传》的作者韩石山在"二版序"中写道:"现在的学界中人,一说起李健吾,就说他是位卓越的文学批评家"②,当然他也是散文家、戏剧家、小说家、法国文学研究专家和翻译家——"这是一个不世出的天才"③。是的,李健吾在上述领域均有过杰出的成就,他的文学评论不仅观点独到精辟,且文笔斐然、洒脱豁朗,得到香港作家、学者司马长风的高度评价,他的戏剧创作令曹禺"甘拜下风",他

---

① 袁筱一:《文学翻译的真谛》,《光明日报》2020年7月18日,第9版。
② 韩石山:《李健吾传》,人民文学出版社,2017,第408页。
③ 同上书,第410页。

也写出中国最早的意识流小说《心病》与著名散文《雨中登泰山》，等等。他在上述领域的成就甚至比于法国文学译介领域取得的成就更为知名。当然，也是因为他卓然的写作才能，方可以成为优秀的文学翻译家。进而，我们也再一次看到，欲成为好的译者，首先需要成为好的作者。

（4）宽阔的文学文化视野与恒久的专业精神和品格。进入清华大学学习之后，李健吾在老师朱自清的建议下转入外文系学习，从此便与外国文学的研究与翻译结下不解之缘。在中国需要外来文学滋养的年代，他选择了福楼拜、司汤达、巴尔扎克等现实主义作家；在对翻译的认知中，他首先认为翻译是丰富一种文化、促进其发展的不可或缺的动力，并以中西翻译史中的事实为证；在对翻译的解读中，他不仅仅从自身的实践出发，也不限于对中国译事的阐释，而是中西结合，触及西方翻译史中最著名的论述（比如泰特勒）；他的"本业是法国文学研究"，法国文学的相关元素在他的文学评论、研究性作品中被频繁引证，但其所知又远不止于此，孟子、屈原、司马迁、李白、杜甫、韩愈、荷马史诗、希腊悲剧、莎士比亚、狄更斯、托尔斯泰等，也都是其中的"常客"。李健吾宽阔的文学文化视野与丰富的学识使他成为我国现当代文学史、翻译史上难得的全才。当然，以上成就更源自李健吾持久、踏实、勤奋的治学精神与品格：在生活艰难的时刻，在不得已成为"李龟年"的日子，在"文化大革命"中，李健吾都坚持自己的翻译与研究工作。他锲而不舍的治学精神是当代学人不可多得的榜样之一。

（5）"黄金般的心"与对祖国永远的深情。除却在治学方面，生活中的李健吾也是拥有黄金般宝贵的人品，对朋友、家人、同事满怀热忱，赤诚相见，对祖国更是永怀深沉的爱恋。李健吾对朋友无私付出，对老友真心相助，使著名俄国文学翻译家汝龙对他称赞道："李健吾有一颗黄金般的心，巴金深以为然。"[①] 对于祖国，李健吾更是永远热爱。虽然有时他的这种情感并不流于言

---

① 韩石山：《李健吾传》，人民文学出版社，2017，第373页。

语之间或者在作品中直接表露，但他对祖国的深情从未改变。在祖国危急或需要的关键时刻，他会从自身的创作出发，为祖国尽一份心力。这从他创作（比如在戏剧、小说等）中隐含的思想、从法国文学译介对象的选择等方面都可以看到。

至此，本研究告一段落，但这远非翻译家李健吾研究或李健吾研究的终点。作为中国文学领域与翻译领域的大师级人物，李健吾留给我们深广的研究空间。本研究以"翻译家李健吾"为题，但对他的法国文学研究与文学创作活动均做出一定程度的探讨，其目的在于讨论此二者与李健吾法国文学翻译活动的内在关联。因此，对李健吾法国文学研究与原创作品的专门研究仍有待进一步拓展与深入。此外，在文学翻译领域，李健吾主要从事法国文学翻译，但其译介对象又不仅限于此。清华大学求学期间，作为英文专业的学生，他也从英文翻译了很多诗歌、散文，1949 年前后也从英文转译了诸多俄罗斯戏剧、希腊戏剧等，这些也是李健吾研究中应当包含的部分。

李健吾严谨、认真的治学品格，对友人的真挚情谊，对祖国的深厚情怀，不仅值得我们研究，更值得我们学习。

最后，相信韩石山先生在《李健吾传》"二版序"中期盼的"李健吾热"①终将到来，或者说，已经到来。

---

① 韩石山：《李健吾传》，人民文学出版社，2017，第 410 页。

参考文献

外文参考文献

Albir, A.H. , *La Notion de fidélité en traduction*, Paris: Didier Erudition, 1990.

Batista, C. , *Traducteur, auteur de l'ombre*, Paris : Arléa Editions, 2014.

Berman, A., *L'épreuve de l'étranger* , Paris : Gallimard, 1984.

Berman, A., *L'Âge de la traduction : La tâche du traducteur*, Paris : Presses Universitaires Vincennes, 2008.

Berman, A., *Jacques Amyot, traducteur français*, Paris : Belin Littérature et Revues, 2012.

Cassin, B., *Éloge de la traduction*, Paris : Fayard, 2016.

Flaubert, G., *Madame Bovary*, Paris : Édition Jean-Claude Lattès, 1988.

Flaubert, G., *Salammbô*, Paris : Bookking International, 1993.

Flaubert, G., *La Tentation de saint Antoine*, Paris : Bookking International, 1994.

Flaubert, G., *Bouvard et Pécuchet*, Paris : Classique universel, 2000.

Flaubert, G., *L'Éducation sentimentale*, Paris : Édition Gallimard, 2017.

Flaubert, G., *Trois contes*, Paris : Édition Gallimard, 2017.

Gouanvic, J.-M., *Sociologie de la traduction – La science-fiction américaine dans l'espace culturel français des années 1950*, Arras : Artois Presse Université, 1999.

Jolicœur, L., *Attirance et Esthétique en Traduction Littéraire*, Ottawa : National Library of Canada, 2005.

Meschonnic, H., *Éthique et Poétique du Traduire*, Normandie : Verdier, 2007.

Molière, *Œuvre complète* (I-IV), Paris: GF Flammarion, 2015.

Sartre, J-P., *L'Idiot de la famille(tome 2)*, Paris: Gallimard, 1971.

Steiner, G., *Après Babel, Une poétique du dire et de la traduction*, trad. par Lucienne Lotringer, Paris : Albin Michel, 1978.

Stendhal, *Chroniques italiennes*, Paris: Garnier-Flammation, 1977.

Stendhal, *Le coffre et le revenant et autres histoires*, http://beq.ebooksgratuits.com/vents/index.htm, 2021-7-30.

Toury, G., *Descriptive Translation Studies and Beyond*, Amsterdam: John Benjamins, 1995.

中文参考文献

专著：

陈永国：《翻译与后现代性》，中国人民大学出版社，2005。

陈太胜：《象征主义与中国现代诗学》，北京大学出版社，2005。

陈玉刚：《中国翻译文学史稿》，中国对外翻译出版公司，1989。

褚东伟：《翻译家林语堂》，上海外语教育出版社，2012。

陈宗宝：《法汉翻译教程》，上海译文出版社，1984。

许钧、宋学智、胡安江：《傅雷翻译研究》，译林出版社，2016。

傅葆石：《灰色上海，1937—1945》，生活·读书·新知三联书店，2012。

韩石山：《李健吾传》，人民文学出版社，2017。

胡开宝、辛红娟：《张柏然翻译思想研究》，浙江大学出版社，2022。

季羡林:《季羡林谈翻译》,当代中国出版社,2009。

蒋芳:《巴尔扎克在中国》,中国社会科学出版社,2009。

金圣华:《傅雷与他的世界》,生活·读书·新知三联书店,1996。

金元浦:《接受反应文论》,山东教育出版社,2002。

蓝红军:《钱钟书翻译思想研究》,科学出版社,2023。

李健吾:《福楼拜评传》,广西师范大学出版社,2007。

李健吾:《咀华集 咀华二集》,人民文学出版社,2007。

李维音:《李健吾画传》,北岳文艺出版社,2019。

林煌天:《中国译学词典》,湖北教育出版社,1997。

刘宓庆:《翻译美学导论》,中国对外翻译出版公司,2005。

刘全福:《翻译家周作人论》,上海外语教育出版社,2007。

罗顺江、马彦华:《法汉翻译新教程》,北京大学出版社,2008。

马晓冬:《曾朴:文化转型期的翻译家》,北京大学出版社,2014。

莫言:《莫言讲演新篇》,文化艺术出版社,2010。

司马长风:《中国新文学史》(中卷),香港:昭明出版社,1983。

宋学智:《翻译文学经典的影响与接受》,上海译文出版社,2006。

宋学智:《傅雷与翻译文学经典研究》,浙江大学出版社,2020。

童庆炳、陶东风:《文学经典的建构、结构和重构》,北京大学出版社,2007。

涂纪亮:《英美语言哲学概论》,人民出版社,1988。

王秉钦:《20世纪中国翻译思想史》,南开大学出版社,2018。

温儒敏:《中国现代文学批评史》,北京大学出版社,1993。

吴笛:《外国文学经典生成与传播研究》(第1—8卷),北京大学出版社,2019。

谢天振:《译介学导论》,北京大学出版社,2007。

谢天振:《当代国外翻译理论导读》,南开大学出版社,2008。

谢天振、许钧：《新中国 60 年外国文学研究（第 5 卷）·外国文学译介研究》，北京大学出版社，2015。

向洪全：《翻译家巴金研究》，复旦大学出版社，2016。

徐欢颜：《莫里哀喜剧与 20 世纪中国话剧》，北京大学出版社，2014。

许钧：《法汉翻译教程》，上海外语教育出版社，2007。

许钧：《翻译论（修订本）》，译林出版社，2014。

许钧、宋学智、胡安江：《傅雷翻译研究》，译林出版社，2016。

杨丽华：《中国近代翻译家研究》，天津大学出版社，2011。

于辉：《翻译文学经典的经典化与经典型——李健吾译〈包法利夫人〉研究》，辽宁大学出版社，2017。

邹振环：《影响中国近代社会的一百种译作》，中国对外翻译出版公司，1996。

查明建、谢天振：《中国 20 世纪外国文学翻译史》，湖北教育出版社，2007。

郑克鲁：《法国文学史》，上海外语教育出版社，2003。

张新赞：《在艺术化与现实化之间——李健吾的文学批评》，知识产权出版社，2014。

周克希：《译边草》，百家出版社，2001。

周领顺：《译者行为批评：理论框架》，商务印书馆，2014。

译著：

［法］巴尔扎克：《欧也妮·葛朗台／高老头》，傅雷译，人民文学出版社，1980。

［法］福楼拜：《包法利夫人》，李健吾译，人民文学出版社，1984。

［法］福楼拜：《马丹波娃利》，李劼人译，中华书局，1925。

［法］福楼拜：《波华荔夫人传》，李青崖译，商务印书馆，1927。

［法］福楼拜：《包法利夫人》，罗国林译，中国书籍出版社，2005。

［法］福楼拜：《包法利夫人》，张道真译，上海文艺出版社，2007。

［法］福楼拜：《包法利夫人》，朱华平译，广州出版社，2007。

［法］福楼拜：《包法利夫人》，许渊冲译，译林出版社，2008。

［法］福楼拜：《包法利夫人》，孙文正译，江苏人民出版社，2010。

［法］福楼拜：《包法利夫人》，周克希译，上海译文出版社，2011。

［美］哈罗德·布鲁姆：《西方正典》，江宁康译，译林出版社，2011。

［法］福楼拜：《福楼拜文学书简》，丁世忠译，北京燕山出版社，2012。

［法］福楼拜等：《李健吾译文集（I-XIV）》，李健吾译，译文出版社，2019。

［法］莫里哀：《莫里哀喜剧全集（第一至四卷）》，李健吾译，湖南文艺出版社，1993。

［法］莫里哀：《莫里哀喜剧六种》，李健吾译，上海译文出版社，2008。

［法］莫里哀、博马舍等：《法国戏剧经典》，李玉民译，浙江大学出版社，2011。

［法］米兰·昆德拉：《小说的艺术》，孟湄译，生活·读书·新知三联书店，1992。

［俄］契诃夫：《契诃夫独幕剧集》，李健吾译，文化生活出版社，1948。

［美］塞尔：《心灵、语言和社会》，李步楼译，上海译文出版社，2006。

［法］司汤达：《意大利遗事》，李健吾译，上海三联书店，2013。

［美］T.S.艾略特：《诗歌的社会功能》，《美国作家论文学》，刘保端等译，上海三联书店，1984。

文集：

陈平原、夏晓虹：《二十世纪中国小说理论资料（1897—1916）》，北京大学出版社，1989。

罗新璋、陈应年：《翻译论集》，商务印书馆，2009。

郭绍虞：《中国历代文论选》（第 4 册），上海古籍出版社，1980。

刘云虹：《法国文学经典汉译评析》，外语教学与研究出版社，2023。

李维永：《李健吾文集》（1-11 卷），北岳文艺出版社，2016。

李维音：《李健吾书信集》，北岳文艺出版社，2017。

李维音：《李健吾年谱》，北岳文艺出版社，2017。

王寿兰：《当代文学翻译百家谈》，北京大学出版社，1989。

期刊论文：

卞之琳等：《十年来的外国文学翻译和研究工作》，《文学评论》1959 年第 5 期。

鲍同：《中国文学在日本译介活动中的"译者行为"研究——以〈中国现代文学〉丛刊的译介选择为例》，《外语学刊》2018 年第 5 期。

曹丹红：《多义性与文学翻译的张力》，《外国语》2014 年第 2 期。

陈惇：《新中国莫里哀戏剧研究 60 年》，《北京大学学报（哲学社会科学版）》2012 年第 2 期。

陈青生：《沦陷时期上海的话剧创作》，《上海戏剧》1995 年第 2 期。

戴文静：《中国文论英译的译者行为批评分析——以〈文心雕龙〉的翻译为例》，《解放军外国语学院学报》2017 年第 1 期。

杜磊、许钧：《翻译教学与翻译人才培养——许钧教授访谈录》，《外语教学》2021 年第 3 期。

段崇轩：《为中国现代小说"培根育魂"——论李健吾的小说创作》，《现代文学研究》2022 年第 4 期。

范水平：《李健吾文学批评的自然主义倾向》，《求索》2011 年第 6 期。

范水平：《李健吾的文学形式决定论思想研究》，《贵州社会科学》2011 年第 9 期。

范水平:《李健吾与福楼拜和自然主义》,《现代中国文化与文学》2012年第1期。

范水平:《论自然主义影响下李健吾客观呈现的文学批评观》,《青海社会科学》2021年第5期。

冯汉津:《李健吾是现代小说的接生婆》,《社会科学战线》1985年第2期。

冯全功:《翻译家精神:内涵分析与潜在价值》,《外国语》2023年第1期。

傅敬民:《译者行为的自主性和规范化》,《北京第二外国语学院学报》2019年第2期。

郝思聪:《论李健吾"略在新文学之外"的小说创作》,《现代中国文化与文学》2012年第1期。

黄勤、刘晓黎:《译者行为批评视域下〈肥皂〉中绍兴方言英译策略对比分析》,《解放军外国语学院学报》2019年第4期。

管新福:《民国文献对斯丹达尔及其〈红与黑〉的译评》,《常州大学学报(社会科学版)》2021年第4期。

郭宏安:《读〈福楼拜评传〉——为怀念我敬爱的老师李健吾先生而作》,《读书》1983年第2期。

胡德才:《论李健吾的喜剧创作》,《三峡大学学报(人文社会科学版)》2001年第6期。

胡德才:《论李健吾与莫里哀喜剧的精神联系》,《中国比较文学》2013年第3期。

季桂起:《论李健吾的文学批评》,《文学评论》1992年第3期。

季士强:《意向性是否实在》,《科学技术哲学研究》2017年第4期。

焦海燕:《李健吾的喜剧风格》,《山东师范大学大学报(社会科学版)》1986年第6期。

李健吾:《科学对法兰西十九世纪现实主义小说艺术的影响》,《文学研究》1957 年第 4 期。

李健吾:《李健吾自传》,《山西师院学报(社会科学版)》1981 年第 4 期。

李健吾:《〈爱与死的搏斗〉在"孤岛"时期的正式演出》,《山西师院学报》1981 年第 4 期。

李晶:《李健吾的批评精神与批评实践论析》,《中国文艺评论》2022 年第 12 期。

刘晶:《李健吾执着的人性精神实践——评析李健吾剧本和剧评》,《电影评介》2011 年第 12 期。

刘云虹:《译者行为与翻译批评研究——〈译者行为批评:理论框架〉评析》,《中国翻译》2015 年第 5 期。

刘云虹、许钧:《走进翻译家的精神世界——关于加强翻译家研究的对谈》,《外国语》2020 年第 1 期。

罗伯-格里耶、谷冰:《未来小说之路》,《当代外国文学》1983 年第 1 期。

罗大冈:《现实主义戏剧家莫里哀》,《外国文学研究》1985 年第 3 期。

麻冶金:《李健吾文学批评与其小说创作的关系》,《宜春学院学报》2018 年第 7 期。

马晓冬:《商业化面孔下的政治呼唤》,《中国比较文学》2016 年第 3 期。

马晓冬:《李健吾的翻译观及其伦理内涵》,《中国社会科学院研究生院学报》2020 年第 1 期。

穆海亮:《李健吾研究亟待推进》,《粤海风》2014 年第 6 期。

钱林森:《爱真与美的"冷血诗人"——福楼拜在中国》,《蒲峪学刊》1994 年第 2 期。

钱林森:《李健吾与法国文学》,《文艺研究》1997 年第 4 期。

佘协斌：《澄清文学翻译和翻译文学中的几个概念》，《外语与外语教学》2001年第2期。

师陀：《记一位"内圆外方"的老友》，《新文学史料》1987年第2期。

宋学智：《何谓翻译文学经典？》，《中国翻译》2015年第1期。

屠国元、李文竞：《翻译发生的意向性解释》，《外语教学》2012年第1期。

王德禄：《评李健吾对莫里哀喜剧的研究》，《晋阳学刊》1991年第5期。

王宏、沈洁：《搭建中西译论融通的桥梁——评"译者行为批评"》，《北京第二外国语学院学报》2019年第2期。

涂卫群：《寻觅普鲁斯特的方法》，《外国文学评论》1998年第3期。

王静、兰莉：《翻译经典的建构——以梁译〈莎士比亚全集〉为例》，《外语教学》2010年第1期。

魏照风：《怀念李健吾同志》，《上海戏剧》1983年第2期。

徐欢颜：《莫里哀与李健吾的现代喜剧创作》，《海南师范大学学报（社会科学版）》2012年第5期。

徐盛桓：《意向性的认识论意义——从语言运用的视角看》，《外语教学与研究》2013年第2期。

徐士瑚：《李健吾的一生》，《新文学史料》1983年第3期。

许钧：《翻译精神与五四运动——试论翻译之于五四运动的意义》，《中国翻译》2019年第3期。

薛旭辉：《意向性解释的价值向度：心智哲学与认知语言学视角》，《西安外国语大学学报》2017年第3期。

杨志红、王克非：《翻译能力及其研究》，《外语教学》2010年第6期。

于辉：《"内外兼修"与"承上启下"之法国现实主义在中国的译介与接受（1949—2000）》，《语言教育》2013年第3期。

于辉、宋学智：《译作经典的生成：以李健吾译〈包法利夫人〉为例》，

《学海》2014 年第 5 期。

于辉：《翻译与研究并举：李健吾的法国文学译介》，《东方翻译》2019 年第 3 期。

于辉：《翻译文学经典建构中的译者意向性研究——以李健吾译〈包法利夫人为例〉》，《外语与外语教学》2020 年第 2 期。

于辉：《论李健吾文学评论中对法国文学的"译介"》，《外国语言教学与研究》2022 年。

于辉：《关于李健吾莫里哀喜剧翻译的译者行为研究》，《北京第二外国语学院学报》2022 年第 3 期。

张虹、段彦艳：《译者行为批评与〈孝经〉两译本中评价意义的改变》，《解放军外国语学院学报》2016 年第 4 期。

张健：《李健吾喜剧论（上）》，《戏剧（中央戏剧学院学报）》2002 年第 1 期。

张健：《李健吾喜剧论（下）》，《戏剧（中央戏剧学院学报）》2002 年第 2 期。

张香筠：《试论戏剧翻译的特色》，《中国翻译》2012 年第 3 期。

赵丹霞：《李健吾研讨会在京召开》，《世界文学》2016 年第 5 期。

周领顺：《译者行为批评——翻译批评新聚焦》，《外语教学》2012 年第 3 期。

周领顺：《译者行为批评论纲》，《山东外语教学》2014 年第 5 期。

周领顺：《译者行为批评的战略性》，《上海翻译》2015 年第 4 期。

周领顺：《杨苡〈呼啸山庄〉译本的译者行为批评分析》，《外语与外语教学》2017 年第 6 期。

周领顺、张思语：《翻译家方重的译者行为批评分析》，《外国语文》2018 年第 4 期。

周领顺：《译者行为研究十周年：回顾与前瞻》，《北京第二外国语学院学报》2019 年第 2 期。

周领顺:《葛浩文乡土风格翻译之论及其行为的倾向性》,《外语教学》2019 年第 4 期。

周晓梅:《翻译研究中的意向性问题》,《解放军外国语学院学报》2007 年第 1 期。

周宣丰等:《译者行为批评视域下 19 世纪新教传教士英译儒经行为研究》,《上海翻译》2015 年第 4 期。

邹振环:《〈经国美谈〉的汉译及其在清末民初的影响》,《东方翻译》2013 年第 5 期。

学位论文:

曹彦:《独立的批评世界:论李健吾文学批评的三元体系》,南京师范大学,2013 年。

崔筱婧:《李健吾戏剧观研究》,重庆师范大学,2016 年。

段修娜:《向人性深广处探寻——李健吾小说创作的现代性》,曲阜师范大学,2015 年。

侯苗苗:《论李健吾对新文学建设的思考与构想》,山西大学,2017 年。

姜洪伟:《李健吾剧作论》,复旦大学,2004 年。

姜丽:《论李健吾的戏剧创作》,兰州大学,2007 年。

刘丽娟:《论李健吾成熟时期的戏剧创作》,厦门大学,2006 年。

王翠:《李健吾文学批评的现代意识研究》,辽宁大学,2017 年。

王华青:《李健吾戏剧创作与法国文学》,湖南师范大学,2009 年。

张国丽:《借鉴与改编——论李健吾戏剧理论与创作的西方资源》,西北大学,2018 年。

张志青:《李健吾戏剧与法国文学——以福楼拜、莫里哀为例》,河北师范大学,2010 年。

报刊文章：

段崇轩:《"印象批评"的窘境与前途——兼谈李健吾的文学批评》,《文艺报》2020年9月11日。

郭宏安:《李健吾与法国文学研究》,《中华读书报》2016年9月21日。

李健吾:《鼓勇而前》,《光明日报》1982年10月21日。

罗念生:《怀念健吾》,《戏剧报》1983年第1期。

魏东:《李健吾——福楼拜的知音》,《中华读书报》2007年7月4日。

袁筱一:《文学翻译的真谛》,《光明日报》2020年7月18日。

仲密:《三个文学家的纪念》,《晨报副镌》1921年11月14日。

附 录

附录 1　本研究已发表文章一览

1.《翻译文学经典建构中的译者意向性研究——以李健吾译〈包法利夫人〉为例》,《外语与外语教学》2020 年第 2 期。

2.《翻译与研究并举：李健吾的法国文学译介》,《东方翻译》2019 年第 3 期。

3.《关于李健吾莫里哀喜剧翻译的译者行为研究》,《北京第二外国语学院学报》2022 年第 3 期。

4.《论李健吾文学评论中对法国文学的"译介"》,《外国语言教学与研究》2022 年 5 月。

附录2　李健吾法国文学研究作品一览

一、与福楼拜相关

著作：

《福楼拜评传》，商务印书馆，1935年。分别在1980年和2007年于湖南人民出版社和广西师范大学出版社再版，并收入2016年北岳文艺出版社出版的《李健吾文集》（文论卷4）

文章：

1.《福楼拜的故乡》（鲁昂—克洼塞），《现代》第4卷第1期，1933年11月1日。

2.《"一颗简单的心"——福楼拜的短篇小说之一》，《大公报·文艺副刊》第17期，1933年11月18日。

3.《"圣朱莲外传"——福楼拜的短篇小说之二》，《大公报·文艺副刊》第19期，1933年11月25日。

4.《"希罗底"——福楼拜的短篇小说之三》，《大公报·文艺副刊》第21期，1933年12月2日。

5.《包法利夫人》，《文学季刊》第1卷第1期（创刊号），1934年1月1日。

6.《〈萨郎宝〉以前的法国历史小说》，《大公报·文艺副刊》第34期，1934年1月20日。

7.《〈萨郎宝〉与历史小说》，《大公报·文艺副刊》第35期，1934年1

月24日。

8.《萨郎宝与种族》,《学文月刊》第1卷第1期,1934年5月1日。

9.《〈布法与白居谢〉的诞生》,《大公报·文艺副刊》第64期,1934年5月5日。

10.《〈布法与白居谢〉的前身》,《大公报·文艺副刊》第65期,1934年5月9日。

11.《福楼拜的娱乐》,《大公报·文艺副刊》第68期,1934年5月19日。

12.《福楼拜与医院——环境的影响》,《大公报·文艺副刊》第88期,1934年7月28日。

13.《福楼拜的病魔——脑系病的影响》,《大公报·文艺副刊》第91期,1934年8月8日。

14.《论福楼拜》,《文学季刊》第1卷第4期,1934年12月16日。

15.《福楼拜评传》序,《大公报·文艺副刊》第133期,1935年1月6日。

16.《福楼拜的人生观》,《文学季刊》第1卷第4期,1935年2月。

17.《福楼拜的内容形体一致观》,《文学季刊》第1卷第6期,1935年3月16日。

18.《福楼拜的书简》,《文学》第5卷第1号,1935年7月1日。

19.《福楼拜的〈短篇小说集〉》,《文学季刊》第2卷第3期,1935年9月16日。

20.《拉杂说福楼拜——答一位不识者》,《大公报》1948年4月16日。

21.《科学对法兰西十九世纪现实主义小说艺术的影响——纪念〈包法利夫人〉成书百年》,《文学研究》第4期,1957年12月12日。

22.《一个隐微的生命——漫谈〈一颗简单的心〉》,《阅读与欣赏·外国文学部分》,1982年。

23.《〈包法利夫人〉作者的疏忽》,《社会科学战线·文艺学》第1期,1983年。

译者序或跋：

1.《诗人与卖艺的》译者前言，《大公报·文艺副刊》第 118 期，1934 年 11 月 10 日。

2.《福楼拜短篇小说集》跋，商务印书馆，1936 年 1 月。

3.《圣安东的诱惑》跋，上海生活书店，1937 年 1 月。

4.《路易·布耶〈遗诗〉序》译者前言，《宇宙风》第 93—95 期，1939 年 1 月。

5.《福楼拜幼年书简选译》译者前言，《戏剧与文学》，第 1 卷第 4 期，1940 年 3 月 7 日。

6.《福楼拜的〈情感教育〉》，上海文化生活出版社，1948 年 4 月（译作出版之前该文刊载于 1947 年 8 月《大公报》）。

7.《〈包法利夫人〉的时代意义》，上海文化生活出版社，1948 年 9 月（译作出版之前该文刊载于 1947 年 9 月《文艺复兴》第 1 期）。

8.《三故事》译者序，上海文化生活出版社，1949 年 7 月。

9.《福楼拜小说集译序》，上海文化生活出版社，1949 年 7 月。

10.《包法利夫人》译本序，人民文学出版社，1959 年（1979 年人民文学出版社再版该小说时，李健吾对该译本序做出修改）。

二、与莫里哀相关文献

文章：

1.《老板上流人》，《文汇报·笔会》第 199 期，1947 年 3 月 19 日。

2.《三部关于妇女问题的戏剧杰作》，《人民日报》，1956 年 9 月 16 日。

3.《莫里哀的戏剧》，《文学研究集刊》第 3 册，1956 年。

4.《〈伪君子〉——莫里哀的戏中演得最多的一出》，《北京日报》1959

年8月7日。

5.《法国大喜剧家莫里哀》,《文学知识》第12期,1959年。

6.《关于〈逼婚〉》,《剧本》第121期,1962年。

7.《关于莫里哀的三个喜剧作品》,《戏剧学习》第2期,1979年。

8.《祝贺法兰西喜剧院三百周年纪念》,《外国戏剧》第3期,1980年。

9.《莫里哀的喜剧艺术》,《外国戏剧》第1期,1981年。

译者序或跋:

1.《莫里哀戏剧集》序(其中包括总序、《可笑的女才子》序、《党·璜》序、《屈打成医》序、《乔治·党丹》序、《吝啬鬼》序、《德·浦叟雅克先生》序、《向贵人看齐》序、《没病找病》序),开明书店,1949年6月。

2.莫里哀《喜剧六种》译本序,上海译文出版社,1975年(原载《戏剧研究》第5、6期,1959年)。

3.《莫里哀喜剧》序,湖南人民出版社,1982年。

4.《一六八二年版原序》译后附记,《莫里哀喜剧》,湖南人民出版社,1982年。

5.《法国十七世纪著名作家对莫里哀与其喜剧的评价》译后附记,《莫里哀喜剧》,湖南人民出版社,1982年。

三、与巴尔扎克相关文献

文章:

1.《巴尔扎克的〈欧贞尼·葛郎代〉》,《文学杂志》第1卷第3期,1937年7月1日。

2.《巴尔扎克是一个什么样的正统派》,《文学评论》第4期,1961年

8月。

3.《巴尔扎克在他的〈农民〉里,是像他所说的那样公正吗?》,《文学评论》第4期,1963年3月。

4.《〈人间喜剧〉的远景》,《文史哲》第2期,1978年4月。

5.《巴尔扎克的世界观问题》,《文艺报》第4期,1978年。

6.《巴尔扎克与空想社会主义者》,《文学评论》第3期,1978年8月。

7.《〈人间喜剧〉的革命辩证法》,《文艺论丛》第4辑,1979年8月。

8.《欧也妮·葛朗台—精确性—艺术短简之一》,《人民日报》1961年7月22日。

9.《欧也妮·葛朗台—社会的存在—艺术短简之二》,《人民日报》1961年7月31日。

10.《激情与巴尔扎克的创作方法》,《浙江学刊》第1期,1980年1月。

11.《〈人间喜剧〉"提供了一部法国'社会'特别是巴黎'上流社会'的卓越的现实主义历史"》,《扬州师院学报》第4期,1980年8月。

12.《〈人间喜剧〉作者的〈中国与中国人〉》,《西北师范学报》,1982年2月。

13.《神秘主义与巴尔扎克》,《浙江大学学报》第3期,1982年9月。

译者序或跋:

1.《巴尔扎克论文选》译者附记,《巴尔扎克论文选》,新文艺出版社,1958年。

2.《欧也妮·葛朗台》/《高老头》译本序,人民文学出版社,1980年。

四、与司汤达相关

文章：

1.《司汤达》,《大公报·文艺副刊》第 83 期,1934 年 7 月 11 日。

2.《〈红与黑〉里的于连及其他》,《文学知识》第 4 期,1959 年 4 月。

3.《司汤达的政治观点和〈红与黑〉》,《文学评论》第 3 期,1959 年 6 月。

4.《〈红与黑〉里的于连及其他》,《文学知识》第 4 期,1959 年 4 月。

5.《〈红与黑〉与法国复辟时期的修道会》,《外国文学研究》,1979 年 9 月。

6.《司汤达对圣西门"实业主义"的抨击与〈吕先·勒万〉》,《春风译丛》第 1 期,1980 年 6 月。

译者序或跋：

1.《司汤达小说集》代序,《司汤达小说集》,上海文化生活出版社,1936 年。

2.《司汤达行状》译者前言,《文学》第 7 卷 1 号,1936 年。

3.《司汤达研究》前记,《司汤达研究》（巴尔扎克作）,《新译文丛刊》,平明出版社,1950 年。

4.《苏奥娜·斯考拉斯提喀》译后记,《译文》,1956 年。

5.《拉辛与莎士比亚》译后记,《古典文艺理论译丛》第 3 册,1962 年 7 月。

6.《意大利遗事》引言,《意大利遗事》,上海译文出版社,1982 年。

五、其他

文章：

1.《法国十九世纪的现实主义文学运动》,《文学》第 4 卷第 1 号,1935 年 1 月 1 日。

2.《什么是达达派》,《文学百题》,上海书店,1935 年。

3.《什么是立体派》,《文学百题》,上海书店,1935 年。

4.《〈克莱武福晋〉——法国拉法耶蒂夫人作》,《大公报·小公园》,1935 年 8 月 12 日。

5.《梵乐希文存》,《暨南学报》第 1 卷第 2 号,1936 年 6 月。

6.《罗朗歌》——法兰西第一首爱国诗,《学林》第 9 辑,1941 年 7 月。

7.《法兰西的演义诗》,《学林》第 10 期,1941 年 8 月。

8.《胜利后法国现代戏剧》,《文艺春秋》第 5 卷第 2 期,1947 年 8 月。

9.《纪德》,《大公报·文艺副刊》第 183 期,1947 年 12 月 5 日。

10.《维克多·雨果——资产阶级人道主义的战士》,《李健吾文学评论选》,宁夏人民出版社,1983 年。

11.《"人类,我爱你!"——纪念维克多·雨果诞生一百五十周年》,《人民日报》1952 年 5 月 3 日。

12.《近代欧洲关于戏剧定义的一场论战》,《戏剧天地》,上海文艺出版社,1980 年。

13.《〈辞海〉中有关波德莱尔的评价问题》,《山西师院学报》第 3 期,1980 年。

14.《为缪塞的戏剧"平反"》,《剧本》第 2 期,1981 年 2 月。

15.《漫话卢那察尔斯基论〈爱与死的搏斗〉》,《读书》,生活·读书·新知三联书店，1981 年。

16.《〈爱与死的搏斗〉在"孤岛"时期的正式演出》，《山西师院学报》第 1 期，1981 年。

17.《〈法兰西十七世纪古典主义文艺理论〉前言与各家小议》，《外国文学研究集刊》第 4 辑，1982 年 6 月。

18.《关于〈阿达拉〉》，《外国文学丛刊》第 4 辑，安徽人民出版社，1982 年 10 月。

19.《作为剧作家的梅里美》，《外国戏剧》第 1 期，1983 年。

20.《一篇不确切的"前记"》，《李健吾文学评论选》，宁夏人民出版社，1983 年。

译者序或跋：

1.《春天的门限》附记，《文学》第 1 号，1937 年 7 月 1 日。

2.《鲍德莱耳——林译〈恶之华〉》序，《宇宙风》第 84 期，1939 年 1 月 16 日。

3.《中国风》，《文汇报·笔会》第 24 期，1946 年 8 月 9 日。

4.《关于演员的独特见解》"前言"，《戏剧论丛》第 3 辑，1958 年 8 月 27 日。

5.《莫波桑短篇小说选集》序，《山花》第 12 期，1982 年。

附录3　李健吾法国文学译作一览

（说明：所署译作出版年份均为初版的年份）

一、福楼拜作品

1.《诗人与卖艺的》，《大公报·文艺副刊》1934年11月10日。

2.《福楼拜短篇小说集》，商务印书馆，1936年。

3.《圣安东的诱惑》，生活书店，1937年。

4.《路易·布耶〈遗诗〉序》，《宇宙风》，1939年第93—95期。

5.《福楼拜函札选》，《西洋文学》，1940年第5期。

6.《情感教育》，文化生活出版社，1948年。

7.《包法利夫人》，文化生活出版社，1948年。［据笔者不完全统计，李健吾译本分别于不同年份由以下出版社出版：1950年文化生活出版社，1958、1959、1979、1984、1989、2002、2003、2008、2012、2015、2017、2019、2021年人民文学出版社，1992、1994、1996、2003、2004年浙江文艺出版社，1992年（台湾）书华出版事业有限公司，1999年大众文艺出版社，2014年上海三联书店，2016年江西教育出版社，2019、2020年上海译文出版社，等等。《包法利夫人》是李健吾法国文学译作中再版次数最多的作品。］

8.《萨郎宝》（李健吾生前约完成一半的译文，其余部分由其孙女李旳补译完成），译文出版社，2017年。

二、莫里哀作品

1.《莫里哀戏剧集》(包括《可笑的女才子》《党·璜》《屈打成医》《吝啬鬼》《向贵人看齐》《没病找病》等十七出莫氏戏剧),开明书店,1949年6月。

2.《莫里哀喜剧六种》(包括《太太学堂》《逼婚》《达尔杜弗或者骗子》《吝啬鬼》《贵人迷》《司卡班的诡计》六部剧作),上海文艺出版社,1963年。(该戏剧集于1978年、1980年、2008年等年份多次再版)

3.《莫里哀喜剧全集》,湖南文艺出版社,1982—1984年。(全四卷,包括李健吾所译二十七出莫里哀喜剧,于1993年由湖南文艺出版社第二次出版发行)

三、巴尔扎克作品

1.《司汤达研究》,平明出版社,1950年。

2.《巴尔扎克论文选》(包括《风雅生活论》《关于工人》《关于劳动的信》《社会解答》《〈欧那尼〉或者卡斯提的荣誉》《泼皮》《论历史小说兼及〈弗拉戈莱塔〉》《安狄阿娜》《光与影》《拜耳先生研究》等巴氏文论),新文艺出版社,1958年。

四、司汤达作品

1.《司汤达小说集》(包括《迷药》《箱中人》《费理拜·赖嘉勒》《圣弗朗且斯考教堂》《法妮娜·法尼尼》《贾司陶的女主持》六部小说),生活书店,1936年。

2.《行状》,《文学》第 7 卷第 1 号,1936 年。

3.《拉辛与莎士比亚》,《古典文艺理论译丛》,人民文学出版社,1962 年。

4.《〈吕先·勒万〉第七卷第二十七章——关于镇压工人运动的一节》,《春风译丛》第 1 期,1980 年。

5.《意大利遗事》,译文出版社,1982 年。

五、其他译作

1.《马塞尔·普鲁斯特:春天的门限》,《文学》第 9 卷 1 号,1937 年 7 月。

2.罗曼·罗兰:《爱与死的搏斗》(戏剧),文化生活出版社,1939 年。

3.百利安:《巴金:一位现代小说家》(评论),《万象杂志》,1943 年 11 月。

4.圣·佩甫:《什么是一位经典作家》(评论),《文风月刊》,1948 年 9 月。

5.维克多·雨果:《宝剑》(戏剧),平明出版社,1951 年。

6.布吕及耶尔:《巴尔扎克小说的历史意义》,《文艺理论译丛》1957 年第 2 期。

7.维克多·雨果:《巴尔扎克葬词》,《文艺理论译丛》1957 年第 2 期。

8.狄德罗:《"美的"与"美"》,《生活》创刊号,1947 年 6 月 /1958 年 3 月。

附录4　李健吾论翻译文章一览

1.《中国近十年文艺界的翻译》,《认识周报》第1卷第5期,1929年2月2日。

2.《伍译名家小说选》,《大公报·文艺副刊》第5卷第5期,1934年9月1日。

3.《我为什么要重译〈爱与死的搏斗〉》,《申报自由谈》1938年10月27日。

4.《拉杂说翻译》,《文讯月刊》第9卷第1期,1948年7月15日。

5.《诗剧的翻译——〈绿头巾〉华译本序》,《星岛日报·文艺》第61期《戏剧特辑2》,1949年2月。

6.《翻译笔谈》,《翻译通报》第2卷第5期,1951年。

7.《精译一些外国剧本》,《文汇报》1962年1月10日。

8.《我走过的翻译道路》(后改为《漫谈我的翻译》),《大学生》1982年3月。

按:附录2至附录4列出的是李健吾先生的法国文学译介成果以及对翻译的论述文章等,希望可以给今后的李健吾法国文学译介研究和学习提供一些参考。在整理的过程中参考了《李健吾译文集》(上海译文出版社2019年版)和《李健吾文集》(北岳文艺出版社2016年版),并做出一定的补充,在此表示感谢。